C·H·Beck
PAPERBACK

Emmanuel Todd

WER IST CHARLIE?

Die Anschläge von Paris
und die Verlogenheit des Westens

Aus dem Französischen
von Enrico Heinemann

C.H.Beck

Titel der französischen Originalausgabe:
«Qui est Charlie? Sociologie d'une crise religieuse»
© Éditions du Seuil, 2015

Karten und Grafiken: Philippe Laforgue
Die Karte auf Seite 198 wurde von Peter Palm, Berlin, angefertigt.

Für die deutsche Ausgabe:
© Verlag C.H.Beck oHG, München 2016
Satz: Fotosatz Amann, Memmingen
Druck & Bindung: Pustet, Regensburg
Umschlaggestaltung: Geviert, Grafik & Typografie, Andrea Janas
Umschlagabbildung: Demonstranten in Sydney bekunden
am 8. Januar 2015 ihre Solidarität mit den am Vortag ermordeten
Redaktionsmitgliedern von «Charlie Hebdo». © AFP Photo /
Getty Images / Peter Parks
Printed in Germany
ISBN 978 3 406 68633 7

www.beck.de

Für meinen Vater

And all must love the human form,
In heathen, Turk, or Jew;
Where Mercy, Love, und Pity dwell
There God is dwelling too.

William Blake,
The Divine Image, 1789

Ein Jeder muss das Menschliche lieben
Im Heiden, Türken oder Juden,
Denn wo Erbarmen, Liebe und Mitleid weilen,
da weilt auch Gott.

(Letzte Strophe des Gedichts)

INHALT

IV. Die rechtsextremen Franzosen   123

V. Die französischen Muslime   147

Schluss 177

VORWORT ZUR DEUTSCHEN AUSGABE

In allen westlichen Gesellschaften schlummert ein Charlie, eine kollektive Gestalt, die bestimmte Werte verkörpert und zu der sich Millionen Franzosen im ganzen Land bei Großdemonstrationen am 11. Januar 2015 bekannten. In all diesen Gesellschaften gibt es einen dominanten Block, der sich aus Menschen höherer Bildung und Älteren, die von der Globalisierung profitieren, zusammensetzt, eine Mittelschicht, bereit, ihre Privilegien und insbesondere ihr gutes Gewissen gegen Ausgeschlossene, alteingesessene Arbeiter oder Kinder von Einwanderern zu verteidigen. In allen hat die Entwicklung der akademischen Bildung dazu geführt, dass sich die Homogenität der Gesellschaft auflöste, während der Freihandel dafür sorgte, dass die Schere zwischen den Einkommen immer weiter aufklaffte. In allen verwandelt sich die freiheitliche Demokratie schrittweise in ein oligarchisches System, in dem sich effektive Teilhabe als Staatsbürger auf höchstens die Hälfte der Bevölkerung beschränkt. In allen westlichen Gesellschaften breiten sich in der teilhabenden und privilegierten Bürgerschicht Verunsicherung, Besorgnis und Angst aus, weil die wirtschaftlichen Unsicherheiten wachsen und Leere in einer Kultur herrscht, in der Börsenkurse und ein Währungsidol an die Stelle religiöser Werte getreten sind. Charlie herrscht überall, aber ohne Orientierung, was seine Zukunft angeht. Während er sich bewusst auf positive universelle Werte beruft, sucht er unbewusst nach einem Sündenbock. Die Xenophobie, einst typisch für die unteren Schichten, ist überall in der oberen Hälfte des sozialen Gefüges auf dem Vormarsch, wo sie sich bald in einer Islamophobie, bald in einer Russophobie äußert. Folglich ist in allen westlichen Gesellschaften ein kollektiver Anfall von Hysterie nach französischer Art möglich, sobald eine terroristische Wahnsinnstat den «universellen» Charlie jäh in die Realität der ungerechten und Gewalt ausübenden Welt zurückholt, die er beherrscht und billigt.

Der Autor dieses Buchs ist über die Gesellschaft in seinem Land verzweifelt. Er geht erbarmungslos mit einem Frankreich ins Gericht, das sich törichterweise in der Illusion wiegt, es sei Erbe der Großen Revolution von 1789, der Werte von Freiheit und Gleichheit sowie der Vorstellung des universellen Menschen, gerade zu einer Zeit, da das konkrete inegalitäre und antiliberale Verhalten seiner vorherrschenden Schichten an die finstersten Zeiten der französischen Geschichte gemahnt: an die der Affäre Dreyfus oder des Vichy-Regimes. Dieses Buch zelebriert keine blauäugige Islamophilie, wenn es für ein Einvernehmen mit dem Islam plädiert, sondern macht vielmehr auch deutlich, dass sich in den französischen Problemvierteln unter der Jugend mit arabischen Wurzeln vielfach ein echter Antisemitismus ausbreitet. Tatsächlich zeigt es den perfiden Mechanismus auf, der vom sich auflösenden Katholizismus, dem «Zombie-Katholizismus», zur Islamophobie und in einem nächsten Schritt von einem sich auflösenden Islam zum Antisemitismus führt. Es weist auch darauf hin, dass der Antisemitismus, sollte die Entwicklung anhalten, an seine gesellschaftliche Quelle zurückkehren und wieder in die Mittelschicht einziehen wird – mit noch viel gefährlicheren Folgen. Und dies keineswegs nur in Frankreich. Um einem groben Missverständnis vorzubeugen: Der Autor sieht alle diagnostizierten Rückwärtsentwicklungen keineswegs als ein typisch französisches Phänomen an. Frankreich zeichnet weder eine besondere Niedertracht aus, noch trifft es mehr Schuld als andere. Es ist nur ein durchschnittlicher Fall. In anderen Ländern mag die Entwicklung in verschärfter oder abgemilderter Form in Erscheinung treten, abhängig davon, ob ihre anthropologische Basis egalitär oder inegalitär ausgerichtet ist oder ob diese Länder katholisch oder protestantisch geprägt sind.

Tatsächlich bilden die Anthropologie der Familienstrukturen und die Soziologie der Religionen hier den Grundstock für eine Analyse der Verhältnisse und ermöglichen es, sich über die Feststellung der Universalität der regressiven Phänomene hinaus auch mit deren unterschiedlicher Ausgestaltung in den einzelnen westlichen Ländern zu befassen. Eine Studie zu Frankreich ist nicht deshalb unverzichtbar, weil dieses Land einen Extremfall darstellte, sondern weil sich dessen anthropologische und religiöse Zweiteilung in den Verhaltensunterschieden niederschlägt, die zwischen seinen zentralen und seinen peripheren Regionen zu beobachten sind: Die ersten sind von egalitären Familienstrukturen und seit langem von einer laizistischen Gesinnung geprägt, während in den zweiten Inegalitarismus und Zombie-Katholizismus vorherrschen. Die Unterschiede innerhalb Frankreichs öffnen den Blick für eine differenzierte Betrachtung der westlichen Welt: Unterschiedliche Werte, die den Familienstrukturen zugrunde liegen, erklären typische Neigungen der angloamerikanischen, germanischen oder lateinischen Welt. Das Abdriften des französischen Systems weg von seinen Wurzeln ist nur Teil einer umfassenderen Bewegung, welche das westliche oder, genauer gesagt, das europäische System erfasst hat. Und abschließend ist darauf hinzuweisen, dass Frankreich, wie wir sehen werden, auch nicht das Epizentrum der europäischen Islamophobie bildet. Dieses liegt vielmehr in der ursprünglich protestantischen und insbesondere lutherischen Welt, der unglücklichen Erbin der inegalitären Prädestinationslehre. Diese Feststellung entspringt nicht etwa einem Ressentiment von katholischer Seite, da der Autor dieses Buchs kaum eine katholische Prägung erfahren hat.

Mir war wichtig, dieser Darstellung die letzte Strophe eines Gedichtes von William Blake voranzustellen: nicht nur wegen seiner Worte zum Verhältnis zwischen dem Menschen und dem Göttlichen, sondern auch, weil mir sein Werk stets Mut einflößte. Überdies war mir wichtig, dass diese Strophe in der französischen Originalausgabe auf Englisch erschien, um die Franzosen daran zu erinnern, dass sie nicht allein auf der Welt sind.

EINLEITUNG

Aus dem zeitlichen Abstand heraus ist inzwischen deutlich geworden, dass Frankreich im Januar 2015 von einer Art Massenhysterie erfasst wurde. Das Massaker an Redakteuren des Satiremagazins *Charlie Hebdo,* an Polizisten und Kunden eines jüdischen Supermarkts löste eine in der Geschichte des Landes einzigartige Reaktion aus. In der Hitze des Augenblicks über diese zu reden wäre unmöglich gewesen. Einhellig geißelten die Medien den Terrorismus, feierten den bewundernswerten Charakter des französischen Volkes und hoben die Freiheit und die Republik in den Himmel. *Charlie Hebdo* und seine Mohammed-Karikaturen wurden geheiligt. Die Regierung kündigte staatliche Zuschüsse an, um dem Wochenmagazin nach den Todesschüssen zur Wiederauferstehung zu verhelfen. Die von der Regierung zusammengerufenen Massen, die mit Bleistiften aus Papier als den Symbolen der Pressefreiheit durch ganz Frankreich zogen, jubelten Bereitschaftspolizisten und auf Dächern postierten Scharfschützen zu. Schwarz auf Weiß hatte das Logo «Je suis Charlie» – Ich bin Charlie – die Bildschirme, die Straßen und die Speisekarten in den Restaurants erobert. Mit einem großen C auf der Hand kamen Jugendliche aus dem Collège nach Hause. Sieben- oder Achtjährige, die ihre Grundschule verließen, mussten Rede und Antwort stehen, was sie von den schrecklichen Ereignissen hielten und wie wichtig es sei, frei Karikaturen zeichnen zu dürfen. Per Dekret verfügte die Regierung Sanktionen. Die Weigerung eines Gymnasiasten, die verordnete Schweigeminute einzuhalten, galt als stillschweigende Billigung des Terrors und als mangelnde Bereitschaft, sich der nationalen Gemeinschaft anzuschließen. Und wie Ende Januar bekannt werden sollte, setzten manche auf merkwürdige Maßregelungen: Acht- oder Neunjährige mussten sich bei der Polizei einem Verhör unterziehen. Ein Aufblitzen des Totalitarismus.

Ununterbrochen hämmerten TV und Presse den Franzosen ein, dass sie einen «historischen» Augenblick der Einhelligkeit erlebten: «Wir sind ein Volk, Frankreich ist im Unglück vereint, wiederauferstanden durch und für die Freiheit.» Und natürlich äußerte sich allenthalben eine obsessive Angst vor dem Islam. Politische Journalisten begnügten sich nicht mit der Versicherung der Imame und französischen Muslime, dass Gewalt inakzeptabel sei und es sich bei den Terroristen um gewissenlose Täter handele, die ihre Religion verrieten. Wie alle hatten sie die rituelle Formel «Ich bin Charlie» zu sprechen, die inzwischen zum Synonym für «Ich bin Franzose» geworden war. Zum Zeichen ihrer vollständigen Integration in die nationale Gemeinschaft mussten sie sich dazu bekennen, dass Blasphemie in Form von Mohammed-Karikaturen zur nationalen Identität gehörte. Sie war sogar Pflicht. Auf den TV-Bildschirmen erklärten Journalisten in pädagogischer Manier gelehrt den Unterschied zwischen dem (schlechten) Akt, der zum Rassenhass anstachelt, und der (guten) Verspottung der Religion. Es schmerzte, Jamel Debbouze, einer herausgehobenen Figur der französischen Kultur, zuzuhören, der sich auf TF1 dieser Weisung unterwarf. Er sei gekommen, um sich zum Islam zu bekennen, zu seiner Treue zur Jugend in den Vorstädten, seiner Liebe zu Frankreich, zu seiner nichtmuslimischen Frau und zu seinen Kindern aus gemischter Ehe, die die Zukunft Frankreichs darstellten. Freundlich und gequält versuchte er seinem Inquisitor zu erläutern, dass Blasphemie für einen Muslim schwierig sei, weil sie nicht zu seiner Tradition gehöre. Der Franzose jedoch darf nicht nur blasphemisch werden, er muss es sogar. Voltaire *dixit*. Ich fühlte mich unwillkürlich an die Verhöre erinnert, in denen die Inquisitoren nachhakten, ob bekehrte Juden wie echte Christen auch wirklich Schweinefleisch äßen.

Der Neustart von *Charlie Hebdo* mit staatlicher Unterstützung stellte den Höhepunkt der nationalen Reaktion auf die Tragödie dar. Wieder war auf dem Titelblatt Mohammed zu bewundern, diesmal mit penislanger Nase und einem zweigeteil-

ten Turban, der an Hoden erinnerte. Diese elegante Zeichnung
prangte auf einem Hintergrund aus Grün, der Farbe des Islam,
aber einem stumpfen, matten Grün, so ganz anders als die
prachtvollen und erhabenen Grüntöne, die muslimische Sakral-
bauten zieren.[1]

Jeder Historiker der Langzeitperspektive, der mit – bil-
derfreundlichen oder ikonoklastischen – religiösen Krisen vertraut ist, muss zwangsläufig erkennen, dass eine historische
Wende vorliegt, wenn der französische Staat der bildhaften
Darstellung Mohammeds in Form eines Penis Kultstatus ver-
leiht. Tatsächlich durchlebt Frankreich eine religiöse Krise in
der Tradition all jener, die in seiner Geschichte und der Europas
nach dem Untergang des Römerreichs aufeinander gefolgt waren. In diesem Punkt können wir uns durchaus den Medien an-
schließen, die die Demonstration vom 11. Januar als «historisch»
bezeichneten: Diesen Begriff bemühten sie eindringlich, repeti-
tiv, obsessiv und beschwörend – also auf religiöse Weise.

Damals lehnte ich jedes Gespräch und jede Debatte über die
Krise ab.

Nicht hinterm Berg hielt ich mit meiner Meinung allerdings
2005, als in den Problemvierteln die große Revolte tobte. Damals machte ich deutlich, dass diese Jugendlichen, die allenthalben Autos in Brand setzten, absolut französische Wesensart ver-
körperten. Ihre offiziell strafbaren Aktionen waren für mich nur
das Einfordern jener Gleichheit, die einen der beiden französischen Grundwerte darstellen. Auch hob ich das vorbildliche Verhalten der Polizei hervor, die sich mit dem Einsatz von Schuss-
waffen gegen die Kinder der Vorstädte ebenso zurückhielt wie
einst im Mai 1968, als sich der Zorn der bürgerlichen Jugend
entladen hatte. 2005 war Frankreich tolerant und frei, auch
wenn die Krawalle natürlich und gerechtfertigterweise feind-
liche Reaktionen auslösten. Reden nützte. Weder die Regierung
noch die Journalisten oder die Masse der Gesellschaft ließen
sich zu Panikreaktionen hinreißen. Ein Hang zur Hysterie war
nicht zu erkennen. 2005 waren wir als ein Volk noch zu bewundern. Emotionen blieben Privatsache. Die Älteren behielten ihre

Ängste für sich, ohne dass dadurch die freie Meinungsäußerung unmittelbar bedroht wurde, was 2007 zur Wahl von Nicolas Sarkozy zum Präsidenten führte. Das Durchschnittsalter seiner Wähler lag höher als dasjenige von allen anderen rechten Präsidenten vor ihm.

Dagegen hätte im Januar 2015 eine kritische Analyse der Vorgänge kein Gehör gefunden. Wie hätte man sagen können, dass die nun wirklich nicht «bewundernswerte» Mobilisierung der Massen einen Mangel an Besonnenheit und Würde im Umgang mit der Tragödie offenbarte? Dass man *Charlie Hebdo* nicht in den Himmel heben musste, um deutlich zu machen, dass man den Terroranschlag verurteilte? Dass das Recht, die *eigene Religion* zu verhöhnen, nicht mit demjenigen auf Verhöhnung der Religion anderer zu verwechseln sei, vor allem nicht im schwierigen sozioökonomischen Umfeld der gegenwärtigen französischen Gesellschaft: Eine wiederholte systematische Blasphemie, die sich gegen Mohammed, die zentrale Figur der Religion einer schwachen und diskriminierten Gruppe, richtet, müsste unabhängig von dem, was die Gerichte meinen, als das bewertet werden, was sie ist: als Aufstachelung zum religiösen, ethnischen oder rassistischen Hass.

Wie gegen den Marsch der tugendhaften Ignoranz angehen, zu sagen wagen, dass die Demonstranten mit ihren Stiften aus Papier als Freiheitssymbole insofern die Geschichte beleidigten, als in antisemitischer und nationalsozialistischer Zeit Karikaturen von Juden mit dunkler Haut und Hakennase die Vorboten der physischen Gewalt waren? Wie ganz ruhig, und mit der gebotenen Zeit für eine Beweisführung, erklären, dass die französische Gesellschaft im Jahr 2015 keine Reflexion über den Islam, sondern eine Analyse über ihren globalen Stillstand benötigte? Wie deutlich machen, dass die Brüder Kouachi und Amedy Coulibaly durchaus Franzosen waren, Produkte der französischen Gesellschaft, und dass der Rückgriff auf die Symbole des Islam denjenigen, der sie benutzt, noch nicht zum echten Muslim machte? Dass die Attentäter nur die seitenverkehrte und in gewissem Sinn pathologische Widerspiegelung der moralischen

Dürftigkeit unserer gewählten Führer waren, die sich eher um maximale Ruhestandsgehälter kümmern als darum, die Jungen vor exzessiver Ausbeutung durch Niedriglöhne zu schützen oder sie aus der marginalisierenden Arbeitslosigkeit zu holen?

Wie in der Hitze des Augenblicks darauf hinweisen, dass sich François Hollande mit seiner verordneten Großdemonstration in die Gefahr begab, die Brüder Kouachi zu glorifizieren und einer Tat, die eher psychiatrisch zu deuten gewesen wäre, einen ideologischen Sinn zu geben? Tatsächlich kommen Wahnsinn und Realitätsverlust nicht ohne gewöhnliche Sozialsymbolik aus: Der Schizophrene hält sich für Napoleon oder Jesus, während sich der Paranoide von der Sonne durchbohrt oder vom Staat verfolgt fühlt. Keine Beachtung schenken und der Sache keinen Sinn geben, wäre möglich gewesen. Diese Option schloss keineswegs eine soziologische Analyse der islamistischen Psychose in Frankreich aus. Aber sie wurde zurückgewiesen. Stattdessen erteilte uns die Staatsmacht das Recht, das Böse zu erhöhen, was dazu führte, dass sich die religiösen Spannungen in unserer Gesellschaft und unseren Beziehungen zur Welt verschärften. Diesen Weg war 2001 auch George W. Bush gegangen, allerdings auf der Grundlage deutlich schwerwiegenderer Fakten. Entsprachen die 17 Toten des 7. Januar wirklich den 2977 Opfern des World Trade Center? Mehr noch als das wegen seiner emotionalen Exzesse so oft verspottete Amerika übte sich Frankreich in einer Überreaktion. Wo blieb am 11. Januar 2015 der rational denkende und spöttische französische Geist?

Wie Frankreich dazu bringen, dass es in seiner Masse, in seiner Mittelschicht, und nicht an den Rändern, eine Krise durchlebt, die nicht allein wirtschaftlicher, sondern auch religiöser oder quasireligiöser Art ist, weil das Land seinen Kompass verloren hat? Das Problem der französischen Gesellschaft ist nicht auf die Vorstädte beschränkt, die den islamistischen Terror ausbrüten, es ist deutlich umfassender. Die Fokussierung auf den Islam offenbart in Wahrheit ein pathologisches Bedürfnis in den mittleren und oberen Schichten nach einem Objekt des Abscheus. Dahinter steckt nicht die schlichte Angst vor einer wachsenden Bedrohung aus dem sozialen Untergrund, auch wenn die Frage, warum so viele junge Männer nach Syrien oder in den Irak in den Dschihad ziehen, ebenfalls einer soziologischen Analyse bedürfte. Die Xenophobie, die sich gestern noch auf die unteren Gesellschaftsschichten beschränkte, hat sich in den oberen Rängen der Sozialstruktur ausgebreitet. Die Mittel- und die Oberschicht suchen nach ihrem Sündenbock.

An den Kommentaren ebenso beunruhigend war, wie sehr die antisemitische Dimension dieser Anschläge unterschätzt wurde, denen die Massaker in Brüssel im Mai 2014 und in Toulouse im März 2012 vorangegangen waren. Beim eigentlichen Problem Frankreichs geht es nicht um Karikaturen, sondern um den Vormarsch des Antisemitismus in den Problemvierteln der Städte. Der Rassismus breitet sich zeitgleich in den oberen und den unteren Etagen der sozialen Hierarchie aus.

Zu viel Komplexes, Widersprüchliches und sich dem intuitiven Verständnis Entziehendes hätte erklärt werden müssen. Dies war in dem Augenblick, in dem sich Nation und Republik selbst feierten, schlichtweg unmöglich. Die Staatsgewalt verteilte in dieser Zeit möglichst gleichmäßig Polizeiwagen und bewaffnetes Militär an Orten, an denen das Risiko für Angriffe praktisch bei null lag. Tatsächlich schlägt der neue Terrorismus nicht blindlings zu, sondern wählt gezielt seine Opfer: islamophobe Religionslästerer, Polizisten und praktizierende Juden. Drei an der richtigen Stelle postierte Ordnungskräfte hätten das Massaker an den Redakteuren von *Charlie Hebdo*, einer längst ausgemachten Zielscheibe, durchaus verhindern können. Gleichwohl konnte sich der an seiner Aufgabe gescheiterte Innenminister aufplustern, ohne Kritik zu ernten. Kurz, das Verhalten der Staatsgewalt hatte im Januar 2015 etwas Lächerliches an sich, dessen Entlarvung aber angesichts der einhelligen Verurteilung des Terrors geradezu als dessen Verteidigung erschienen wäre.

Ich erinnere mich, dass ich die Nachricht von einem neuerlichen Streik der Lastwagenfahrer als ein erstes Signal für die Rückkehr zur Normalität aufnahm, als Beleg dafür, dass das Frankreich, um das uns die Welt beneidet, überlebt hatte: das individualistische und egalitäre, das keinen Weisungen von oben gehorcht.

Ich bedaure nicht, dass ich mich erst jetzt zu Wort melde. Was ein Forscher in eine öffentliche Debatte Nützliches einbringen kann, ist weder eine reinere Moral noch eine bessere Ideologie, aber eine objektive Deutung von Fakten, die den Akteuren entgangen sind, weil sie von Emotionen überwältigt oder durch nebulöse oder ganz unbewusste Vorlieben befangen waren. Ob die Parole «Ich bin Charlie», die in diesen Wochen umging, nun den Willen der Masse kundtat oder einer rein medialen Logik entsprang, in der Mitte unserer postindustriellen Gesellschaft brachte sie jedenfalls auf symptomatische Weise ein falsches Bewusstsein zum Vorschein.

Die Demonstration vom 11. Januar wurde als das Wiedererwachen eines geeinten und willensstarken Frankreich gedeutet: Die Republik bekräftigte ihre Werte und bemühte dabei sämtliche Bilder der Marianne, der Symbolgestalt Frankreichs, nämlich Stärke, Größe, Wiedergeburt: unmöglich, sich dem Drang zum Kollektiven, zur nationalen Aufwallung, zu entziehen, die sich hier offiziell in Abgrenzung zur religiösen Intoleranz definierte. Natürlich hatten die Massen des 11. Januar ein sympathisches Erscheinungsbild. Sie marschierten inmitten von Flaggen aller Nationen für die Achtung der Freiheiten, bekräftigten laut und deutlich den Unterschied zwischen dem zurückzuweisenden radikalen und dem gewöhnlichen Islam, der wie der Katholizismus akzeptiert wird, solange er das französische Prinzip des Laizismus respektiert. Bei den Demonstrationen unter den Tisch fiel freilich das Thema «Gleichheit». Dass der Front National ausgeschlossen blieb, verlieh den Demonstrationen das «GNX»-Siegel: «Garantiert nicht xenophob». Sie verliefen friedlich und wohlwollend. Im Übrigen waren genaue Begründungen, warum sie in dieser Menge mitmarschierten, von den Teilnehmern schwer zu erfahren. Vorherrschend war offenbar das Bedürfnis, nach den Schreckenstaten «zusammenzustehen» und grundlegende «Werte» zu bekräftigen.

Folglich wäre die Annahme verkehrt, in der Menge des 11. Januar eine ebenso große Homogenität zu vermuten wie in den sich einhellig äußernden Medien. Erbitterte Verfechter des laizistischen Prinzips, Pfaffenhasser, Rabbiner und Imame marschierten in Einklang mit der größeren Gruppe derer, die ihre Teilnahme damit begründeten, dass sie allgemein für Meinungsfreiheit einträten und ein Ideal der Toleranz verteidigten. Nach zahlreichen Diskussionen gelangte ich zu der Überzeugung, dass sich bestimmt Zigtausende, wenn nicht sogar Hunderttausende Teilnehmer am nächsten Tag oder in den Tagen nach dem «republikanischen Marsch» fragten, wofür sie eigentlich demonstriert hatten und eingetreten waren. Viele hatten «Ich bin Charlie» als Vereinnahmung, als eine vorübergehende Entpersönlichung erlebt, die in ein ideologisches Labyrinth führte, und das Ereignis anschließend unter der Rubrik *very bad trip* im Gedächtnis abgespeichert.

Aber hier beschreiben wir die bewusste, explizite Ebene. Im nächsten Schritt müssen wir uns die Frage stellen, wie sich diese Massen im Zustand der spirituellen Kommunion soziologisch zusammensetzten.

Während ein Teil Frankreichs an diesem 11. Januar fehlte, schien der andere, der mitwirkte und darauf bedacht war, sich als dessen Gesamtheit auszugeben, sich seiner Werte gar nicht so sicher und auch gar nicht so großmütig zu sein. Die unteren Schichten waren so wenig Charlie wie die Jugendlichen aus den Vorstädten, ob Muslime oder nicht, oder wie die Arbeiter aus der Provinz. Überproportional mobilisiert war dagegen die gehobene Mittelschicht, die an diesem Tag ihre Fähigkeit zeigte, die Schicht direkt unter ihr einmal mehr dadurch mitzuziehen, dass sie ihre Emotion zum Ausdruck brachte. Dabei ist die heutige französische Mittelschicht, anstatt die «positiven Werte der Nation» hochzuhalten, grundlegend egoistisch, autistisch und repressiv eingestellt. Sogar das Prinzip der Gleichheit hat sie aufgegeben. Und wie wir sehen werden, steht sie der alten französischen katholischen Vergangenheit häufig näher als der laizistischen Tradition. Kurz, sie mag das Frankreich von heute vertreten, steht aber gewiss nicht in der revolutionären Tradition.

Dazu fallen einem das marxistische Konzept des falschen Bewusstseins und der Freud'sche Begriff des Unbewussten ein. Vor allem aber ist hier an Émile Durkheims Definition der Soziologie zu erinnern: Letztere, so Durkheim, wird erst dann zur Wissenschaft, wenn sie einräumt, dass die Menschen zuweilen von außenstehenden sozialen Kräften angetrieben werden. Die bewusste Deutung, die sie ihren Handlungen geben, ist nicht immer die richtige. So weist er zu Beginn von *Der Selbstmord*, dem Gründungswerk der modernen Soziologie, Erklärungen, die manche Selbstmörder hinterlassen, oder die von den aufnehmenden Beamten registrierten Motive für eine derartige Tat zurück. Stattdessen sucht Durkheim in der objektiven statistischen Verteilung selbstmörderischer Handlungen – in Bezug auf die Zeit, den Raum, die familiäre Situation und die Religion – nach der Bedeutung oder besser: den Bedeutungen des Phänomens. Eben diesen Ansatz benötigen wir, um das Phänomen «Ich bin Charlie» zu verstehen. Auf die Art kommen wir ohne die Auskünfte der Demonstranten aus, die ihre Motive häufig selbst nicht darlegen konnten, und auch ohne die Kommentare der politischen Journalisten, die sich im Nachahmungstaumel einer übersättigten Berichterstattung dazu hinreißen ließen, «den Sinn der Dinge» erklären zu wollen.

Zu weit sollten wir bei der Freisprechung durch das Unbewusste freilich nicht gehen. Feigheit und Zynismus waren auch mit dabei. Die politische Klasse versuchte die Demonstration bewusst zu instrumentalisieren, um ihre schwachen Popularitätswerte aufzubessern. Zahlreiche Journalisten, denen die Lage klar war, verzichteten auf eine kritische Berichterstattung, die ihre Pflicht gewesen wäre. Und die Massen, die zwar vielfältig zusammengesetzt, unsicher und sympathisch waren, können nicht *a priori* nur deshalb freigesprochen werden, weil ihnen ein Bewusstsein fehlte. Wenn Unwissenheit nicht vor Strafe schützt, kann sich auch niemand darauf berufen, dass er nicht wusste, wofür er auf die Straße ging. Frankreich belügt sich selbst. Während es sich oft groß wähnt, wenn es klein ist, macht es sich zuweilen auch wider besseres Wissen groß. Dieses Buch ist auch ein Essay über die Lüge. Ist Charlie ein Betrüger?

Aus welchen sozialen Schichten setzten sich die Demonstranten zusammen? Woher kamen sie? Wenn wir diese beiden einfachen Fragen beantworten, stoßen wir auf das Frankreich, das am 11. Januar auf die Straße ging, und erkennen darin einen altbekannten Feind, der dabei ist, sich zu radikalisieren, und auf seine Art fundamentalistisch ist.

Es ist also an der Zeit, diesen Januar 2015 ernsthaft unter die Lupe zu nehmen, wobei aber nicht das Massaker vom 7. Januar, sondern die emotionale Reaktion der französischen Gesellschaft im Mittelpunkt stehen muss. Zur zentralen Demonstration am Sonntag, dem 11. Januar, wurden hastig vorgenommene, wahrscheinlich übertriebene Hochrechnungen der Teilnehmerzahlen vorgelegt, die sich zwar nicht immer deckten, statistisch jedoch trotzdem verwertbar sind. Die ermittelten 3 bis 4 Millionen Demonstranten repräsentierten 4,5 bis 6 Prozent der Bevölkerung. Da auch Kinder mitmarschierten, kann man die Teilnehmerzahlen nicht ins Verhältnis zur Erwachsenenbevölkerung setzen. Dagegen ist es legitim, sie nur auf die städtische Bevölkerung der 85 größten Ballungsräume zu beziehen, für die sich dann ein außerordentlich hoher Mobilisierungsgrad zwischen 7 und 10 Prozent ergibt. Die Demonstration (kollektiv begriffen, in Paris und den verschiedenen Provinzen) bildet damit gewissermaßen spontan ein soziologisches Objekt. Ihre kartografische Darstellung verrät uns, was es mit ihr auf sich hatte.

In den Jahren 1981, 1988 und 2011 hatte ich jeweils eine kartografische Analyse der französischen Gesellschaft vorgenommen. Als ich mir nun die Karte anschaute, welche die *Libération* am 12. Januar veröffentlichte, wurde mir intuitiv klar, dass die Emotionen auf dem französischen Territorium nach den Anschlägen ganz ungleich verteilt waren. Anhand einer geeigneten statistischen Auswertung ließen sich Aussagen darüber treffen, welche sozialen und religiösen oder kryptoreligiösen Kräfte so viele Menschen auf die Straßen getrieben hatten. Ist es nicht schlicht verblüffend, dass die hastig vorgenommenen Schätzungen zu den Teilnehmerzahlen, die gleich am Tag nach der Demonstration veröffentlicht wurden, zu Statistiken führten, denen aus Sicht der Demoskopie so hohe Aussagekraft zukam? Wie dem auch sei: Die von den Medien beschworene Einhelligkeit in den Reaktionen war jedenfalls eine Fiktion. Daraus müssen wir allerdings nicht den enttäuschenden Schluss ziehen, dass alles nur eine Illusion war und nichts übrigbleibt. Im Gegenteil: Wenn wir verstehen, wieso ein Teil der Gesellschaft der Gesamtheit der Bevölkerung ein falsches Bild von der Realität vorspiegeln konnte, legen wir die Realität unseres Gesellschaftssystems offen. So gesehen bietet uns die Demonstration vom 11. Januar, ein Augenblick kollektiver Hysterie, einen herausragenden Einblick in die Mechanismen der ideologischen und politischen Macht in der gegenwärtigen französischen Gesellschaft.

Ziemliche Überraschungen erwarten uns da. Wir werden feststellen, dass die aktuelle Diskussion um den Laizismus nicht in der Kontinuität der laizistischen Werte steht und die Kräfte, die sich heute auf die Republik berufen, die Werte der Republik gerade nicht vertreten, kurz, dass Marianne, die Symbolgestalt der Franzosen, nicht mehr die liebenswerte Frau ist, die wir kannten. Wir werden die tiefgreifende Zerrüttung des politischen Systems im Kern erfassen, nachvollziehen, warum die Sozialistische Partei (PS) inzwischen im rechten Spektrum verankert und die Rechte in Frankreich ins Schwimmen geraten ist und selbst nicht mehr so genau weiß, was sie eigentlich ausmacht. Wir werden versuchen, die starken, einflussreichen und durchaus verachtenswerten Kräfte auszumachen, die Frankreich unter ein Joch politischer und wirtschaftlicher Entscheidungen gezwängt haben, die einen Teil seiner Bevölkerung zugrunde richten. Und wir werden einräumen müssen, dass Frankreich nicht mehr es selbst ist, uns aber auch fragen, ob es eine Chance hat, eines fernen Tages mithilfe – warum auch nicht – des Islam und der Wähler des Front National wieder es selbst zu werden.

Aber ehe wir uns mit möglichen Heilmitteln beschäftigen, müssen wir die Krankheit diagnostizieren, die den Fieberschub ausgelöst hat. Wir müssen wissen, welche Art Gesellschaft es vermochte, 3 bis 4 Millionen Menschen auf die Straßen zu bringen, um Solidarität mit einer Zeitschrift zu zeigen, die mit einer Mohammed-Karikatur identifiziert wird und sich auf die Stigmatisierung einer Minderheitsreligion spezialisiert hat: auf den Islam und seine Darstellung als Frankreichs Problem Nummer 1.

Der vorliegende Essay, der aus der Verzweiflung entstand, verzichtet auf einen akademischen Ton. Trotzdem ging es mir darum, ein aktuelles Ereignis zeitnah soziologisch zu analysieren und dabei wissenschaftliche Maßstäbe einzuhalten, soweit dies möglich ist, wenn schnelles Arbeiten gefordert ist und in wenigen Wochen Erkenntnisse mobilisiert und verarbeitet werden müssen, die in vierzig Jahren sorgfältiger Forschungen gewonnen wurden. Dass die vorliegende Untersuchung dennoch aktuell und präzise ausfiel, verdankt sie den besonders einfallsreichen Studien, die das französische Meinungs- und Marktforschungsinstitut IFOP zur Bevölkerung mit katholischen und muslimischen Wurzeln durchgeführt hat und die von Jérôme Fourquet bekannt gegeben wurden. Ihr wissenschaftliches Fundament ist der statistischen Analyse Philippe Laforgues zu den Teilnehmern der Demonstrationen zu verdanken.

Insofern sich dieses Buch gleichzeitig mit den religiösen Grundlagen und den wirtschaftlichen Strukturen der Gesellschaft befasst, ohne zwischen ihnen eine Rangfolge zu etablieren, folgt es streng der Theorie Max Webers. Da die Analyse die Werte der traditionellen Familienstruktur heranzieht, ist sie tiefer verankert als Max Webers Variablen. Aber wie wir sehen werden, habe ich die Familie nicht als eine bedeutendere Instanz angesetzt als die Religion, wenn es darum ging, das Maß an «Egalitarismus» einzuschätzen, das die Menschen in den einzelnen Regionen innerhalb der französischen Gesamtbevölkerung charakterisiert.

Dieser Essay folgt Max Weber in einem noch tieferen, moralischen Sinn. Wie Weber in *Wissenschaft als Beruf* erklärt, darf

Soziologie für sich nicht in Anspruch nehmen, das Gute vom Schlechten zu unterscheiden, sondern muss vielmehr Menschen darin unterstützen, die tiefere Bedeutung der eigenen Entscheidungen und Handlungen zu verstehen, sie dazu zwingen, die jeweiligen latenten Werte anzuerkennen, die ihre ideologischen und politischen Entscheidungen leiten. Auf diese Weise führen meine Analyse und Überlegungen am Ende zu einigen überraschenden oder vielmehr unbequemen Thesen zu den Verhaltensweisen der gebildeten Massen, der Älteren, der Franzosen katholischer Tradition, der Sozialisten und ihrer Führer. Dabei will ich nur Webers Geist treu bleiben: Die Wissenschaftler «können – und sollen – Ihnen auch sagen: die und die praktische Stellungnahme lässt sich mit innerer Konsequenz und also: Ehrlichkeit ihrem *Sinn* nach ableiten aus der und der letzten weltanschauungsmäßigen Grundposition […] Ihr dient, bildlich geredet, diesem Gott *und kränkt jenen anderen,* wenn ihr Euch für diese Stellungnahme entschließt.»[2]

I. EINE RELIGIÖSE KRISE

Mit ihrer Größenordnung und den metaphysischen Forderungen, die in ihnen laut wurden, machten die Demonstrationen vom 11. Januar deutlich, dass Frankreich eine religiöse Krise durchlebt. So besorgt, wie sich Teilnehmer, Kommentatoren und Regierung zeigten, hätte man meinen können, dass 15 bis 25 Prozent der in Frankreich lebenden Muslime schon jetzt im Begriff seien, das Land Jeanne d'Arcs, Voltaires und Charles de Gaulles unter ihren Glauben zu zwingen.

Dieses Thema hatte im Übrigen Michel Houellebecq in seinem letzten Roman, dem großer Erfolg beschieden war, behandelt, noch ehe die Brüder Kouachi und Amedy Culibaly ihre Schreckenstaten begingen. Und auch Éric Zemmour, ein politischer Kommentator mit jüdisch-algerischem Hintergrund, hatte seinen letzten islamophoben Hit vor der Tragödie gelandet: In seinem Werk *Le Suicide français* («Der französische Selbstmord») stimmte er die alte Leier von der gescheiterten Integration, der Falle des Multikulturalismus und der Auslöschung unserer schönen Kultur an. Am 30. Oktober 2014, lange vor der Geiselnahme im jüdischen Supermarkt im Osten von Paris am 9. Januar, hatte Zemmour gegenüber dem *Corriere della Sera* erklärt, Frankreich müsse ins Auge fassen, die Muslime in ihre Heimatländer zurückzuschicken, worauf mit einiger zeitlicher Verzögerung eine faszinierende Polemik um den Begriff «Deportation» entbrannte, mit dem der italienische Journalist das Vorhaben Zemmours auf den Punkt gebracht hatte. Durfte man die Abschiebung eines Teils der französischen Bevölkerung per Schiff so nennen?

Die Islamophobie meldet sich mit schöner Regelmäßigkeit zu Wort. Insofern sie die Muslime symbolisch aus der nationalen Gemeinschaft ausschließt, ist sie ebenso sehr Ursache wie Wirkung des Terrorismus. Sie ist einer der beiden Pole einer teuflischen Dialektik, in der sich die objektiv vorhandene Krise in den Vorstädten und die Hysterie einer Ideologie wechselseitig anfachen.

Aber wie andere müssen wir auch dieses Phänomen soziologisch und statistisch betrachten: Das Bekenntnis zu einer Islamophobie Houellebecq'scher und Zemmour'scher Prägung beschränkt sich naturgemäß auf diejenigen, die sich Bücher leisten können und Zeit haben, sie auch zu lesen, also auf die schon etwas Älteren aus der Mittelschicht. Weder die Wähler des Front National aus den unteren Schichten noch die Jungen mit guten Bildungsabschlüssen, aber sinkenden Einkommen haben ausreichend Geld und Muße, um sich die Texte der genannten Autoren zu Gemüte zu führen.

Anstatt uns nun auf das rote – oder besser grüne – Tuch des Islam zu stürzen, beschäftigen wir uns mit der spirituellen Orientierungslosigkeit, von der 94 Prozent der französischen Bevölkerung mit christlichen Wurzeln betroffen sind. An hinterer Stelle kommen wir dann auf die psychologische und soziale Verfassung der 4,5 oder 5 Prozent der Muslime zurück, die diese Nation mit ausmachen.

Diese sehr ungleichen Zahlen – 94 Prozent mit christlichen und 4,5 bis 5 Prozent mit muslimischen Wurzeln – dürfen uns nicht in die Irre führen. Erhebungen zur Konfession werfen Gläubige und Praktizierende mit jenen in einen Topf, für die Religion eher Vergangenheit als Gegenwart ist. Die religiöse Realität Frankreichs 2015 wird vom Unglauben in einem Ausmaß bestimmt, wie es ihn in der Geschichte noch nie gegeben hat. Die Mehrheit unter den vollständig verweltlichten Franzosen bilden Kinder aus Mischehen, Verbindungen von Elternteilen, die – mitunter wiederholt über mehrere Generationen hinweg – verschiedenen Religionen angehören. In ihren Stammbäumen finden sich in brüderlicher Eintracht Christen, Muslime und Juden oder, im Fall asiatischstämmiger Mitbürger, möglicherweise auch Buddhisten, Konfuzianer und Hindus.

Natürlich müssen wir im Kernbereich der französischen Gesellschaft und nicht an deren Rändern nach der religiösen Entwicklung des Landes suchen. Diese methodische Entscheidung lässt die Erinnerung daran wieder wach werden, dass noch vor gar nicht allzu langer Zeit ganze Menschenmassen durch die Straßen zogen, um gegen die «Ehe für alle» zu demonstrieren. Am 13. Januar 2013, zwei Jahre vor dem spektakulären Auftritt Charlies auf der nationalen Bühne, hatte die erfolgreichste «Demo für alle» in Paris, je nachdem, ob man den Zahlen der Polizei oder denen der Veranstalter glaubt, zwischen 340 000 und 800 000 Menschen in ihrem Protest vereint. Eine bedeutende Minderheit, vielfach katholischer Provenienz, lehnte die Ehe für homosexuelle Paare ab. Ein gewisser religiöser oder quasireligiöser Eifer bewegte die Kernmasse der französischen Gesellschaft, was irgendwie im Widerspruch zu den realen Verhältnissen stand, da die Ehe für alle nur einen weiteren Schritt auf einem Weg bedeutete, den die Nation durch ihren Bruch mit der traditionellen christlichen Vorstellung von Familie längst eingeschlagen hatte.

Wie manifestierte sich diese religiöse Krise am 11. Januar 2015?

Die tödliche Krise des Katholizismus

In Frankreich entwickeln sich Religion und Sitten im Verbund miteinander. Die religiöse Praxis brach im Wesentlichen zwischen 1960 und 1990 zusammen. Von drei Kindern pro Frau 1950 schrumpfte die Geburtenrate seitdem auf zwei, eine Entwicklung, die auch den Untergang der kinderreichen katholischen Familie beinhaltete. Wurden 1960 5,5 Prozent der Kinder außerehelich geboren, so sind es heute schon 55 Prozent. Frankreich, in dem die Kirche noch vor wenigen Jahrzehnten großen Einfluss hatte, ist, was die religiösen Überzeugungen und Sitten angeht, inzwischen zu einem Land der Skeptiker geworden.

In der Mentalitätsgeschichte sind dreißig oder vierzig Jahre eine kurze Zeitspanne. Die Alterspyramide weist heute Spuren einer alten Bevölkerung auf, die sich noch ein wenig an die Religion gebunden fühlt, während sich die weitaus zahlenstärkeren nachfolgenden Generationen von ihr vollständig gelöst haben. Nach einer neueren Untersuchung des Meinungs- und Marktforschungsinstitut IFOP gaben 12,7 Prozent der Befragten an, dass sie «praktizierende» Katholiken seien. Würde man die strengen Kriterien der Religionssoziologie anlegen, nach denen Besucher der Sonntagsmessen gezählt werden, müsste man diesen Anteil wohl sogar noch halbieren. Bleibt festzuhalten, dass diese Quote laut Selbstauskunft von Befragten zwischen 25 und 30 Jahren bei nur noch 6,6 Prozent liegt, während sie bei denen zwischen 65 und 75 Jahren 21,6 Prozent und bei denen über 75 immerhin noch 32,7 Prozent beträgt.[3] Die heute 75- bis 85-Jährigen waren 1960 zwischen 20 und 30 Jahre alt. In dieser Altersgruppe betrug der Anteil der praktizierenden Katholiken damals folglich noch ein Fünftel.[4] Das Drittel der «Über-75-Jährigen», das sich heute als praktizierende Gläubige bezeichnet, ist kein Beleg für ein Frankreich, das um 1960 uniform katholisch gewesen wäre, sondern für eines, das schon damals zu zwei Dritteln entchristianisiert war.

Ein Absinken der Quote der Praktizierenden von 33 auf 6 Prozent ist durchaus beachtlich, insbesondere, wenn es mit einer metaphysischen Orientierungslosigkeit unter den zwei Dritteln der Bevölkerung einhergeht, die sich 1960 dem Einfluss des Katholizismus schon entzogen hatten. Der generelle Absturz Frankreichs in den Unglauben und in freizügige Sitten wirkt sich auf das psychologische und politische Gleichgewicht einer im Wandel begriffenen Bevölkerung problematisch aus.

Religiöser Zusammenbruch
und der Vormarsch der Xenophobie

Wenn wir den Verfall von Religionen im historischen Vergleich betrachten, stellt sich automatisch die Frage nach der Zeit des Übergangs, in der sich die kollektive Psyche im Ungleichgewicht befindet. Tatsächlich folgt auf einen Wandel in den religiösen Überzeugungen oder auf deren drastischen Schwund meistens ein revolutionäres Ereignis. Nach dem Wegfall des metaphysischen Rahmens, der das Weltbild bestimmte, kommt fast automatisch eine Ersatzideologie hoch, die zwar variable Werte beinhalten kann, deren Übernahme durch die Bevölkerung aber zumeist mit Gewaltausbrüchen einhergeht.

Um 1730–1740 verzeichnete in Frankreich die Rekrutierung von Priestern im Pariser Becken und an der Mittelmeerküste einen dramatischen Rückgang, während sie im übrigen Königreich auf normalem Niveau blieb. Im Abstand von einem halben Jahrhundert folgte auf diese religiöse Krise die Revolution. Hatte die Kirche den nach ewigem Leben strebenden Gläubigen Gleichheit und Freiheit durch die Taufe für jedermann und das Heil durch die Werke garantiert, so verwandelte sich dieses Fernziel 1789 in die Forderung nach Freiheit und Gleichheit schon im Hier und Jetzt des irdischen Lebens.

Hier ist anzumerken, dass Voltaires *Philosophisches Wörterbuch* mit seinem bissig und spöttisch dargelegten, vollständig unreligiösen Gedankengut erst 1764 erschien, also zwanzig Jahre *nach* dem Zusammenbruch der Kirche in zwei Dritteln des Königreichs.

In Deutschland führte zwischen 1880 und 1930 der drastische Rückgang der religiösen Praxis unter den zwei Dritteln der Protestanten des Landes in einer ersten Phase zum Aufstieg der Sozialdemokratie und des Antisemitismus und in einer zweiten dann zu dem des Nationalsozialismus. Nietzsches Gedankenflüge um den Tod Gottes und Webers Soziologie waren andere Produkte dieser metaphysischen Krise. Die ideologischen Werte, die im Deutschland des Nationalsozialismus zum Ausdruck kamen, waren in allen Punkten das Gegenteil von denen, die sich im revolutionären Frankreich ausbildeten, so wie auch der Protestantismus das Gegenteil der Metaphysik des Katholizismus war, der um 1700 im Pariser Becken geherrscht hatte. Die Lutherische Prädestinationslehre betonte insofern die Ungleichheit der Menschen, als sie schon vor ihrer Geburt durch ein unwiderrufliches Urteil des Allmächtigen für das Heil auserwählt oder von ihm ausgeschlossen wurden. Diese autoritäre und inegalitäre Theologie wurde 1933 ersetzt durch eine Ideologie, welche die Ungleichheit unmittelbar im irdischen Leben verankerte und manche zur Sklaverei verurteilte. Jetzt bestimmte die Rasse die Auserwähltheit. Der Status des Menschlichen blieb den Ariern vorbehalten, während die Juden zur Hölle der Todeslager verurteilt waren. Luthers ewige Verdammnis wurde in die weltliche Sphäre transponiert.

Religion muss ernst genommen werden, insbesondere wenn sie untergeht. Das bedeutet nicht, dass die ökonomischen Strukturen und Konjunkturen zu vernachlässigen seien: Die Französische Revolution wurde durch eine Erhöhung der Getreidepreise, die NS-Revolution durch eine tiefe wirtschaftliche Depression ausgelöst. Aber anzuerkennen ist auch, dass weder die Hungersnot noch die Arbeitslosigkeit allein derart massive, intensive und siegreiche revolutionäre Phänomene hätten hervorbringen können. Die Französische Revolution und der Nationalsozialismus erlangten zu ihrer Zeit einen «metaphysischen Status», wie man ihn nennen könnte, und haben ihn im kollektiven Gedächtnis noch immer inne. Aus einer religiösen Krise hervorgegangen, waren beide Ereignisse in gewissem Sinn ebenfalls religiös.

Irdische Ideologien weisen deshalb unterschiedliche Inhalte auf, weil ihre Festlegungen durch die tief in einer Gesellschaft verwurzelten familiären Werte, durch die latenten anthropologischen Systeme, auch dann noch bestimmt werden, wenn sich diese dem Einfluss des Religiösen im engeren Sinn längst entzogen haben. Im Zentrum des Pariser Beckens regelte eine liberale und egalitäre Struktur die sozialen Verhaltensweisen. In Deutschland wurden diese von einer autoritären und inegalitären Struktur in die entgegengesetzte Richtung gelenkt.

Derzeit erleben wir wirtschaftliche Probleme, die weniger brutale Auswirkungen haben als die Weltwirtschaftskrise von 1929, sich indes hartnäckiger halten. Aber ebenso wie von offensichtlichen wirtschaftlichen Entwicklungen hängt die politische Zukunft unserer Gesellschaft auch von einem sich unterschwellig vollziehenden religiösen oder quasireligiösen Wandel ab.

Von der tödlichen Krise des Katholizismus war seit den 1960er Jahren die gesamte westliche Welt betroffen. In Regionen, in denen diese Religion einer sprachlichen Minderheit Halt gegeben hatte, die sich als kulturell unterdrückt verstand – im kanadischen Quebec, im Baskenland, in Irland und in Flandern –, löste der Untergang des Glaubens ab den 1970er Jahren einen heftigen nationalistischen Schub aus. In Kanada, Spanien und Irland führte der Übergang zum Säkularismus zu einer Welle von terroristischer Aktivität und in Belgien zu weniger gewaltsamen, dafür aber länger anhaltenden Anfällen einer Phobie. Die Flamen zeichnet noch immer ein bemerkenswerter Abscheu vor der Frankofonie aus, obwohl sie in Belgien inzwischen die dominierende Gruppe sind. All diese Ereignisse fanden in einer Periode des wirtschaftlichen Wohlstands und der Entwicklung der Konsumgesellschaft statt.

Die Logik zu verstehen, die vom Katholizismus zur Xenophobie führen kann, ist durchaus bedeutsam. Die katholische Kirche, die am Prinzip der Hierarchie festhält, ist per Tradition dennoch universell, was schon in ihrem Namen – *katholikós* für «allumfassend» oder «universell» – zum Ausdruck kommt. Bis 1960 wirkte sie auf mehrere regionale Kulturen ein, in denen das Universelle als ausgleichendes Element, oder besser: als eine Instanz, die dem Ethnozentrismus entgegenwirkte, vormals kaum eine Rolle spielte. Der Kultur Quebecs, der baskischen, der irischen und der flämischen, fehlte, wie der deutschen, ein Prinzip der familiären Gleichheit. Der Katholizismus überführte folglich den Ethnozentrismus ihres anthropologischen Hintergrunds in ein System, das zwar autoritär und hierarchisch war, aber eine universelle Berufung hatte. Der Untergang dieses universalistischen Regulativs setzte logischerweise das inegalitäre oder nicht egalitäre Temperament frei, das in den Familienstrukturen noch tiefer verwurzelt war als die Religion.

Analog dazu wirkte sich der Niedergang des Katholizismus ab der zweiten Hälfte der 1980er Jahre in Italien aus, wo die Lega Nord ihre Xenophobie im Inneren gegen die Bevölkerung des Südens, des *Mezzogiorno,* richtete. Ihr Epizentrum in der nordöstlichen Poebene deckt sich mit eben jenen Regionen Italiens, in denen der Katholizismus bis 1960 noch am stärksten praktiziert wurde. Auch hier stand die anthropologische Prägung universalistischen Anschauungen entgegen.

In Polen und der Westukraine hatte die kommunistische Unterdrückung einen defensiven Katholizismus am Leben gehalten. Im Fall der Ukraine handelte es sich, genauer gesagt, um die unierte Kirche, eine ursprünglich orthodoxe Konfession, die sich im 17. Jahrhundert dem Katholizismus angeschlossen hatte. Wie der dramatische Rückgang der Geburtenraten ab 1990 zeigt, brach mit dem Kommunismus auch dieser Katholizismus des Selbstschutzes zusammen und hinterließ ein Vakuum, das klassischerweise Ängste und einen Schub an Xenophobie auslöst, und zwar unabhängig von den materiellen Verhältnissen: In Polen gelang die wirtschaftliche Anpassung, während sie in der Ukraine vollständig scheiterte. Im postkommunistischen Osteuropa löste der Mechanismus, der einer Ersatzideologie Auftrieb gibt, zwangsläufig einen Schub an Russenfeindlichkeit in gleicher Weise aus, wie zuvor in Westeuropa entsprechende Entwicklungen je nach Ort zu Ressentiments gegenüber Engländern, Spaniern, Franzosen oder Italienern geführt hatten.

Ein Mechanismus desselben Typs könnte bei der Abspaltung Kroatiens, einer Nation, die sich durch ihren Katholizismus definiert, durchaus eine Rolle gespielt haben. Allerdings stelle ich das Land nur zögernd in eine Reihe mit Polen oder der Westukraine: Auch wenn der Bürgerkrieg, der Jugoslawien zerstörte, durch religiöse – katholische, orthodoxe und muslimische – Identitäten bestimmt wurde, so hatte ihn eher der Zusammenbruch des Kommunismus als der des Glaubens herbeigeführt.

Dass in den ukrainischen Oblasten Galizien, Wolhynien und Ruthenien eine neonazistische Rechte auf den Plan trat, überrascht den, der da erwartet, dass die Befreiung eines Volkes zu dessen mentaler Ausgeglichenheit beiträgt. Demjenigen jedoch, der die nationalistischen Aufwallungen im Baskenland, in Irland, in Flamen und in Quebec beobachtet hat, erscheint diese Entwicklung völlig normal. So ist die Russophobie in Polen und der Westukraine, auch wenn sie an die Symbolik der Vergangenheit anknüpft, als Ausdruck einer gegenwärtigen religiösen Krise zu verstehen, die mit dem Machtstreben Russlands wenig zu tun hat.

Der Nationalismus ist in der Auswahl seiner Zielscheiben und Hassobjekte selten originell. Dennoch müssen wir einräumen, dass die tödliche Krise des Katholizismus in Frankreich und Deutschland eine Ideologie des Übergangs hervorbrachte, die deutlich interessanter ist als ein banaler ethnozentrischer Nationalismus. In beiden Ländern nahmen die Regionen, in denen der Katholizismus praktiziert wurde, nur ein Drittel des Gesamtterritoriums ein und waren durch den Ersten Weltkrieg (1914–1918) ihren Nationen jeweils vollständig eingegliedert worden. Aber der Zusammenbruch des Katholizismus trug beiderseits des Rheins stark zu dem Schub an europäistischer Gesinnung bei, der dann zum Vertrag von Maastricht führte. Für Frankreich zeigen dies dessen politische Karten.

Im Verbund mit dem egalitären und universalistischen Erbe im Kern des nationalen Systems Frankreichs brachten die Ängste, die durch die Auflösung des Katholizismus heraufbeschworen wurden, eine hybride, aber grandiose Form von Ideologie hervor, in der ein multinationaler Nationalismus angestrebt wurde.

Das katholische und das säkulare Frankreich: 1750–1960

Tatsächlich gibt es nicht nur ein katholisches Frankreich, sondern gleich zwei: das katholische Frankreich Nr. 1, das ab Mitte des 18. Jahrhunderts die Kirche aufgab, und das katholische Frankreich Nr. 2, das ihr bis 1960 treu blieb, sich von ihr aber schließlich auch abwandte und vom Glauben abfiel. Das Hexagon beinhaltet folglich zwei entchristianisierte Landesteile, einen älteren und einen ganz neuen, deren jeweilige Gebiete auf Karte I. 1a (S. 199)[5] ausgewiesen sind.

Dank der Arbeiten von Timothy Tackett wissen wir, dass sich im 18. Jahrhundert nicht Einzelpersonen vom Katholizismus abwandten, sondern vielmehr bestimmte lokale Gemeinschaften, während andere der Kirche treu blieben.[6]

Die sogenannte Zivilverfassung des Klerus von 1790 legte fest, dass fortan die Gemeindemitglieder ihre Priester und Bischöfe wählen sollten. Auf diesen Gesetzestext mussten die Gemeindepfarrer einen Treueid schwören. Karte I. 1b (nach Timothy Tackett, siehe S. 200) bildet ab, wo dieser Schwur akzeptiert und wo er abgelehnt wurde. Auch wenn sie keinerlei Einblicke in die Gewissenslage der Priester gibt, offenbart sie den Willen der jeweiligen Gemeinden. Angenommen wurde die Zivilverfassung von den Pfarrern im Pariser Becken in einem riesigen Raum, der sich von Saint-Quentin bis nach Bordeaux erstreckte, sowie an der Mittelmeerküste, ihrerseits angebunden an die Pariser Region durch einen Korridor, der die Départements Drôme, Isère, Ain und Saône-et-Loire umfasste. Abgelehnt wurde die republikanische Kirche dagegen in einer Konstellation von Randprovinzen: im gesamten Westen, dem Gros des Südwestens sowie des Massif central, im Jura, im Elsass und im äußersten Norden. Ab 1793 versuchte die Revolution die Kirche mit Angriffen zu vernichten. Durch ihr Scheitern verfestigte sich die erste Zersplitterung des religiösen Einzugsgebiets in Frankreich auf Dauer.

Bei der Religiosität spielen rein individuelle Entscheidungen eine so geringe Rolle, dass sich die Geografie der Mentalitäten kaum verändert hatte, als der Kanoniker Boulard und Gabriel Le Bras nach dem Zweiten Weltkrieg die erste nationale Karte der religiösen Praxis (Karte I. 1a, siehe S. 199)[7] erstellten. Der entchristianisierte Kern Frankreichs hat sich mit seinen beiden Polen, dem Pariser Becken und der Mittelmeerküste, als stabil erwiesen. Auch die Konstellation der katholischen Ränder ist nahezu intakt geblieben. Die Frontlinien zeigen sich fast unverändert. Das Limousin, das Garonnetal und die Region Nord-

Pas-de-Calais haben sich von der Kirche ein wenig distanziert, während die Regionen Rhône-Alpes, Lothringen und der Cotentin anscheinend zu ihr zurückgekehrt sind.

Diese Stabilität belegt die «Nutzlosigkeit» des religiösen Kampfes, der sich über mehr als ein Jahrhundert erstreckte: von den 200 000 Toten des Aufstands in der Vendée zwischen 1793 und 1796 bis zur Säkularisierung der Kirchengüter bei der Trennung von Kirche und Staat 1905. Im Gegenteil: Der Kampf bestätigte nur die Koexistenz von zwei getrennten Religionsgemeinschaften in Frankreich, einer gläubigen und einer ungläubigen, die ihr jeweiliges Territorium behaupteten. Während der Dritten Französischen Republik (1870–1940) spiegelte sich diese grundlegende religiöse Aufteilung auch in der politischen Landschaft und ihren Parteien wider. Der Republikanismus, der Kommunismus und ihre Gewerkschaft CGT entfalteten sich in Zentralfrankreich und an der Mittelmeerküste. Die traditionelle Rechte und die christlich orientierte Gewerkschaft CFTC, aus der später die CFDT werden sollte, setzten sich in den katholischen Hochburgen der Randregionen fest. Der Antagonismus dieser beiden Frankreichs bildete von 1789 bis 1960 die Grundstruktur des sozialen und politischen Lebens des Landes. Obwohl der praktizierte Glaube auch in den katholischen Bastionen zurückgegangen ist, wirkt diese räumliche Spaltung unterschwellig und unbewusst bis auf den heutigen Tag nach (Karte I. 1c, siehe S. 201).

Die Religionssoziologie offenbart folglich, dass der gegenwärtige laizistische Diskurs, der sich vehement gegen den «Kommunitarismus», ein Leben in Parallelgesellschaften, wendet, von einem ahistorischen Denken geprägt ist. Er bezieht sich gewissermaßen auf eine Vergangenheit, die es so nie gegeben hat. Zwei Jahrhunderte lang führte Frankreich ein Doppelleben, insofern es gleichzeitig Mutter der Revolution und älteste Tochter der Kirche war, also auf lokaler Ebene kommunitaristisch geordnet war. Das eigentliche Genie der Dritten Republik sollte darin bestehen, dass sie einen jakobinischen Diskurs der Einheit und Unteilbarkeit führte, während sie zugleich einen pragmatischen Kommunitarismus praktizierte, oder genauer: indem der Kommunitarismus durch eineinhalb Jahrhunderte der Kämpfe zwischen Republik und Kirche zu einem pragmatischen Miteinander gefunden hatte. Marianne hatte sich am Ende an das Zusammenleben mit Maria gewöhnt.

Der konkrete Laizismus Frankreichs bestand also nicht in einer Verschmelzung von privaten Gewissen, die sich für oder gegen den Gottesglauben entschieden. Vielmehr kombinierte er eine Kultur des Unglaubens im Zentrum des Hexagons mit der Kultur des Glaubens der katholisch verbliebenen Massen in den Randregionen. Auf Landesebene spielte sich ein *modus vivendi* ein. Dieser Ausgleich kam Einzelnen und Familien insofern zugute, als sie in den entchristianisierten Zonen ungestört ihren katholischen Glauben leben oder, umgekehrt, in den katholischen Zonen ihrem Unglauben frönen konnten. Die religiösen Minderheiten – die seit 1791 emanzipierten Juden sowie die Protestanten, welche die Aufhebung des Edikts von Nantes 1685 überstanden hatten – schlugen sich politisch auf die Seite der Ungläubigen. Diese vernünftige Option führte freilich dazu, dass sich unter ihnen rasch ein gediegener religiöser Skeptizismus breitmachte.

Die beiden Frankreichs und die Gleichheit

Wie ist diese stabile Aufteilung auf französischem Boden zu erklären? Ein Wort war während der Krise im Januar 2015 unter den Parolen nur selten zu hören: Gleichheit. Charlie begnügte sich damit, auf seine Freiheit zu pochen. Dabei macht gerade dieser zweite Begriff in der Devise der Französischen Republik – *liberté, egalité, fraternité* – den Antagonismus der beiden Frankreichs deutlich. Schon lange vor der Zersplitterung der nationalen Landschaft durch die erste Krise des Katholizismus herrschte ein Gegensatz zwischen Zentrum und Peripherie, der durch die jeweilige Beziehung zur Gleichheit bestimmt wurde. Diesen Gegensatz gab es aufgrund unterschiedlicher Familienstrukturen schon seit Ende des Mittelalters.

Im Kerngebiet des Pariser Beckens und an der Mittelmeerküste, insbesondere in dem Teil der Provence, der dem Mittelmeer am nächsten lag, überwog traditionell eine bäuerliche
Familienstruktur mit egalitärer Ausrichtung. Im Norden Frankreichs schloss dieser Egalitarismus sogar die Töchter mit ein, die
gleiche Erbansprüche genossen wie ihre Brüder, während im
Süden ein patrilineares Erbrecht die Söhne begünstigte. Das
Zentrum des nationalen Systems mit seinem Anhängsel am
Mittelmeer glaubte folglich automatisch an die Gleichheit. Dort
herrschte ein unbewusstes mechanisches Denken: «Wenn Brüder untereinander gleich sind, sind die Menschen und damit
auch die Völker untereinander gleich.» Hier liegt die Quelle der
revolutionären Konzepte von ziviler Gleichheit und universel-
lem Menschen. Und mit der weitläufigen Alphabetisierung im
18. Jahrhundert formierte sich dazu die passende Ideologie.

Dagegen war im peripheren Frankreich die Familienstruktur aus verschiedenen Gründen nicht egalitär ausgerichtet.
Eine echte Vorliebe für die Ungleichbehandlung zeigte sich allerdings nur in den Landstrichen, die das Recht der Erstgeburt
praktizierten, das heißt in einem ausgedehnten Gebiet im Südwesten, das einen Tentakel in die Region Rhône-Alpes aus-
streckte, in bestimmten Bereichen der bretonischen Küste und
im Elsass.[8] Im gesamten Westen und in der Region Nord-Pas-
de-Calais dominierten Familiensysteme, die weder ausgesprochen inegalitär ausgerichtet waren noch wie die des Pariser
Beckens obsessiv daran festhielten, Erbschaften gleichmäßig
aufzuteilen.

Zusammen bilden diese beiden Teile Frankreichs seit langer
Zeit ein System. Ohne das Gegengewicht des peripheren Frankreichs, das für Disziplin sorgte, hätte der egalitäre Individualismus im Zentrum des nationalen Systems eher ins Chaos als zu
einer Doktrin von Freiheit und Gleichheit geführt. Aus Sicht
der Anthropologie der Familienstrukturen hätte das wahre
Frankreich langfristig zu zwei Dritteln aus Anarchie und zu
einem Drittel aus Hierarchie bestehen können.

Karte I.2 (S. 202) stellt die ursprüngliche Verteilung des

Prinzips der familiären Gleichbehandlung auf französischem Boden vereinfacht dar. Sie umreißt die grundlegenden anthropologischen Verhältnisse der Nation. Ausgeblendet bleiben allerdings die Zwischenformen, die seit Ende des Mittelalters den zentralen Block an seine Ränder anbinden, insbesondere die nordfranzösischen Gebiete an Okzitanien, entlang einer Achse, die von La Rochelle über Poitiers und Bourges bis nach Nevers reicht.

Gleichbehandlung war in der Familie zumeist an freiheitliche Werte geknüpft. Im Zentrum des Pariser Beckens emanzipierte die bäuerliche Familie, die auf ihren Kernbestand geschrumpft war, rasch ihre Kinder. Dagegen war die stark egalitär ausgerichtete, aber kommunitäre Familie am Nordwestrand des Massif central, zwischen den Départements Dordogne und Nièvre, nicht liberal, weil große Haushalte, in denen mehrere verheiratete Paare lebten, den Einzelnen eng in die Gemeinschaft einbanden.

Ungleichbehandlung war meistens mit autoritären Werten verbunden. Die Stammfamilie in der statistischen Region «Südwest» oder im Elsass bestand aus drei hierarchisch organisierten Generationen in einem System, das väterliche Autorität und Ungleichbehandlung der Söhne miteinander kombinierte. Im westlichen Binnenland trat die Gleichgültigkeit gegenüber dem Ideal der Gleichheit zuweilen nach englischer Art in Kombination mit der Kernfamilie als Struktur auf. Im Département Deux-Sèvres oder im Nord-Pas-de-Calais überwogen flexible Formen, bei denen die Generationen nach pragmatischen Erwägungen zeitweise zusammenlebten.

Aber gerade die Karte der Gleichheit vermittelt ein Verständnis dafür, wo die Entchristianisierung ihren Ursprung hatte und wo sich gegen sie Bastionen des Widerstands bildeten. Der Rückzug des katholischen Glaubens setzte im 18. Jahrhundert im Zentrum der egalitären Systeme des Pariser Beckens und der Mittelmeerküste ein. Hinter dieser «egalitären» Entchristianisierung steckt eine simple Logik: Nachdem die Menschen in den jeweiligen Regionen Lesen und Schreiben gelernt hatten, wiesen sie die metaphysische Hypothese zurück, wonach ein Gott über dem Menschen und ein Priester über der Gemeinde stehe. In den Bastionen des Katholizismus dagegen focht kein unbewusstes egalitäres Familienideal die Autorität der Religion an.

Die Karten der familiären Gleichheit und die der Entchristianisierung decken sich allerdings nur unvollkommen. Evident ist nur das Zusammenfallen der jeweiligen Pole. Wie gut zu erkennen ist, schritt die Entchristianisierung, anfangs geprägt durch den Egalitarismus der Familienstruktur, entlang der großen Verkehrsverbindungen weiter voran. Wie wir sehen, rückte sie entlang der Achse Paris–Bordeaux, die der späteren Route nationale 10 und dann der Autobahn A10 entspricht, nach Südwesten und weiter durch das Garonnetal nach Norden vor.

Dieser Essay widmet sich einer Untersuchung zur aktuellen Krise der französischen Gesellschaft und befasst sich so eher mit der Zukunft als mit den Ursprüngen. Deswegen sind tiefergehende Überlegungen, warum sich der Egalitarismus der Familienstrukturen und die Entchristianisierung mancherorts decken und anderswo nicht, an dieser Stelle überflüssig.

Nützlicher für ein Verständnis dessen, was sich derzeit abspielt, ist eine Gesamtkarte der egalitären Haltungen auf französischem Boden, die den Egalitarismus der Familienstruktur und die «entchristianisierte» Mentalität in einer sich gewissermaßen überlagernden Darstellung wiedergibt. Wo die Familie Brüder gleichrangig behandelt und wo eine religiöse Skepsis vorherrscht, nach welcher der Mensch weder einem Priester noch Gott untersteht, gilt der latente Egalitarismus der jeweiligen lokalen Kultur als maximal ausgebildet. Wo die Familie inegalitär ausgerichtet ist und sich vor einem katholischen Hintergrund entfaltet, gilt das Niveau des latenten Egalitarismus als minimal vorhanden. Entsprechend ergeben die anderen Kombinationen dazwischenliegende Werte.

Ich habe dazu in Karte I.3 (S. 203) die Werte für familiären Egalitarismus und für Irreligiosität zu Gesamtwerten der Egalität addiert, die zwischen +3 und 0 liegen. Die weiten Bereiche zwischen den Extremwerten deuten darauf hin, dass die Prinzipien von Gleichheit und Ungleichheit zueinander in einem Spannungsverhältnis stehen, das sich in Vorstößen und Rückzügen der jeweiligen Einstellungen äußert. Bis zu den 1980er Jahren offenbarte die Karte von Frankreichs Wahlergebnissen, dass das Land immer noch stark katholisch geprägt war. Der schwindende Einfluss der Kirche sorgt schrittweise dafür, dass bei Wahlentscheidungen der latente anthropologische Hintergrund – einer egalitären oder inegalitären Familienstruktur – immer stärker durchschlägt. Ließ sich bis 1990 die stabile politische Ausrichtung der einzelnen Regionen noch am ehesten anhand einer Karte vorhersagen, welche den Grad der jeweiligen religiösen Praxis abbildete, so scheint um 2015 dazu eine Karte geeigneter, auf der Familienstruktur und Religion in Kombination dargestellt sind. In Kapitel 4 versuche ich anhand dieser «Gleichheitswerte» systematisch nachzuvollziehen, warum die Wähler 2012 besonders stark für Marine Le Pen, Nicolas Sarkozy, François Hollande oder Jean-Luc Mélenchon gestimmt haben.

Vom einzigen Gott zur einzigen Währung

Vor etwas mehr als zwanzig Jahren versetzte der Vertrag von Maastricht den Großteil Westeuropas in den Traum von der Einheit per Gemeinschaftswährung. In Frankreich wurde der Vertrag 1992 nach leidenschaftlichen Debatten per Volksabstimmung mit 51 Prozent der Stimmen angenommen. Heute erscheint dieses Projekt irrsinnig, denn trotz budgetärer, finanzieller und vor allem ideologischer Anstrengungen steckt die Eurozone in Stagnation, Arbeitslosigkeit und Deflation fest. Da über die wirtschaftlichen Vorteile des Projekts inzwischen nicht mehr diskutiert werden muss, können wir in aller Ruhe die anthropologischen und religiösen Ursprünge dieser Utopie untersuchen.

Die Annahme des Maastricht-Vertrags durch das französische

Wahlvolk brachte im Meinungsbild deutliche Unterschiede in einer vertikalen – schichtspezifischen – wie auch in einer horizontalen – geografischen – Dimension zum Vorschein, die sich im Gegensatz zwischen Zentrum und Peripherie äußerte.

Mit dem Referendum rückte vor allem der Begriff der sozialen Schicht in den Vordergrund. Die Abstimmung sorgte dafür, dass das fortan konstant bearbeitete Thema eines Gegensatzes zwischen den Eliten und dem Volk ins nationale Bewusstsein einzog, wenn man nicht sogar davon sprechen kann, dass es erst zu diesem Anlass aufkam. In den oberen Rängen der Sozialstruktur stimmten die «Führungskräfte und Vertreter höherer akademischer Berufe» zu 70 Prozent mit «Ja» und zogen die «mittleren Berufe» mit sich, die ihrerseits zu 57 Prozent zu einem positiven Votum fanden. Unten standen die einfachen Volksschichten dem Vertrag spontan negativ gegenüber. Die Arbeiter stimmten nur zu 42 Prozent und die Angestellten sowie die Handwerker und Einzelhändler nur zu 44 Prozent für ihn.

Die sozioprofessionellen Kategorien, mit denen das französische amtliche Statistikinstitut für Wirtschaftsforschung INSEE arbeitet, sind anhand einer Mischung aus wirtschaftlichen und kulturellen Kriterien erstellt. Man sollte sich also davor hüten, die Führungskräfte und Vertreter höherer akademischer Berufe so zu betrachten, als seien sie mit Blick auf die Einkommen Privilegierte. Dieser Gruppe gehören auch Lehrer allgemeinbildender Gymnasien, Professoren und andere Beamte der Kategorie A des öffentlichen Dienstes an, ein Personenkreis, den einige kohärente Merkmale, aber keine märchenhaften Einkünfte auszeichnen. In dieser sogenannten «höheren» Gruppe sind Vorteile von Bildung und wirtschaftlichem Hintergrund mit Blick auf Verdienst und Arbeitsplatzsicherheit gemischt aufgenommen. Grund- und Hauptschullehrer, Lehrer an allgemeinbildenden Schulen und beruflichen Gymnasien, Hilfslehrer und Bildungsberater gehören in die Kategorie der «mittleren» Berufe, die sich 1992 dem politischen Votum der «höheren» angeschlossen haben.

Zudem stützte sich das «Ja» auf die klassischste Variable, die zu einem Votum eher im rechten Spektrum prädisponiert: auf ein fortgeschrittenes Alter. Ruheständler segneten den Vertrag zu 55 Prozent ab.

Die sogenannte Nachwahlbefragung, die beim Verlassen des Wahllokals stattfindet, erfasst nur die soziale Schicht und das Alter. Wie die Kartografie zur Abstimmung über den Maastricht-Vertrag offenbart, hatte das positive Votum auch eine stark religiöse, oder besser: postreligiöse Dimension. Die Pariser Region, die Hauptstadt der höheren Führungskräfte, stimmte zwar massiv mit «Ja». Aber an der Peripherie mit katholischer Tradition zeigte sich ebenfalls eine hohe Zustimmung für die Gemeinschaftswährung, wie Karte I. 4 (S. 204) zeigt. Setzt man die Zustimmungsraten von 1992 mit der verbliebenen katholischen Praxis in Beziehung, die 2009 das französische Meinungs- und Marktforschungsinstitut IFOP ermittelt hat, ergibt sich ein Korrelationskoeffizient von +0,47.

(Es sei daran erinnert, dass ein linearer Korrelationskoeffizient zwischen zwei Zahlenfolgen Werte zwischen -1 und $+1$ annehmen kann. Zwischen diesen Folgen besteht ein umso engerer positiver bzw. negativer Zusammenhang, je stärker sich der Koeffizient dem Absolutwert 1 annähert. Bei einem Wert von 0 hängen die betreffenden Merkmale gar nicht linear voneinander ab.)

Dabei ist zu beachten, dass die Variablen der Schicht und der Religion nicht völlig unabhängig voneinander zu sehen sind: In der heutigen Gesellschaft konnte sich die religiöse Praxis in den oberen Schichten stärker halten als in den unteren. War das Bürgertum gegen Ende des 18. Jahrhunderts noch stark von Voltaire geprägt gewesen, so kehrte es im 19. Jahrhundert, auch im entchristianisierten Teil des Staatsgebiets, teilweise zum Katholizismus zurück. Die Angst vor der sozialen Revolution mag das wiedererwachte Interesse am Beistand der Kirche erklären. Hinzuweisen wäre zudem auf eine Beziehung zwischen Alter und Religion, da sich, wie wir sahen, bei den Über-65- und insbesondere den Über-75-Jährigen die religiöse Praxis bis zu einem gewissen Grad halten konnte.

Allerdings sind diese Beziehungen unwesentlich, da der Katholizismus als aktiv praktizierter Glaube seinen Einfluss verloren hat. Es wäre ein Irrtum, aus der Korrelation zwischen verbliebener religiöser Praxis und dem «Ja» zum Maastricht-Vertrag den generellen Schluss zu ziehen, dass die Stimmen der «Katholiken», angeführt von den höheren Führungskräften, Frankreich in das die Einheitswährung preisende Mysterium geführt hätten. Ich selbst saß diesem Irrtum damals auf. Angesichts der Deckungsgleichheit zwischen der Karte der religiösen Praxis 1960 und der der Zustimmung zum Maastricht-Vertrag 1992 zog ich den Schluss, dass dieses positive Votum katholisch gewesen sei. Betrachtet man die statistisch bedeutsamen Wählermassen, so stellt sich in Wahrheit aber heraus, dass in Frankreich Stimmen den Ausschlag gaben, die zwar dem katholischen Lager entstammten, dieses *aber schon verlassen hatten*. Die Entscheidung zugunsten einer einzigen Währung folgte – in kurzem Abstand nach den Maßstäben eines Historikers der Langzeitperspektive – auf die Aufgabe des einzigen Gottes. Nicht die Religion bestimmte also die Zustimmung zu einem Wirtschaftsprojekt: Vielmehr führte der Rückzug der Religion zur Annahme einer Ersatzideologie, in dem Fall zur Schaffung eines monetären Idols, das man in diesem Stadium der Analyse gleichermaßen Euro wie Goldenes Kalb nennen könnte.

Tatsächlich konnte uns ein einfacher Vergleich von Karten glauben machen, dass das «Ja» zu Maastricht gewissermaßen eine Neuauflage des Votums zugunsten von Valéry Giscard d'Estaing von 1974 war, dessen Karte seinerseits die alte Karte der konservativen Rechten nachahmte, die bei der Wahl der Volksfront-Regierung 1936 in Erscheinung getreten und auch schon vor 1914 sichtbar gewesen war. Die Dauerpräsenz Giscard d'Estaings auf den Podien der Maastricht-Fürsprecher während der Kampagne verstärkte diese Täuschung. Tatsächlich aber waren es vielmehr die in jüngerer Zeit entchristianisierten Massen, die der Währungsutopie 1992 in gleicher Weise zum Durchbruch verhalfen, wie sie ab 1965 der Sozialistischen Partei (die

Parti Socialiste, PS) eine Renaissance beschert, ihr die Füh-
rungsposition innerhalb der Linken gesichert und sie dann in
Frankreich an die Macht gebracht hatten. Die Karte, die abbil-
det, wo die PS zwischen 1965 und 1990 zulegen konnte, ähnelt
stark der der Stammregionen des Katholizismus.

François Hollande, die Linke und der Zombie-Katholizismus

Die wesentliche Veränderung des politisch-ideologischen Systems in Frankreich in den drei Jahrzehnten vor dem Vertrag von
Maastricht hatte darin bestanden, dass die rechte katholische
Wählerschaft nach links gerückt war. Dieses bedeutende Phänomen schlug sich nicht nur in der Statistik nieder. Mit seiner ki-
netischen Energie verschaffte es dieser Gruppe einen Offensiv-
vorteil. Sie lieferte neue Leute und frische Ideen. Entkonfessi-
onalisiert, wurde die einst christlich orientierte Gewerkschaft
CFTC zur CFDT, während die sogenannte zweite Linke über die
erste obsiegte, die auf althergebrachte Art säkular ausgerichtet
und einem ritualisierten Sozialismus treu geblieben war. Eben
diese Bewegung führte zum Maastricht-Vertrag. Über der sozialen Schichtung des Abstimmungsverhaltens darf nicht vergessen
werden, dass die Währungsutopie eine sozialistische Idee war,
der sich die Rechte mit unterschiedlicher Begeisterung dann an-
schloss. Die konservative Partei Giscards oder die Partei RPR
Jacques Chiracs hätte von sich aus niemals die notwendige Energie und Kreativität – kurz den Glauben – aufgebracht, um sich
diese Gemeinschaftswährung auszudenken.

In *Le Mystère français*,[9] das ich gemeinsam mit Hervé Le Bras
verfasst habe, nannten wir die anthropologische und soziale
Kraft, die aus der endgültigen Auflösung der Kirche in ihren
traditionellen Hochburgen hervorging, den «Zombie-Katholizismus». Weiter unten werde ich weitere, Bildung und Wirtschaft betreffende Phänomene untersuchen, die davon zeugen,
dass der untergegangene Glaube in Form einer katholischen
Subkultur an den Rändern seinen eigenen Tod überlebt hat.

Diese Reinkarnation ist wahrscheinlich das bedeutendste soziale Phänomen der Jahre 1965–2015. Sie führte Frankreich am Ende in ein ideologisches Abenteuer mit zahlreichen Facetten, so mit der Machtübernahme eines Sozialismus der neuen Art, einer Dezentralisierung, einer wiederauflebenden europäistischen Vision, einer masochistischen Währungspolitik, einer Entstellung der Werte der Republik und, wie sich unten noch zeigen wird, einer besonders hinterhältigen Form der Islamfeindlichkeit und wahrscheinlich auch des Antisemitismus.

François Hollande, Sohn eines ultrarechten katholischen Arztes und einer linken katholischen Sozialarbeiterin, ist die vollkommene Verkörperung des Zombie-Katholizismus. Er kann sogar als dessen Idealtypus im Weber'schen Sinn gelten. Er hält sich selbst zweifellos für einen Linken und würde schwerlich zugeben, dass seine Grundwerte noch immer die seiner Kindheit sind: Hierarchie, Gehorsam und vielleicht auch das Matriarchat. Tatsächlich zeigte sich der Katholizismus in seiner Schlussphase als eine Religion des Mutterkults, insofern er, insbesondere im Westen Frankreichs, auf die Jungfrau Maria ausgerichtet war.

Dieser einfache Blick auf die religiöse Kennkarte des Präsidenten erklärt so manches. An die Spitze einer in Schwierigkeiten geratenen Nation gestellt, weigert sich Hollande hartnäckig, zu handeln, zu entscheiden und Größe zu zeigen, um mit der ihm angediehenen Erziehung demütig in Einklang zu bleiben. Dabei hatte es gerade diese Bescheidenheit in ihrer Originalversion möglich gemacht, dass die Katholiken in der französischen Armee während der Affäre Dreyfus der Republik einigermaßen die Treue hielten oder die Admiralität des Vichy-Regimes am 27. November 1942 vor Toulon die eigene Flotte versenkte. Die Entscheidungsschwäche im Élysée-Palast rührt nicht, wie zuweilen gemutmaßt, vom Radikalsozialismus her. Sie hat einen kulturellen, kollektiven Ursprung und ist tatsächlich nur eine der verschiedenen Wirkmöglichkeiten der katholischen Subkultur, die François Hollande, dem archetypischen Zombie-Katholiken, glänzend übertragen wurde. Wie so viele vor ihm wurde er aus Staub geboren und wird wieder zu Staub werden.

Um den weitreichenden Zerfall des politischen Systems in Frankreich zu verstehen, müssen wir uns jetzt mit einer grundlegenden Frage beschäftigen: Wie ist es um diese Sozialistische Partei, die durch Überläufer aus dem Katholizismus zu neuem Leben erwachte, eigentlich bestellt? Die gegenwärtige Gewohnheit, nur die bewusste, explizite Politik zu kommentieren, gaukelte uns lange Zeit die Vorstellung von rechten Regionen vor, die nach links abgerückt seien. Dagegen ermöglicht es die Anthropologie, zu erfassen, wie die Gruppen und Einzelpersonen, die diese bilden, unbewusst geprägt sind. Sie bringt uns zu einer realistischeren Einschätzung der jeweiligen Entscheidungen. Wie wir festgestellt haben, war der Katholizismus in Regionen verankert, in denen sich die Familienstrukturen gegen das Prinzip der Gleichheit sperrten. Ist es da nicht wahrscheinlich, dass die Zombie-Katholiken, als sie in die Sozialistische Partei einzogen, anstatt sich zum Egalitarismus der zentralen Regionen Frankreichs zu bekehren, ihr inegalitäres mentales Gepäck ins Herz der Linken hineintrugen? Ist dies nicht der Schlüssel zum Verständnis, warum die Sozialistische Partei zunächst den Banken so stark entgegenkam und sich dann auch noch immer stärker für eine Politik der Ordnung und Sparsamkeit begeisterte?

Der starke Franc, der Marsch zum Euro und die Einführung der Einheitswährung, diese rastlose Folge setzt noch immer mit großen Härten dem sozialen Gefüge zu und würgt die Demokratie ab. Vielleicht entwickelt sich die Sozialistische Partei in eine Richtung, in der sie den Schwachen noch unsensibler und härter begegnet als einst die konservative Rechte. Hatte der soziale Katholizismus das Geld verachtet und in den Privilegierten ein Gefühl der Verantwortung gegenüber den Armen geweckt, so führt uns der sozialistische Kult um die Einheitswährung in eine Richtung, die die katholische Konzeption der Gesellschaft hinter sich lässt.

2005: Die verpasste Chance zum Klassenkampf?

Das Referendum 2005 zum Vertrag über eine Verfassung für Europa zeigte in einem Votum, das mit fast 55 Prozent Nein-stimmen zu einer Ablehnung führte, verstärkt schichtspezifische Unterschiede. Mit «Ja» stimmten ganze 19 Prozent der Arbeiter gegenüber 40 Prozent der Angestellten. Das «Ja» der Handwerker und Einzelhändler lag gegenüber der Abstimmung zum Euro 1992 fast stabil bei 45 Prozent, was sogar noch einer Zunahme um 1 Prozent entspricht. Dagegen wanderten die mittleren Berufe mit nur noch 46 Prozent Zustimmung deutlich ins Lager der Ablehnung ab. Die Führungskräfte und Vertreter höherer akademischer Berufe knickten in der Zustimmung zum europäischen Projekt zwar um 8 Prozent ein, stimmten aber immer noch zu 62 Prozent für den Vertrag. Demgegenüber ging die Billigung des Zombie-Katholizismus deutlich zurück: Während die wenigen Départements der Peripherie, die dem Vertrag mehrheitlich ihren Segen gaben, durchweg zombie-katholisch geprägt waren, sackte die globale geografische Korrelation zwischen der verbliebenen katholischen Praxis und dem «Ja» bei der Abstimmung auf +0,36 ab.

Am meisten überrascht die Verfestigung der europäistischen Begeisterung unter den Wohlhabenden im Großraum Paris. In der Hauptstadt selbst stieg die Zustimmung sogar von 62,5 auf 66,5 Prozent, in Yvelines von 57,4 auf 59,5 Prozent und in Hauts-de-Seine von 56,7 auf 61,9 Prozent. Die übrige Île-de-France rückte ein wenig ins Lager der Neinsager. Die Studenten stimmten zu 54 Prozent mit «Ja»: Die Hypothese einer gebildeten Jugend mit revolutionären Ambitionen stand 2005 nicht auf der Agenda (vgl. Karte I. 5, S. 205).

Die Zustimmung der Ruheständler lag der Altersgruppe entsprechend starr bei 56 Prozent. Der Zuwachs von nur 1 Prozent spricht dafür, dass die ideologische Arthrose nur langsam voranschreitet.

War das Scheitern des europäischen Projektes für die Mehrheit der Bevölkerung folglich schon 2005 absehbar, so zeigte sich, dass die privilegiertesten Schichten an dieser Utopie weiterhin krampfhaft festhielten. Allerdings wäre es ein Irrtum, diese Treue vereinfachend nur auf wirtschaftliche Interessen zurückzuführen. Natürlich wird die Bastion des Widerstands gegen antieuropäistische Tendenzen von Leuten gebildet, die unter dem wirtschaftlichen Schiffbruch der Eurozone am wenigsten zu leiden haben, weil sie entweder dank ihrer Nähe zum Kapital finanziell abgesichert sind oder weil ihnen der Staat Arbeitsplatzsicherheit garantiert. Aber die metaphysische Dimension dieser Fixierung darf nicht außer Acht bleiben. Die Währungsutopie ging aus dem Zusammenbruch der katholischen Religion hervor, so wie einst die Französische Revolution aus der ersten Entchristianisierung und der Nationalsozialismus aus dem Zusammenbruch des Luthertums hervorgegangen waren! In der gegenwärtigen Krise spielen auch tiefgründige, quasireligiöse Mechanismen mit. Den überzeugten Anhängern fällt es schwer, von ihrem Währungsglauben zu lassen. Der Sinnverlust ist besonders gravierend, ja schmerzhaft für diejenigen, welche die Zukunft der Gesellschaft bestimmen und sie auf ihrer Suche nach einem besseren Leben leiten sollen. Auf den einzigen Gott und sein Paradies folgten die Einheitswährung und ihr Europa, aber was kommt danach? Welcher Traum wird ihre Schritte lenken? Die herrschende Klasse erleidet eine Sinnkrise. Hier ist allerdings eine Präzision angebracht: Wenn sich die dominanten Schichten im Währungsglauben einmauern, setzt dies keineswegs voraus, dass auch *der Einzelne* erbittert an den betreffenden Werten festhält. Ganz im Gegenteil: Die Stärke des Glaubens der Gruppe entspringt der Schwäche des Glaubens Einzelner, wie wir unten noch sehen werden.

Auf das Klassenvotum vom Mai gegen den Verfassungsvertrag folgten sehr schnell – im Oktober 2005 – Krawalle in den Vorstädten. Rasch und mit gewisser Haltung räumten die Eliten in der Mehrheit ein, dass die Jugendlichen, die Autos in Flammen aufgehen ließen, schlimmstenfalls als ungezogene kleine Franzosen zu betrachten seien, die mit Plünderungen ihrem

Bedürfnis nach Teilhabe Ausdruck verliehen. Wie diese heute antiquiert erscheinende sympathische Haltung zeigt, hatte 2005 die Islamophobie die mittleren Schichten Frankreichs noch nicht erfasst.

Im Übrigen sah es am Ende dieses Jahres 2005, das für die Führungseliten sicherlich sehr verstörend war, fast schon so aus, als werde Frankreich an die gute alte Tradition des Klassenkampfs anknüpfen. 2015, nach zehn Jahren des Vormarschs der Islamophobie in der Mittelschicht und des Antisemitismus in den Vorstädten, stellte sich jedoch heraus, dass sich das Land eben nicht zum Verteilungskampf hatte durchringen können. Der religiöse oder quasireligiöse Faktor, der sich 2005 abzuschwächen schien, ist wieder erstarkt. Allerdings ist der dominante, die Gesellschaft belebende, aber nur eine Minderheit vertretende Zombie-Katholizismus nicht als einziger Faktor dafür auszumachen, dass sich in der französischen Gesellschaft langsam eine psychische Störung breitmacht.

Der schwierige Atheismus

Unterschätzen wir nicht, was das säkulare Kerngebiet Frankreichs zu dem religiösen Unbehagen beiträgt, das langsam, aber unaufhaltsam voranschreitet. Atheist zu sein wird heutzutage schwieriger. Das zentrale Frankreich der Ungläubigen war zwischen 1791 und 1960 von der Kirche nicht vollständig aufgegeben worden. Letztere lebte dort sozusagen *ex negativo* natürlich als Feind, aber auch als sicherer metaphysischer Bezugspunkt, als ein Pol, fort, gegen den es sich abzugrenzen galt. Der Ungläubige definierte sich als Freidenker, der dem theologischen Gefängnis entronnen und über seine wiedergewonnene Freiheit beglückt war. Solange der klerikale Gegner existierte, war der Gottlose vor der letzten Frage geschützt. Was kommt nach dem religiösen Glauben? Hauptsächlich natürlich die modernen politischen Ideologien. Das entchristianisierte Frankreich erlebte die Aufeinanderfolge von Revolution, (echter) republikanischer

Linken und schließlich kommunistischer Partei, welche die größtmögliche kartografische Deckung zwischen einer linken politischen Kraft und der Entchristianisierung markierte (siehe Karte I.6, S. 206). In der Reifezeit der Kommunisten nach dem Zweiten Weltkrieg bildete deren Wählerschaft auf französischem Staatsgebiet fast ein exaktes Negativ der Verteilung der verbliebenen religiösen Praxis, wenn man von wenigen Ausnahmen wie Côtes d'Armor absieht, einem anthropologisch besonders originellen Département, in dessen Westteil ein kommunitärer und matrilokaler Familientyp ansässig war. Aber diese geografische Komplementarität der katholischen und der kommunistischen Niederlassungen gemahnt an eine logische Struktur, an ein System, um nicht zu sagen, an eine Komplizenschaft. Auf diese Weise schienen sich die revolutionären Ideologien des Zentrums und der Mittelmeerküste von 1789 bis 1981 geradezu auf die katholischen Hochburgen an den Rändern zu stützen. Hier bietet sich das überraschende Bild eines revolutionären Kirchenschiffs an, das von katholischen Strebebögen stabilisiert wird. Hätte die revolutionäre Ideologie zu irgendeinem Zeitpunkt aus eigener Kraft, ohne die Stütze ihres katholischen Widerspruchs, existieren können?

Der endgültige Untergang der Kirche hinterließ im Leben des weltlich orientierten Franzosen eine Leere. Auch für das säkulare Frankreich bedeutete das Ende des Katholizismus eine Krise. Wie auf den Zusammenbruch der religiösen Praxis der Zusammenbruch der Kommunistischen Partei Frankreichs *folgte,* ist geradezu frappierend. 1981 stürzte die KPF bei den Wahlen von 20,6 auf 15,3 Prozent ab, fast ein Jahrzehnt vor dem Zerfall des Sowjetsystems, aber nach fünfzehn Jahren Niedergang des Katholizismus.

Bis zum Zusammenbruch der Religion in den Randprovinzen des Westens, der westlichen Pyrenäen, des Südens und Ostens des Massif central, der Region Rhône-Alpes, des Jura, Lothringens, des Elsass und des äußersten Nordens von Frankreich musste sich die säkulare Identität niemals absolut in einer Welt ohne Gott definieren. Sie konnte sich mit einer Oppositionsrolle begnügen. Seit Anfang der 1990er Jahre tritt das Grund problem des Unglaubens ans Licht. Die Inexistenz Gottes hat als höchst vernünftiges Konzept auf die Frage nach den letzten Zwecken der menschlichen Existenz keine Antwort zu bieten. Der Atheismus schafft es nur, eine Menschheit ohne Plan in einer Welt ohne Sinn zu definieren. Auf seine Art trägt das säkulare Frankreich so zum neuen religiösen Unbehagen bei. Nicht weil es sich an den Unglauben erst noch gewöhnen müsste, sondern weil es ihn am Ende «im Absoluten», ohne die moralische und psychologische Kraft leben muss, die es aus seiner Kampfhaltung gegen die Geistlichkeit geschöpft hat.

Das zombie-katholische Frankreich gleitet seinerseits übergangslos in die endlose Leere einer gottlosen, atheistischen Welt ab. Der Begriff Atheismus wird hier in einer neutralen Bedeutung ohne kämpferische Konnotation gebraucht. («Agnostizismus» erscheint mir hier soziologisch unpassend.) Beide Atheismen, der alte und der neue, können in eine endlose Vielfalt von Interaktionen eintreten, die allerdings schwierig zu analysieren sind, da keine Untersuchungen darüber vorliegen, wie sich die eine metaphysische Leere von der anderen unterscheidet. Klugerweise geht man hier vom Schlimmsten aus. Wenn zwei ängstliche Befindlichkeiten zusammenkommen, kann dies nach vernünftigen Maßstäben kaum Wohlbefinden erzeugen. Eher ist von einem Effekt der wechselseitigen Verstärkung und Rückkoppelung auszugehen.

Wenn wir einräumen, dass der Atheismus auf lange Sicht alles andere als ein ungetrübtes psychisches Wohlbefinden verschafft, sondern im Gegenteil Ängste erzeugt, müssen wir davon ausgehen, dass sich Frankreichs Bevölkerung mangels metaphysischer Orientierung in einem psychisch labilen Zustand befindet. An diesem Punkt der Analyse ist anzunehmen, dass sie auf der Suche nach einem haltgebenden Gegner ist. Als Zielscheibe bietet sich hier der Islam an, der in den französischen Vorstädten durch die Krise des hochentwickelten Kapitalismus aus den Fugen gerät und in den Ländern seiner ursprünglichen Verankerung durch die Probleme des Übergangs zur Moderne schwer erschüttert wird. Ohne außer Acht zu lassen, dass der islamische Fundamentalismus und der Terrorismus als reale Bedrohung existieren, müssen wir annehmen, dass das unreligiöse Frankreich, um sein seelisches Gleichgewicht wiederzuerlangen, einen Sündenbock benötigt, den es an die Stelle des ausgefallenen Katholizismus setzen kann.

Die Verteufelung des Islam bedient das innere Bedürfnis einer vollständig entchristianisierten Gesellschaft. Ohne diese Hypothese verstehen wir nicht, was Millionen von weltlich orientierten Menschen mobilisierte, die hinter ihrem zombie-katholischen Präsidenten herzogen, um das unantastbare Recht zu verteidigen, den Propheten Mohammed zu karikieren: eine religiöse Figur, welche von höchstens 5 Prozent der Einwohner des Landes geachtet wird, die zu den schwächsten und verletzlichsten zählen.

Dieses Denkmodell verrät uns freilich nicht, welche der beiden französischen Weltlichkeiten, die alte oder die neue, bei der Mobilisierung am 11. Januar die aktivere Rolle spielte. Aber eine statistische Auswertung der Demonstrationen ermöglicht eine einfache Antwort auf diese Frage. So nämlich können wir feststellen, wer Charlie eigentlich ist – oder besser: ihn unter seiner neuen Verkleidung wiedererkennen.

II. CHARLIE

Bereits am Tag der großen Demonstrationen des 11. Januar 2015 veröffentlichte die Presse Karten mit Schätzungen der Teilnehmerzahlen in den einzelnen Städten. Schon die Eile, mit der sie in einem Umfeld erstellt wurden, in dem sich die Republik selbst feierte, garantiert eine hohe Fehlerquote.

Die Anzahl der Demonstranten, bezogen auf die Gesamtheit der Erwerbsbevölkerung, soll in 30 Städten die Marke von 25 Prozent überschritten haben. Cherbourg soll mit 57 Prozent Rekordhalter gewesen sein! Man könnte über die Zahlen leicht spotten und diese Schätzung vorschlagshalber auf die Hälfte oder noch stärker nach unten korrigieren. Vielleicht ließe sich sogar eine Theorie darüber skizzieren, wie sich eine einhellige mediale Berichterstattung auf Statistiken auswirkt. Trotzdem wäre es verkehrt, diese Zahlen als gänzlich unbrauchbar abzutun. Die räumliche Verteilung der Mobilisierungsgrade deckt sich mit der anderer Variablen. Im Übrigen besagt die statistische Theorie: Wenn eine Messung durch zufallsbedingte, also nicht durch systematisch tendenziöse Fehler verfälscht wird, liegt die ermittelte Korrelation unter der, die sich aus einer exakten Messung ergeben hätte. Mit anderen Worten: Wenn eine oder mehrere Ursachen den Grad der Mobilisierung bestimmt haben, wirken die Fehler bei der Erhebung dem statistischen Niederschlag dieser Ursachen entgegen. Kurzum, wenn es gelingt, aus diesen nachlässig erhobenen Zahlen eine oder mehrere Gesetzmäßigkeiten abzuleiten, dürfen wir sicher annehmen, dass diese aussagekräftiger sind, als es die zugrunde liegenden Daten vermuten lassen.

Wir haben keinen Grund zu der Unterstellung, dass das Zweiergespann aus Innenministerium und der *Libération* systematisch tendenziös vorging. Die Zahlen sind wahrscheinlich zu hoch angesetzt, aber eben mit einer zufallsbedingten Verteilung. Trotzdem verwerte ich von den Daten, die die *Libération* am 12. Januar vorlegte, hier nur diejenigen für die 85 bevölkerungsreichsten Ballungszentren, weil kleinere Städte, um «etwas darzustellen», zur Übertreibung neigen, womit der Cherbourg-Effekt bei ihnen gewissermaßen verstärkt auftritt. In Karte II.1 (S. 207 mit Tabelle) sind die Demonstrationen vom 10. Januar, also diejenigen, die am Vortag des Großereignisses stattfanden, mit berücksichtigt, sofern sie von *Libération* erfasst wurden. Diese Zahlen habe ich mit denen des 11. Januar verrechnet, wenn in einer Stadt wie Marseille beispielsweise gleich an zwei Tagen hintereinander demonstriert wurde. Auch wenn einige Bürger gleich an beiden Demonstrationen teilgenommen haben können, wäre es ungerecht, ihre Energie nicht auch statistisch zu würdigen. Im Fall von Paris, für das eine Zahl zwischen 1,5 und 2 Millionen Demonstranten angegeben wurde, habe ich mich aus Respekt vor dem Gegner für die höhere Schätzung entschieden. Bei denjenigen der 85 Städte, für die eine Schätzung fehlte, habe ich eine minimale Anzahl von tausend Teilnehmern und im Fall von Douai-Lens, das auf der veröffentlichten Karte vergessen wurde, eine von 0 angesetzt.

In diesen 85 Ballungszentren lebten 2011 41,2 Millionen Menschen und damit 64 Prozent der französischen Gesamtbevölkerung. Die geschätzten Teilnehmerzahlen beliefen sich hier auf insgesamt 4 394 000 Personen. Im wichtigsten urbanen Raum Frankreichs gingen damit durchschnittlich 10,7 von 100 Einwohnern auf die Straße, während der Durchschnitt für das ganze Land bei nur 7,6 Prozent lag. Diese Abweichung erklärt sich im Wesentlichen aus dem demografischen Gewicht des Großraums Paris mit seinen 12 Millionen Einwohnern: Dessen Quote von 16,3 Prozent, mit 5 Millionen Demonstranten eine der höchsten, zieht den Durchschnitt der Ballungszentren deutlich weiter nach oben als den von ganz Frankreich.

Einer von zehn französischen Stadtbewohnern identifizierte sich mit Charlie – eine beachtliche Größenordnung. Allerdings waren diese Massen auf dem Staatsgebiet sehr ungleich verteilt. Die Größe des jeweiligen Ballungszentrums blieb dabei offenbar ohne bedeutenden Einfluss: Der Korrelationskoeffizient zwischen Größe und Mobilisierungsgrad betrug nur +0,20, ohne Paris sogar nur +0,14.

Charlie: Führungskraft, Vorgesetzter und Zombie-Katholik

Eine Gegenüberstellung der Teilnehmerquoten mit der Sozialstruktur in den jeweiligen Regionen ist höchst aufschlussreich. Die Karten II. 2 und II. 3 (S. 211 f.) geben die jeweiligen Anteile an «Arbeitern» und «Führungskräften und Vertretern höherer akademischer Berufe» in den aufgelisteten Ballungsräumen an.

Erkennbar sind niedrige Quoten in urbanen Zentren mit erhöhtem Arbeiteranteil, so in Dunkerque, Amiens, Saint-Quentin, Maubeuge, Charleville-Mézières, Thionville, Rouen, Le Havre, Mülhausen, Belfort, Laval, Le Mans und Cholet. Dagegen zeigen die Hochburgen der Führungskräfte, an der Spitze Paris, gefolgt von Lyon, Bordeaux, Toulouse, Rennes und Nantes einen höheren Mobilisierungsgrad. Zwischen der Teilnehmerquote und dem Arbeiteranteil ist eine Korrelation von −0,44, zwischen der Quote und dem Anteil an Führungskräften eine von +0,38 messbar. Wenn auch nicht besonders hoch, sind beide Indizes im statistischen Sinn höchst signifikant.[10] Es sei an die Unvollkommenheit der Messung erinnert. Hervorzuheben ist der höhere Absolutwert bei den Arbeitern. Offenbar ist deren Desinteresse an der Demonstration in der Verteilung der Mobilisierung deutlicher ausgeprägt als die Begeisterung der Führungskräfte.[11] Dass überwiegend die Mittelschicht von Emotionen erfasst wurde, lässt eher an die Affäre Dreyfus als an die Zeit der Volksfront denken.

Eine signifikante Unregelmäßigkeit, die uns auf eine ins Religiöse führende Spur bringt, ist unmittelbar zu erkennen: der Gegensatz zwischen Lyon und Marseille, also zwischen dem zweit- und dem drittgrößten Ballungszentrum Frankreichs. Der Großraum Marseille schließt hier mit Aix-en-Provence einen «bürgerlichen» und akademischen Teil mit ein. Während in

Lyon 300 000 Demonstranten auf die Straße gingen, brachte es
Marseille – hier die Zahlen zweier Demonstrationstage zusammengenommen – auf nur 115 000 Teilnehmer, was einem Mobilisierungsgrad von 13,7 gegenüber 6,7 Prozent entspricht. Der
Gegensatz zwischen diesen beiden Metropolen ist insofern fast
immer von Bedeutung, als beide jeweils das Herzstück einer besonders geprägten Kulturregion bilden. Marseille ist die Hauptstadt des entchristianisierten Südostens mit einer einst starken
kommunistischen Verankerung, die inzwischen zu einer Hochburg des Front National geworden ist. Lyon ist die Hauptstadt
der Region Rhône-Alpes, die auf eine katholische Tradition zu-
rückblickt. Beide Städte verkörpern urbane Veränderungen, im
ersten Fall die des alten Säkularismus und im zweiten die des
Zombie-Katholizismus. Die gegensätzlichen Mobilisierungsgrade deuten darauf hin, dass die Bevölkerung an der katholischen Peripherie stark zum Demonstrieren neigt, während die
der alten entchristianisierten Regionen eher widerwillig auf die
Straße geht.

Die Frage lässt sich auf globaler Ebene behandeln, indem
man die Städte danach klassifiziert, ob ihr regionales Umfeld
katholisch oder von alters her säkular geprägt ist. Ganz wenige
Fälle fielen in eine Kategorie dazwischen. Karte II.4 (S. 213)
zeigt die Städte dementsprechend eingeteilt in die drei Kategorien einer starken, einer schwachen oder einer bedeutungslo-
sen katholischen Prägung, abgeleitet aus den Karten, die im
vorangegangenen Kapitel die religiöse Praxis in den einzelnen
Départements darstellten. In der Bewertung des religiösen Hintergrunds der Ballungsräume sind die vorherrschenden Migra-
tionsströme berücksichtigt. Es wird also davon ausgegangen,
dass die Provinzstädte die regionalen Kulturen gleichzeitig mit
den Bevölkerungsteilen absorbiert haben, die vom Land in die
Stadt abgewandert sind.

Wie Grafik 1 (S. 214) deutlich macht, betrug die durch-
schnittliche Quote der Demonstrationsteilnehmer in den Städten mit säkularer Tradition 6 Prozent gegenüber 11,4 Prozent in
den zombie-katholischen Städten. Wieder zeigt sich zwischen

katholischer Prägung und Mobilisierung eine klare Korrelation, die im Absolutwert nahe an der für die Arbeiter gemessenen liegt: +0,43 Prozent.[12]

Tatsächlich bringt allein die Liste der Städte, die absteigend nach dem Grad ihrer Mobilisierung geordnet sind, einen zombie-katholischen Effekt zum Vorschein. Der Reihe nach führend sind – mit Ausnahme von Paris – die einstmals katholischen Bastionen Cherbourg, Brest, Rennes, Saint-Brieuc, Grenoble, Paris, Quimper und La Roche-sur-Yon. Dabei ist der Westen als eine Art Signatur des Katholizismus überrepräsentiert, was verspätet und auf bizarre Weise André Siegfrieds *Tableau politique de la France de l'Ouest* zur Ehre gereicht, einem Meisterwerk der französischen Politologie, in dem der Autor schon 1913 untersuchte, welche Rolle der Katholizismus in der unausrottbaren rechten Ausrichtung des französischen Westens spielte. Seine Analyse war für die damaligen Verfechter der Republik insofern von grundlegender Bedeutung, als sie ihnen aufzeigte, dass sie mit der Kirche leben lernen mussten. Dagegen gilt es heute zu verstehen, warum gerade der Westen *im Namen der republikanischen Werte* auf die Straße ging, ein wundersamer Wandel, wenn wir glauben wollen, dass *dieselbe* Republik verteidigt werden sollte, die zwischen 1791 und 1914 in diesen Regionen noch ein rotes Tuch gewesen war.

Ausgelöscht ist der zombie-katholische Effekt allerdings in den Ballungszentren mit einer stark von der Arbeiterschaft geprägten Bevölkerung wie Laval, Angers, Cholet und Saint-Nazaire. Mit Ausnahme von Saint-Nazaire werden die Städte des Westens selten als «Arbeiterstädte» wahrgenommen, weil sich die dortigen Industrien erst in jüngerer Zeit ansiedelten. Heute erfassen die Wirtschaftskarten Frankreichs vor allem den drastischen Rückgang der Industriebelegschaften, das Ergebnis von dreißig Jahren eines irrsinnigen *policy mix*, bei dem Freihandel und eine starke Währung miteinander kombiniert wurden. Die Ballungszentren im Westen hielten dem Druck besser stand und erscheinen inzwischen mit ebenso hohen Arbeiteranteilen wie die schwer getroffenen Städte im Norden und Osten des

Pariser Beckens. Die Region Pays de la Loire war sogar bis in jüngste Zeit Schauplatz eines echten Aufschwungs, der von neuen, häufig elektronischen, aber stets diversifizierten Industrien getragen wurde. Cholet ist für seine innovationsstarken Unternehmen besonders bekannt, während das ebenso bemerkenswerte Laval weniger von sich reden macht.

Dass Straßburg bei den Städten mit hohen Teilnehmerquoten fehlt, erklärt sich nur aus seinem Anteil an Arbeitern und der dortigen Bedeutung der unteren Volksschichten. Die Hauptstadt des Elsass ist ein großes Verwaltungs- und Wissenschaftszentrum, wo Führungskräfte und Vertreter höherer akademischer Berufe stark vertreten sind. An dieser Stelle ist allerdings an das Kernanliegen der Demonstrationen zu erinnern, das manchen sehr bewusst, anderen jedoch nur nebulös oder überhaupt nicht bewusst war: «Ich bin Charlie, ich bin Franzose. Ich habe das Recht und sogar die Pflicht, über den Islam, die Religion der anderen, ebenso sehr zu lästern wie über meinen Katholizismus.» Die beiden elsässischen Départements und Moselle, die alle drei zwischen 1871 und 1918 dem Deutschen Kaiserreich angegliedert waren, erlebten die offizielle Trennung von Kirche und Staat in Frankreich von 1905 nicht mit. In ihnen wirkt noch immer die Ordnung des Konkordats von 1801 nach, das ein Recht auf Blasphemie nicht vorsah. Jean-Luc Mélenchon, Europaabgeordneter, Vorsitzender des Parti de Gauche und Präsidentschaftskandidat 2012, forderte mit dem ihm eigenen Scharfblick für historische Prioritäten schon lange vor der Affäre *Charlie Hebdo,* dass in dieser besonderen Region ebenfalls das gemeine Recht zu gelten habe. Das Elsass hat zur Religion eine besondere Beziehung. Manche sehen sich dort noch als Katholiken oder Protestanten. Auch wenn man mitnichten behaupten kann, dass die schwache Mobilisierung in Straßburg eine innige Beziehung zum Islam offenbart, lässt sich anführen, dass die ideologische Stoßrichtung der Demonstrationen vom 11. Januar zur elsässischen kulturellen Entwicklung eher im Widerspruch stand. Weiter unten komme ich darauf zurück, welche dramatischen Folgen die neue säkulare Hysterie im Elsass haben könnte.

Die eingehende Analyse der Demonstrationen offenbart folglich keine Welt, die grundlegend neu geordnet oder strukturiert wäre. Die Antriebe, die diese bestimmen, sind im Wesentlichen noch immer dieselben wie bei der Abstimmung über den Maastricht-Vertrag. Die motivierten sozialen Kräfte entstammen nach wie vor der Mittelschicht – oder dem Mittelbau des öffentlichen oder privaten Sektors – und sind in den Provinzen mit einer starken zombie-katholischen Komponente angereichert.

Die lineare Regression über drei Variablen – den Anteil an Arbeitern, den Anteil an Führungskräften und Vertretern höherer akademischer Berufe sowie über die katholische Prägung – kann die knapp 40 Prozent der Varianz bei den Teilnehmerquoten statistisch «erklären».[13] Angesichts der unsicheren Datenlage ist dies bemerkenswert. Die Fehlervariable zwischen den anzunähernden Quoten und den vom Modell vorhergesagten Werten beinhaltet nicht nur – wie es normal ist – fehlende erklärende Variablen, sondern auch einen massiven Messfehler. Ohne diesen Fehler läge der Wert für das Bestimmtheitsmaß wahrscheinlich bei ungefähr 55 Prozent.

Im Parallelfall der Abstimmung über den Maastricht-Vertrag fehlen nur die betagten Bürger. Wir haben sie in unsere Analyse deswegen nicht mit aufgenommen, weil Demonstrieren ab einem gewissen Alter einleuchtenderweise schwerfällt. Sicher ist hingegen, dass das Durchschnittsalter der mobilisierten Bürger verglichen mit dem der revolutionären Massen, die einst die Monarchie stürzten, ziemlich hoch war. So nahm eine nicht zu vernachlässigende Anzahl von Rentnern daran teil.

Charlie ist folglich eine alte Bekanntschaft. Die sozialen Kräfte, die sich am 11. Januar zu Wort meldeten, sind dieselben, die auch dem Vertrag von Maastricht zum Durchbruch verhalfen. Die Empörung, die am 11. Januar über das Massaker an den Redakteuren von *Charlie Hebdo* losbrach, bedeutete keine Rückbesinnung auf die Werte der Republik, sondern vielmehr ein Wiederaufleben jener Koalition, die für deren Auflösung innerhalb einer neuen europäischen Ordnung gestimmt hatte. Die Zusammensetzung der Demonstranten spricht dafür, dass

die sozioprofessionellen «mittleren» Kategorien – so die Nomenklatur des amtlichen Statistikinstituts INSEE –, die aus der
Koalition 2005 ausgeschert waren, sich 2015 wieder in den ideologisch dominanten Block der französischen Gesellschaft einge-
reiht haben. Aus dieser Sammlungsbewegung ging denn auch
das Gefühl der Einhelligkeit hervor.

Der Neorepublikanismus

Angesichts der Verankerung der Demonstration in der oberen
Hälfte der französischen Gesellschaft und ihrer postkatholischen Peripherie müssen wir indes eher von der *Hegemonie*
eines Blocks oder einer sozialen Koalition anstatt von Einhelligkeit reden. Die unteren angestammten Schichten waren ebenso
zum Schweigen verurteilt wie die Nachkommen der Einwanderer in den Vorstädten, die bei den Demonstrationen im Wesentlichen fehlten, wie sämtliche Kommentatoren am Ende denn
auch einräumten. Die Republik, die es zu verteidigen galt, hatte
für die Bürger offenbar eine unterschiedliche Bedeutung. Ein
anthropologisches und geografisches Verständnis der sozialen
Verhältnisse in Frankreich zwingt zu der Einsicht, dass die
neuen Anschauungen – die europäistischen wie die republikanischen aus jüngerer Zeit – von Schichten und Regionen getragen werden, die dem Prinzip der Gleichheit am wenigsten oder
überhaupt nicht anhängen. Vor diesem Hintergrund leuchtet
ein, warum von dem Ideal, das in der französischen Devise an
zweiter Stelle genannt wird, während der Demonstrationen
wenig zu hören war.

Um jeder Verwirrung vorzubeugen, bezeichne ich mit dem
Begriff «Neorepublikanismus» im Folgenden die im Entstehen
begriffene Doktrin, die stürmisch die eigene Verbundenheit mit
Marianne und dem Säkularismus bekundet, ihre solideste
Grundlage aber in den katholischen Regionen hat, die sich der
Gründung der Republik am erbittertsten widersetzten. Die statis-
tische Analyse führt uns so zu der grundlegenden Frage: *Warum*

treten für das europäische Projekt und den Säkularismus heute gerade diejenigen Regionen am energischsten ein, die sich in der Zeit, als sie noch katholisch waren, mit den stärksten Bataillonen – im Zuge einer antisemitischen, klerikalen und monarchistischen Hetze – gegen die Rehabilitierung des zu Unrecht verurteilten Offiziers Alfred Dreyfus stemmten und später dem Vichy-Regime beste Unterstützung leisteten?

Diese Frage ließe sich optimistisch beantworten: Demnach hätte der endgültige Niedergang des Katholizismus, der in den oberen Schichten und an den Rändern des französischen Staatsgebiets besonders stark gewesen war, dafür gesorgt, dass sich die betreffenden Gruppen vollständig emanzipierten und aufrichtig und im Innersten die Werte der Freiheit und Gleichheit zu eigen machten. (Den Wert der Brüderlichkeit klammere ich hier aus, weil ich davon ausgehe, dass er von Kirche und Republik gleichermaßen getragen wird.)

Stellt man sich hier eine Konversion vor, bei der sich die vom Saulus zum Paulus bekehrten Regionen dem republikanischen Wertesystem angeschlossen hätten, so wäre diese neue Begeisterung für den Säkularismus jener Gruppen, die der Kirche den Rücken kehrten und sich als die letzten dem Einfluss der Geistlichkeit entzogen, schlicht und ergreifend als eine Wiederbelebung des traditionellen Säkularismus zu verstehen. Aber dies ist gerade nicht festzustellen: Die letzte Phase beim Untergang des Katholizismus als soziale Kraft ging nicht mit einer expliziten und aggressiven Ablehnung der Kirche in der Art einher, wie sie zur Zeit Voltaires, der Revolution oder der Trennung von Kirche und Staat 1905 stattgefunden hatte. Die ursprünglich katholische Gewerkschaft CFTC, die das «C» für «christlich» in ihrem Namen trug, wandelte sich sanft und in aller Stille zur CFDT, die ein «D» für «demokratisch» in ihren Namen mit aufnahm. Eine antiklerikale Haltung hat sie dabei nicht entwickelt.

Ehe wir als Metaphysiker über die Freiheit des Menschen spekulieren, müssen wir zunächst einmal erkennen, welchen Einfluss die Kontinuität als Wirkkraft in der realen Welt ausübt. Weder Individuen noch Gruppen lassen sich, in Frankreich so wenig wie anderswo, in nur dreißig Jahren Entwicklung von angestammten Werten befreien. Ein Trägheitsprinzip hält eine Gesellschaft oder eine Schicht für längere Zeit in ihren historischen Bahnen gefangen.

Diese Werte wirken freilich verdeckt und unbewusst. Geht man allerdings von ihrem dauerhaften Fortbestand und ihrem Potenzial aus, mit den bewussten, gewohnheitsmäßig zur Schau getragenen Werten der Politiker oder Wähler in Konflikt zu geraten, so kann man ein Strukturmerkmal der gegenwärtigen französischen Politik untersuchen: den ständigen Widerspruch zwischen dem, was gesagt, und dem, was getan wird.

1992–2015: Vom Europäismus zum Neorepublikanismus

Dieses Auseinanderklaffen ist für den Europäismus typisch. Der Diskurs um den Maastricht-Vertrag wurde liberal, egalitär und universalistisch geführt. Der Aufbau des gemeinsamen Hauses Europa sollte vorangetrieben werden als ein Zusammenschluss freier und gleicher Nationen, die in dauerhaftem Frieden in einer kantischen Ordnung zusammenleben. Bei allen hehren Prinzipien wurden auch wirtschaftliche Argumente ins Feld geführt. Der Euro sollte den Wohlstand sichern.

In der Realität zeigte sich das Gegenteil: gehemmtes Wachstum und wirtschaftliche Stagnation. Weit davon entfernt, Freiheit und Gleichheit zum Triumph zu verhelfen, endete Maastricht im Sieg der Ungleichheit unter der transzendenten Herrschaft der grausamen Göttin Währung. Die unteren Schichten gerieten in den eisernen Griff einer wirtschaftlichen Führung, die den Abbau von Industriearbeit billigend in Kauf nahm und die Finanzdienstleistungen privilegierte. Europa wurde zu einer Hierarchie ungleicher Nationen.

Früher hätten wir noch einräumen können, dass die – gleichermaßen wenig sachkundigen – Politiker und Wähler, die für den Maastricht-Vertrag eintraten, die wirtschaftlichen Folgen ihres ideologischen Traums nicht absahen und die republikanische Freiheit und Gleichheit im Blick hatten. Die plötzliche Gegnerschaft zwischen Volk und Eliten von 1992 wäre dann nur ein unglücklicher Zufall gewesen, wie auch die Rolle des Katholizismus bei der Annahme des Vertrags. Aber 2015 sind die Folgen von Maastricht sichtbar. Fabriken wurden geschlossen, Vorstädte verfallen. Dies führt zwangsläufig zu der Hypothese, dass es im Konzept der Vordenker der Einheitswährung niemals um etwas anderes ging: *Was geschieht, widerspricht nicht den Werten der gesellschaftlichen Koalition, die Frankreich kontrolliert, sondern vollzieht sich vielmehr in deren Sinn.*

Für Arbeiter, Angestellte und die Jugend ging dieses Vierteljahrhundert verloren. Ebenso für die ideologische Debatte, deren Rhetorik sich immer weiter im Kreis dreht. Verwertbar ist diese Vergangenheit dagegen für den Forscher, weil sie am Ende die latenten Werte sichtbar macht, von denen sich die Akteure leiten ließen. Das Ideal, das zum Maastricht-Vertrag führte, das uns nach wie vor beherrscht und in den Werten Autorität und Ungleichheit ankert, ist tatsächlich eines der Hierarchie. Es speist sich eher aus dem Katholizismus und dem Geist des Vichy-Regimes als aus dem der Französischen Revolution.

Das Phänomen Charlie funktioniert wie das des Maastricht-Vertrages auf zwei Arten: eine bewusste und positive, liberale und egalitäre, also republikanische Art und eine andere, unbewusste und negative, autoritäre und inegalitäre Art, die beherrscht und ausgrenzt.

Die Demonstrationen vom 11. Januar 2015 waren ein grandioses Spektakel. Die Zeit reichte nicht, um im Einzelnen zu rekapitulieren, was sie laut den Akteuren an Positivem zum Ausdruck brachten: Verteidigung der Meinungsfreiheit, des Laizismus, der Offenheit für den «guten» Islam und für die Welt insgesamt. Nimmt man freilich die konkreten Ziele der Demonstrationen konzentriert in den Blick, stößt man zu den latenten Werten vor. Vor allem ging es um die Behauptung einer gesellschaftlichen Macht, einer Vorherrschaft, ein Anliegen, das mit dem Marsch der Massen hinter *deren* Regierung und unter Kontrolle von *deren* Polizei erreicht wurde. Dagegen offenbart die Identifikation mit der Satirezeitschrift *Charlie Hebdo,* welche gewaltige Dimension die Ablehnung als Motivation zu demonstrieren hatte. Die Republik, der neues Leben eingehaucht werden sollte, stellte ins Zentrum ihres Wertesystems das Recht auf Blasphemie, unmittelbar umgesetzt in der Pflicht, die Symbolgestalt einer Minderheitsreligion zu verunglimpfen, die von einer *benachteiligten* Gruppe getragen wird. Vor dem Hintergrund der Massenarbeitslosigkeit und der Diskriminierung, von denen junge Menschen mit nordafrikanischen Wurzeln bei Einstellungen betroffen sind, einer unablässigen Dämonisierung des Islam im Fernsehen sowie in der Académie française durch Ideologen, die an der Spitze der französischen Gesellschaft stehen, kann man die Aggressivität, die in der Demonstration vom 11. Januar mitzog, kaum genug hervorheben.

Millionen Franzosen drängte es auf die Straßen, um das Recht, auf die Religion der Schwachen zu spucken, als das vordringliche Bedürfnis ihrer Gesellschaft zu definieren. Entgegen ihren Versicherungen haben sie sich von der zentralen Achse der Nationalgeschichte weit entfernt. Häufig beriefen sich die Charlie-Demonstranten auf Voltaire als ideologischen Gewährsmann, so wie es 1789 – zu Recht – die Revolutionäre oder 1905 die Verfechter der Trennung von Kirche und Staat getan hatten. Aber in Voltaires *Philosophischem Wörterbuch* finden wir vor allem eine exzellente Verspottung des Katholizismus, der Religion seiner Väter, und des Judentums als deren einziger Quelle. Der Islam oder der Protestantismus finden in dem Buch kaum Beachtung. Es enthält Artikel zu Abraham, David, Jesus, Joseph, Kaiser Julian, Moses, Paulus, Petrus und Salomon, aber keinen zu Mohammed, Luther oder Calvin. Im Gegensatz zu Charlie dachte Voltaire gar nicht daran, den Glauben der anderen aufs Korn zu nehmen. Er lästerte gegen die eigene Religion und die, aus der sie hervorgegangen war.

Im Gegensatz zur Abstimmung über den Maastricht-Vertrag liegen die Demonstrationen von 2015 noch nicht zu lange zurück, um schon heute zu prognostizieren, dass Charlie ein auf Autorität und Inegalität bedachtes Monster hervorbringen wird. Im Übrigen wissen wir nicht, bis zu welchem Grad sich die Mittelschicht im Raum Paris Ungleichheit als einen Wert einverleibt hat, der für diese Region als ganze absolut untypisch ist. Wie ich in den nachfolgenden Kapiteln zeigen werde, ist es durchaus möglich, dass in der Demonstration in Paris ein von der katholischen Tradition unabhängiges xenophobes Element mitschwang, das an die finstere Seite der revolutionären und republikanischen Tradition erinnert. Noch nicht abschließend zu beantworten ist die Frage: Steht Charlie in einer Beziehung zu den düstersten Jahren des neueren Frankreich?

Allerdings werden wir im Frankreich des Jahres 2015 von einer aufbrandenden Welle an islamfeindlichen und antisemitischen Ressentiments mitgerissen, sodass wir nicht einfach abwarten können, bis sich der Neorepublikanismus ganz sicher als ein Neovichysmus erweist und diese Hypothese bestätigt. Dann käme die Gewissheit zu spät: Die Islamophobie wäre so weit fortgeschritten, dass sie eine ebenso große Gefahr darstellte wie der Antisemitismus der klassischen Rechten.

Anhand welcher Fakten lässt sich die Lage im Jahr 2015 beurteilen?

1. Anhand der Karte mit der geografischen und sozialen Verteilung der Demonstrationen, die mit ihren zombie-katholischen Bastionen wahrhaft aussagekräftig ist. Sie allein genügt, um die beschwichtigenden Reden, wonach es nur um Laizismus gehe, völlig zu entkräften. Was an der Spitze der Demonstrationen auf den Straßen der Städte Frankreichs marschierte, war eben nicht der alte Laizismus, sondern eine Mutation jener Kräfte, die einst das Rückgrat der katholischen Kirche gebildet hatten. So marschiert der Zombie-Katholizismus und nicht die Revolution in der ersten Reihe gegen den Islam. Damit, dass er dazu aufruft, Mohammed zu karikieren, trägt er uns einen Religionskrieg in einer Welt an, die nicht mehr an Gott glaubt.

2. Dass die Demonstrationen vom 11. Januar 2015 und die

Zustimmung zum Maastricht-Vertrag 1992 eine gemeinsame religiöse und sozioökonomische Ausrichtung zeigten, deutet darauf hin, dass sich Charlie – wie die Einheitswährung – als ein dynamisches Phänomen erweisen könnte, das mit der Zeit seine tatsächlichen Referenzwerte immer deutlicher offenbart: die der Autorität und Ungleichheit. Wenn Charlie jetzt noch in den Kinderschuhen steckt, wie zeigt er sich dann als Erwachsener?

Wie dem auch sei, anhand der strukturellen Ähnlichkeit, die zwischen dem Maastricht-Referendum und den Charlie-Demonstrationen auszumachen war, lässt sich die Realität des französischen Gesellschaftssystems beschreiben. Mit dem Phänomen Charlie ist der Schleier, der über der offiziellen und bewussten Politik lag, ein zweites Mal zerrissen. Noch immer herrscht derselbe hegemoniale Block, der 1992 europäistisch und optimistisch und 2015 geschockt und potenziell islamfeindlich auftrat. Als ein kollektives Wesen verkörpert Charlie zwar nicht ganz Frankreich, hat sich auf dessen Territorium aber ebenso dauerhaft festgesetzt wie in dessen Staat.

Die neorepublikanische Realität:
Der Sozialstaat der Mittelschicht

Frankreich ist 2015 als Nation weder groß noch großzügig. Während allenthalben Armut grassiert, füllen sich die Gefängnisse, weil der MAZ-Block (aus **M**ittelschicht, **A**lten und **Z**ombie-Katholiken) auf die wachsenden Probleme des Landes keine andere Antwort hat als eine Politik, die immer mehr Menschen hinter Schloss und Riegel bringt. So stiegen die Häftlingszahlen von 36 913 im Jahr 1980 auf 77 883 im Jahr 2014 an. Angesichts einer Bevölkerung, die im selben Zeitraum von 55 auf 65 Millionen Einwohner gewachsen ist, hat sich der Anteil der Inhaftierten von 7 auf 12 pro 10 000 Einwohner und damit um über 70 Prozent erhöht. Betroffen sind in erster Linie junge Männer. Bevor wir uns um deren nationale oder religiöse Wurzeln kümmern, halten wir die Erhöhung des Durchschnittsalters der Gefangenen fest: von 30,1 im Jahr 1980 auf 34,6 im Jahr 2014.[14] Dabei spiegeln die wachsenden Häftlingszahlen keine Zunahme an schweren Gewalttaten wider: Die Anzahl der Tötungsdelikte sank auf französischem Boden von 1171 im Jahr 1996 auf 682 im Jahr 2013. Die Ungerechtigkeit der Welt sorgt für volle Gefängnisse (siehe Grafik 2, S. 215).

Der MAZ-Block bekennt sich kontinuierlich zu wunderbaren europäischen und universellen Werten, akzeptiert aber in der Praxis, dass sich die negativen Zustände in der Gesellschaft dauerhaft verfestigen. Hier geht es nicht darum, Frankreich seine traditionellen Werte von Freiheit und Gleichheit abzusprechen oder ein rein negatives Bild vom MAZ-Block zu zeichnen.

Die Größe der Mittelschicht um 2010–2015

Auch wenn die Nomenklatur des amtlichen Statistikinstituts INSEE auf theoretischer Ebene absolut unzulänglich ist, weil sie Beschäftigung, Bildungsniveau und Einkommen vermischt behandelt, ermöglicht sie einen vernünftigen Ansatz, um die Struktur einer Gesellschaft zu erfassen. Die Mittelschicht besetzt per Definition die Position zwischen einer Oberschicht, die zahlenmäßig verschwindend gering ist, aber über gewaltige Kapitalmassen verfügt, und einer breiten unteren Schicht.

Lassen wir zunächst die beachtlich große Gruppe der Ruheständler und Nichterwerbstätigen beiseite.

Die Chefs von Unternehmen mit mehr als 10 Mitarbeitern stellen kaum 0,1 Prozent der Erwerbsbevölkerung. Fügt man die obersten Beamten, die führenden Mitarbeiter von Unternehmen und die vermögendsten Privatiers hinzu, so erhöht sich der Anteil der Oberschicht an der gesamten erwerbsfähigen Bevölkerung auf maximal 1 Prozent.

Arbeiter und Angestellte – sie sind häufig untereinander verheiratet, da 80 Prozent der Arbeiter Männer und 75 Prozent der Angestellten Frauen sind – machen mit 50 Prozent der Erwerbsbevölkerung das Gros der einfachen Bevölkerungsschichten aus. Handwerker und Einzelhändler, 5,5 Prozent der Aktiven, haben einen ähnlichen Bildungsstand und stellen ein ähnliches Wählerpotenzial für den Front National dar. Kulturell stehen sie den unteren Volksschichten nahe oder gehören ihnen an. So auch die Landwirte mit 1,5 Prozent Anteil, abgesehen von einer Handvoll Inhabern von Großbetrieben. Damit beträgt der Anteil der einfachen Schichten im weitesten Sinn 57 Prozent an der Erwerbsbevölkerung.

Bleibt für die Mittelschicht ein Anteil von 42 Prozent übrig, der sich zu 17 Prozent aus der gehobenen Mittelschicht (Führungskräfte und Vertreter höherer akademischer Berufe) und zu 25 Prozent aus der unteren Mittelschicht (mittlere Berufe) zusammensetzt. Die Einteilung unterscheidet hier zwischen Lehrkräften an Gymnasien sowie Hochschulen und solchen an Grund- sowie Hauptschulen oder zwischen Ingenieuren und Technikern. Die erste grundlegende Erkenntnis ist, dass die Mittelschicht zwar insgesamt eine etwas geringere, aber vergleichbar große Masse wie die einfache Bevölkerung bildet. Das Verhältnis beträgt 42 zu 57 Prozent.

Es leuchtet ein, dass diese Mittelschicht, die über höhere Bildung und höhere Einkommen verfügt, das ideologische System kontrollieren kann.

Die zweite, ebenso wichtige Erkenntnis besteht darin, dass die «gehobene Mittelschicht», will sie das 1 Prozent über ihr und die 57 Prozent unter ihr ideologisch in Schach halten, die dazwischenliegende Schicht kontrollieren muss. Tatsächlich werden die ideologischen Auseinandersetzungen seit der Maastricht-Abstimmung faktisch um die Ausrichtung der unteren Mittelschicht geführt, während sich die einfachen Bevölkerungsschichten der Einflussnahme der gehobenen Mittelschicht schon so lange entzogen haben, dass sie offenbar nicht mehr zurückzugewinnen sind.

In diesem Spiel der sozialen Kräfte nicht zu vergessen sind die 32 Prozent der Ruheständler in der Bevölkerung im Alter über 15 Jahren sowie die 8 Prozent der Schüler und Studenten.

Die französische Mittelschicht ist in gewisser Hinsicht bewunderungswürdig. Im Gegensatz zur englischen, amerikanischen oder deutschen hat sie eine vernünftig hohe Geburtenrate und bringt Rentner mit einem hohen Bildungsstand hervor, die auf sommerlichen Kunstfestivals für Besucherströme sorgen. Die Mittelschicht trägt zum Erhalt des nationalen Kinos bei und pflegt allgemein eine kohärente Kultur in einer Welt, die durch die Globalisierung aus den Fugen geraten ist. Allerdings verdankt diese Schicht ihren Wohlstand einem Gesellschaftssystem, das nicht nur auf Egoismus, sondern insofern auch auf Heuchelei setzt, als in den offiziellen Darstellungen Verhältnisse geleugnet werden, die auf Zwang, Ausbeutung, Ausgrenzung und Unterdrückung beruhen.

Dafür typisch ist die französische Rhetorik um den «Sozialstaat». Zwar halten Franzosen noch stärker als Angelsachsen am Sozialstaat fest und sind bislang nach wie vor bereit, ihn mit ihren Steuern zu finanzieren. Aber haben sie dabei wirklich noch den alten Sozialstaat der Nachkriegszeit im Sinn, der aus den Kämpfen der Arbeiterklasse und dem langwierigen Aufstieg des demokratischen Ideals der Gleichheit hervorging? Zwar sind die medizinische Versorgung und die Renten für alle noch gesichert, was im Übrigen Frankreichs ausgezeichnete Bilanz im Gesundheitswesen, bei der Kindersterblichkeit und bei der Lebenserwartung erklärt. Aber kann ein Staat tatsächlich als «sozial» gelten, wenn seine Wirtschaftspolitik eine strukturelle Arbeitslosigkeit von 10 Prozent garantiert und damit viele Leben zerstört? Ein derartiges Ergebnis erinnert eher an die Politik einer Allianz aus Kasten, in der Plutokraten, Rentner, die Mittelschicht aus dem öffentlichen und privaten Bereich, eben der MAZ-Block, brüderlich vereint sind. Sie akzeptiert die Ungleichheit so lange – wie sie von ihr nicht selbst betroffen ist. Der französische Staat ist zuweilen weniger sozial als seine angelsächsische Entsprechung, der die Vollbeschäftigung, wie der Ökonom Christophe Ramaux feinsinnig hervorhob, in seine Langzeitziele mit aufnahm. Den Kampf um Beschäftigung ins Zentrum seiner Ziele zu stellen bedeutet, dass man das Prinzip eines Sozialpaktes in deutlich stärkerem Maße akzeptieren und umsetzen muss, als man im Land der 10-prozentigen Arbeitslosigkeit wahrhaben will.[15]

Aber Frankreich ist auch der Staat, der über alle möglichen Aktivitäten und Programme insbesondere die schon privilegierten Schichten begünstigt. Dass die Vereinigten Staaten und England Eltern für die sekundäre und höhere Bildung ihrer Kinder deutlich stärker zur Kasse bitten, erklärt die geringen Geburtenraten in deren Mittelschicht. In der Tat ist jedes Kind mit hohen Kosten verbunden. In Frankreich ist es umgekehrt: Die Übernahme des Großteils der Bildungskosten durch den Staat erklärt die gute demografische Verfassung der «Führungskräfte und Vertreter höherer akademischer Berufe», die sich mehrere Kinder leisten können, ohne sozial Selbstmord zu begehen. Tatsächlich lebt in Frankreich der Sozialstaat weiter, aber insbesondere deshalb, weil er inzwischen vor allem der Mittelschicht dient, die jedoch im vorherrschenden Diskurs so beschrieben wird, als sei sie die Hauptleidtragende der Besteuerung – eine realitätsferne Darstellung, in der die ideologische Macht der privilegierten Schichten in Frankreich zum Ausdruck kommt.[16]

Um hier jedem Missverständnis vorzubeugen: Ich halte es für ausgemacht, dass die staatliche Finanzierung von Bildung, also durch Steuern, wünschenswert ist. Ohne Unterstützung sind lange Ausbildungszeiten von Kindern für Familien finanziell kaum zu bewältigen. Und die dogmatische Ideologie, welche die Neoliberalen gegen den Staat richten, könnte zur Aufgabe dessen führen, was die richtige Weitervermittlung der kulturellen Errungenschaften durch die gebildeten Schichten der gesamten Gesellschaft an Positivem bietet. Auch wenn es die direkten Erben des 2002 verstorbenen Soziologen und Sozialphilosophen Pierre Bourdieu nicht sagen wollen, so ist kulturelle Reproduktion nicht einfach ein Skandal, sondern zugleich auch eine Notwendigkeit, um die Lebensfähigkeit des Gesellschaftssystems und den Fortschritt für alle zu sichern. Reproduktion ist eine unverzichtbare Basis für die Ausweitung von Bildung. Aller-

dings darf sie nicht ausufern. Es bedeutet Zynismus, die unteren
Schichten, die von einer Arbeitslosigkeit von 10 Prozent bedroht sind, die Ausbildung der Kinder leitender Angestellter
bezahlen zu lassen – eine Tatsache, die in unserem Informati-
onssystem vollständig durchs Raster fällt. Denn dieses erklärt
uns nicht nur, dass Charlie ganz Frankreich vertrete, sondern
suggeriert uns beständig, dass die unteren Schichten keine Steuern zahlten. Ein schlechter Scherz! Bei den Staatseinnahmen
schlagen die indirekten Steuern – Mehrwertsteuer und Energie-
steuer – doppelt so hoch wie die direkten zu Buche. Und die weniger begüterten Franzosen werden durch sie über Gebühr belastet, weil die besteuerten unverzichtbaren Dinge des täglichen
Gebrauchs den Großteil ihres Konsums ausmachen. Dagegen
beherrscht die Ideologie des MAZ-Blocks die Information so
sehr, dass Wirtschaftsjournalisten in ihren Äußerungen die
Steuer auf Einkünfte in 95 Prozent der Fälle mit der Besteuerung schlechthin gleichsetzen. Von der Mehrwertsteuer ist
eigentlich nur dann noch die Rede, wenn unter der Orwell-
schen Bezeichnung der «sozialen Mehrwertsteuer» ihre Erhöhung ins Auge gefasst wird ...

Dennoch wäre es, wie gesagt, absurd, die positive Seite des
Gesellschaftssystems, das eine gesunde Mittelschicht hervorge-
bracht hat, in Abrede zu stellen. Denn der Neorepublikanismus
kann einige schöne Erfolge für sich reklamieren.

Die Umgestaltung des ursprünglichen Sozialstaates in einen
für die Mittelschicht hat die Vergrößerung der wirtschaftlichen
Ungleichheit gebremst. Dank einer subtilen Förderung mussten
die «Führungskräfte und Vertreter höherer akademischer Berufe» nicht auf explodierende Einkommen setzen, um die Ausbildung ihrer Kinder zu finanzieren. Dagegen koppelten sich
ihre angloamerikanischen Pendants einsam von den unteren
Schichten ab und zersplitterten im Versuch, zum oberen 1 Prozent der Einkommensskala zu gehören. Jahr um Jahr konstatiert
die OECD, dass in Frankreich entgegen dem Trend auf der gesamten übrigen Welt die Unterschiede in den Einkommen nicht
mehr steigen, zumindest nicht die zwischen den 80 Prozent der

unteren und den 19 Prozent darüberliegenden. In Frankreich hebt allein das 1 Prozent der obersten Einkommen ab und riskiert seine ideologische Isolierung. Ist es reiner Zufall, dass Frankreich einen Thomas Piketty hervorbrachte, jenen Wirtschaftswissenschaftler, der die «Top 1 Prozent» weltweit ins Visier nahm? Alles andere als verabscheuungswürdig, bildet die französische Mittelschicht noch immer den Sockel, auf dem sich der Aufbau einer wirklich egalitären und fortschrittlich gesinnten Gesellschaft in Angriff nehmen ließe.

Es bleibt allerdings, dass das Phänomen Charlie auf eine Zunahme der autistischen Tendenzen in einem sozialen und ideologischen System hindeutet, das von den 19 Prozent der gehobenen Mittelschicht dominiert wird. Piketty offenbart sich da, wo er den Boden der Wissenschaftlichkeit verlässt, zum Beispiel im vierten Teil seines Buchs *Das Kapital im 21. Jahrhundert,* als guter Europäist und authentischer Neorepublikaner.[17] Seine kritische Sicht auf die oberen 1 Prozent veranlasst ihn keineswegs, für die unteren 50 Prozent Partei zu ergreifen. In diesem Sinn ist auch er ein Produkt der gegenwärtigen französischen Gesellschaft.

Charlie ist beunruhigt

Gleichwohl dürfen wir die Zufriedenheit des MAZ-Blocks mit sich selbst nicht übertrieben darstellen. Das metaphysische Vakuum macht ihm zu schaffen. Die wirtschaftliche Unsicherheit schnürt ihn ein und durchdringt ihn. Seine Kinder blicken in eine Zukunft der Armut. Ihre Schwierigkeiten, angemessen bezahlte Arbeit und eine bezahlbare Wohnung zu finden, beschäftigt auch die Eltern, nicht nur aus elterlicher Liebe, sondern auch wegen der Schuldgefühle, selbst so glatt durchs Leben gekommen zu sein.

Bestimmte zentrale Schichten des Blocks sind fragil geworden. Die indische IT-Branche bedroht mit ihrem hohen technologischen Niveau so manche Kreise. Vor allem die Printmedien, denen das Internet heftig zusetzt, sehen ihre Dämmerung heraufziehen. Zeitlich etwas verzögert, werden die Journalisten mit dem konfrontiert, was vor ihnen die Arbeiter der Reifenfabriken in der Picardie erlebten: der Angst, dass ihr Unternehmen geschlossen wird, bevor sie das Renteneintrittsalter erreicht haben. Wenn *Le Monde* über Monate hinweg fieberhaft zur Militärintervention gegen das Regime Baschar al-Assads und später zum Einsatz in der Ukraine trommelt oder wenn das Magazin *L'Express* vom 3. bis zum 10. Februar mit «Die Republik gegen den Islam» titelt, dann müssen wir diese Kriegslüsternheit auch im Zusammenhang damit sehen, dass die Presseorgane in großen wirtschaftlichen Schwierigkeiten stecken. Obwohl sie staatlich subventioniert sind, haben sie einen neuen Sozialplan oder vielleicht sogar die Konkursanmeldung in Aussicht. Wenn wir diese wachsenden Ängste in unserem analytischen Modell nicht berücksichtigen, werden wir nicht verstehen, warum in der Mittelschicht Islamfeindlichkeit um sich greift.

Angesichts der langfristigen Folgen des Maastricht-Projektes – über zwanzig Jahre des Scheiterns – erkennen wir hinter der üblichen Rhetorik der «neorepublikanischen» Parteien, die noch immer ganz den alten Werten treu ist, die Umrisse einer egoistischen, ungerechten und raubgierigen Gesellschaft. Um die realen Gegebenheiten des französischen Modells richtig zu erfassen, müssen wir diese beiden Grundelemente in unserer Analyse ständig gleichzeitig im Auge behalten: einen aus der Vergangenheit kommenden liberalen und egalitären Überbau und einen die Gegenwart prägenden autoritären und inegalitären mentalen Unterbau.

Die Demonstrationen vom 11. Januar spiegelten diese Grundstruktur des französischen Modells exemplarisch, aber auch in verschärfter Form wider. Die schrecklichen Anschläge vom 7. Januar trafen das Land unvorbereitet und öffneten die Tore, bis dahin verdrängten Instinkten freien Lauf zu lassen. Sie offenbarten den Beginn des Abgleitens der Mittelschicht in ein explizit inegalitäres Denken, einschließlich der Bestimmung eines Sündenbocks.

Nach dieser knappen Untersuchung der Realität des französischen Modells können wir die Demonstrationen in ihren wirtschaftlichen und sozialen Hintergrund zurückstellen. Die Trikoloren und Marianne-Statuen des 11. Januar dürfen über die wahren Verhältnisse nicht hinwegtäuschen. An diesem Tag fischten die Franzosen tief in den Wassern der Ungleichheit, auf keinen Fall in denen der republikanischen Gleichheit. Die Rückbesinnung auf republikanische Werte war eine Entstellung, Verkehrung und Vergewaltigung der Geschichte, die Definition eines Neorepublikanismus der Ausgrenzung. Und getragen wurde das neue ideologische System an diesem Tag von der Mittelschicht, die laut und deutlich zu erkennen gab, dass sie sich von dem sozialen Zerfall, den sie mit ihrem Egoismus herbeigeführt hat, auf keinen Fall stören lassen will. Rauben der Europäismus und der Euro manchen Teilen der Jugend, nicht nur in den Problemvierteln, nicht die Zukunft? Unwichtig: «Unsere Werte» sind schlicht und ergreifend die einzig «wahren Werte».

In diesem Stadium ist es nicht mehr schwer, den ausgemachten Hauptwiderspruch der Demonstrationen zu erkennen, die eine «anarchistische» Zeitschrift unterstützen sollten, in denen aber spontan der Staat und seine Polizei bejubelt wurde.

Auch nach Abzug der Übertreibungen durch die Medien lässt die Größenordnung der Demonstrationszüge keinen Zweifel daran, dass es der gehobenen Mittelschicht gelungen ist, sogar Menschen aus den unter ihr angesiedelten Bereichen der urbanen Sozialstruktur mitzuziehen. Die «Führungskräfte und Vertreter höherer akademischer Berufe» bilden nur 17 Prozent der französischen Erwerbsbevölkerung – 28 Prozent in Paris, 24 Prozent in Toulouse, je 20 Prozent in Lyon und Lille, je 19 Prozent in Rennes und Marseilles sowie 18 Prozent in Bordeaux. Um die beobachteten Teilnehmer zusammenzubekommen, hätten sie zu über 100 Prozent auf die Straße gehen müssen. Sicherlich ist zunächst von einer besonders starken Mobilisierung der gehobenen Mittelschicht auszugehen, in der sich eine Besorgnis und ein Eifer ausdrückt, wie es sie zur Zeit des guten Gewissens bei der Zustimmung zum Maastricht-Vertrag nicht gegeben hatte. Aber die gehobene französische Gesellschaft hat an diesem 11. Januar vor allem eine erneuerte Fähigkeit gezeigt, große Bereiche der unteren Mittelschicht für seine Weltsicht zu gewinnen, jene Teile, die in den Kategorien des amtlichen Statistikinstituts INSEE den «mittleren Berufen» und bestimmten Typen von Angestellten im Kern der Ballungsräume entsprechen. Die Studenten, die 2005 noch unter dem europäistischen Einfluss standen, wie wir in der Analyse zum betreffenden Referendum sahen, sind heute wohl im neorepublikanischen Lager verortet und identifizieren sich nach wie vor mit dem wohlhabenden Teil der Gesellschaft, dem viele jedoch nicht mehr angehören werden.

Der starke negative Effekt der Variable des «Arbeiteranteils» auf die Anzahl der Demonstranten verrät dagegen, dass sich die unteren Bevölkerungsschichten der ideologischen Kontrolle der kulturell dominanten Schichten inzwischen vollständig entzogen haben. Diese Befreiung im negativen Sinn erklärt sich aus der geografischen Organisation der Gesellschaft. Mit viel Realitätssinn stellte Christophe Guilluy die Marginalisierung der unteren Schichten ins Zentrum seiner Darstellung der französischen Gesellschaft. An die Ränder der Städte abgedrängt, demonstrieren die Arbeiter inzwischen nicht mehr in deren Zentren. Dass sie sich so wenig punktuell mobilisieren wie ideologisch kontrollieren lassen, zeigt ihr starkes Votum für den Front National. Indem François Hollande und die Sozialistische Partei dem FN einen Platz in der «großen republikanischen Demonstration» verweigerten, erklärten sie indirekt, dass dessen Wähler in den Stadtzentren unerwünscht seien. In der Stunde des neorepublikanischen Paktes ist die ganz reale Kategorie der Arbeiter so wenig willkommen wie die nebulöse der Muslime.

Dass es dem MAZ-Block gelang, die «mittleren Berufe», und sei es auch nur zeitweise, unter ihre Kontrolle zu bringen, stellt einen bedeutenden Erfolg dar. Es sei daran erinnert, dass die Verschiebung von den 51 Prozent Jastimmen bei der Maastricht-Abstimmung zu den 55 Prozent Neinstimmen beim Re-

ferendum zur europäischen Verfassung durch die Abwanderung dieser Schicht zustande kam, die 1992 noch zu 57 Prozent
mit «Ja», aber 2005 zu 54 Prozent mit «Nein» stimmte. Diese
Rückgewinnung ist gelungen, scheint aber einen Weg dafür zu
bereiten, die Islamfeindlichkeit als Mittel sozialer Kontrolle zu
instrumentalisieren.

Vermeiden wir jede Überinterpretation: Man kann nicht
sicher sein, dass die 4 Millionen Demonstranten, eine sicher zu
hoch angesetzte Zahl, die Einflussnahme der gehobenen auf die
untere Mittelschicht stärker darstellen als die 12,8 Millionen Jastimmen beim Referendum 2005 (45 Prozent der abgegebenen
Stimmen). Aber man muss zumindest einräumen, dass das
Phänomen Charlie die Gegensätze innerhalb der Mittelschicht
aufgehoben, in gewisser Weise die Rechte und die Linke zusam-
mengeschweißt und die fehlende ideologische Substanz des
links stehenden Teils der Linken offenbart hat.

Laizismus gegen linke Positionen

Zahlreiche Intellektuelle und Wirtschaftswissenschaftler einer
sogenannten kritischen Linken setzten auf die Forderung nach
Laizismus als Ersatz für Kritik am Freihandel und am Euro, zu
der sie nicht in der Lage sind. Ich habe oben Christoph Ra-
meaux mit Blick auf seine Analyse des Sozialstaats angeführt.
Schon am 9. Januar prangerte er in *Le Monde* die Wochenzeit-
schrift *Politis* und die Vereinigung Attac dafür an, dass sie nicht
unreflektiert der Islamophobie in die Falle gegangen waren. Am
11. Januar ließ er sich in einer neuen Kolumne mit dem Titel
«Den Geist des 11. Januar aus der Politik in die Wirtschaft tragen» über die öffentlichen Ausgaben aus, nur nicht über ein
Ausscheiden aus dem Euro oder eine Kampfansage an den
freien Markt, die einzigen Brüche, die eine Wirtschaftspolitik
zugunsten der unteren Volksschichten und der Jugend in den
Vorstädten ermöglichen würden. Die Verteidigung des Sozialstaats für die Mittelschicht hat nach wie vor absolute Priorität.

Zwar finden sich jetzt, zu Beginn des Jahres 2015, noch immer viele Linke, deren persönliche Doktrin aus einer instabilen Mischung von Europafeindlichkeit und Angst vor dem Islam besteht. Aber die Entwicklung der Ideologie, welche die Mittelschicht beseelt, geht tendenziell in die Richtung, an die Stelle der Europafeindlichkeit die Islamophobie zu setzen.

Folglich zog die Masse der systemkritischen Linken hinter François Hollande, Nicolas Sarkozy, Angela Merkel, David Cameron, Jean-Claude Juncker, Donald Tusk und Petro Poroschenko her. Ich wiederhole: Es ist davon auszugehen, dass jeder weiß, warum oder zumindest hinter wem er auf einer Demonstration marschiert. Akzeptanz in der Praxis ist aussagekräftiger als Ablehnung in der Theorie. Was die Theorie angeht, so lehnt im Kern der links stehende Teil der Linken die Sparpolitik, das kapitalistische System, die amerikanische Führungsrolle und die Unterdrückung der Palästinenser ab. In der Praxis akzeptiert er die Gemeinschaftswährung wie auch den Freihandel. Der Hinweis, dass sich diese Pseudo-Systemgegner nicht daran störten, hinter einer europäistischen Demonstrationsspitze her zu marschieren, ist noch nicht die ganze Wahrheit. Tatsächlich outeten sie sich an diesem schicksalhaften Tag als Teil des MAZ-Blocks, der die französische Gesellschaft ideologisch und politisch dominiert.

Die Mobilmachung zugunsten des Laizismus und des Rechts auf Blasphemie sorgte folglich für eine «partielle Einhelligkeit», ein paradoxales Konzept, das aber für das Verständnis des sich herausbildenden Systems wesentlich ist. Es ließe sich schlicht mit «Einhelligkeit der Mittelschicht» übersetzen.

Durch das sie umgebende metaphysische Vakuum, das Scheitern des Euro und gewisse Auswirkungen des Neoliberalismus in Stress versetzt, sind die einzelnen Teile der Mittelschicht, keineswegs in Auflösung begriffen, gerade dabei, ihre endgültige ideologische und emotionale Fusion zu vollziehen. Sozialisten und Anhänger Sarkozys sowie Mélenchons marschierten gemeinsam, bekannten sich zu ein und demselben Sockel an Grundwerten mit einem veritablen Zusammengehörigkeitsgefühl, das gewissermaßen therapeutisch wirkte. Viele erlebten den Tag als religiöse Erfahrung, wie eine unitarische Erneuerung der Welt, in der all jene drögen Bürger zweiter Klasse abgelehnt werden und der Verdrängung zum Opfer fallen, jene Staatsbürger, die … mehr als die Hälfte der Gesellschaft stellen. An der Aufrichtigkeit dieser Demonstranten bestehen keine Zweifel.

Einen Augenblick dem Gravitationsfeld des realen Lebens entronnen, erwarteten die politischen Journalisten von diesem 11. Januar tatsächlich, dass mit ihm die Klassen und ihre Konflikte überwunden würden. Sie phantasierten, dass sich der Front National in Luft aufgelöst habe, symbolisch vernichtet sei durch seinen Ausschluss bei den Demonstrationen. Mit mehr Verstand sagten sie zudem einen kurzzeitigen Wiederaufstieg der Sozialistischen Partei voraus, die – und hier endet der Verstand – schließlich von einem wahren Chef, François Hollande, geführt werde.

Dagegen ist offenkundig, dass die am 11. Januar realisierte Wiedervereinigung Frankreichs von oben, kombiniert mit dem Ausschluss der jungen Muslime in den Vorstädten und der Arbeiter, die geistige «Vertikalausrichtung» der Gesellschaft vertieft hat. Anstatt die extreme Rechte zurückzudrängen, öffnete sie vielmehr Schleusen, die dem Front National weiteren Auftrieb gaben. Hätten die politischen Journalisten die Analyse Jérôme Fourquets gelesen, der schon am 21. Januar 2015 die regional unterschiedlich starke Mobilisierung, die Spur des Nein bei den Referenden und die Prägung des FN in Zonen mit schwacher Beteiligung ausmachte, hätten sie sich zahlreiche törichte Äußerungen gespart.[18]

Schon am 30. Januar verkündete die Wochenzeitung *Marianne* einen Stimmenanteil von 30 Prozent in den Umfragen für Marine Le Pen. Am 8. Februar errang der FN in der Stichwahl zur Nachbesetzung für einen Parlamentssitz im Département Doubs hinter dem sozialistischen Kandidaten 48,5 Prozent der Stimmen. Die UMP war in der ersten Runde ausgeschieden.

Bei den Départementswahlen im März 2015 erhielt der Front

National ein Viertel der abgegebenen Stimmen und baute seine lokale Basis vor dem Hintergrund einer schwachen Wahlbeteiligung von unter 50 Prozent weiter aus. Für die Sozialistische Partei stimmte nur noch etwas mehr als ein Fünftel der Wähler.

Katholizismus, Islamophobie, Antisemitismus

Mehr noch als die schwache Vertretung der Arbeiter oder die Überrepräsentanz der Kategorie «Führungskräfte und Vertreter höherer akademischer Berufe» spricht die Deckungsgleichheit der Karten, die die Mobilisierung bei den Demonstrationen und die Verteilung des alten Katholizismus abbilden, zwingend gegen die Vorstellung, wonach zwischen dem traditionellen Republikanismus, welcher der Gleichheit anhängt, und dem Neorepublikanismus, der sich auf den Zombie-Katholizismus stützt, eine Kontinuität bestehe. Tatsächlich speist sich der Neorepublikanismus aus dem Teil des französischen anthropologischen Systems, der für die ungleiche Behandlung von Menschen und für unterschiedliche soziale Bedingungen eintritt. Eine Betrachtung seiner metaphysischen Identität führt in einem weiteren Schritt zu einem tieferen Verständnis seiner Ideologie. Sie ermöglicht es insbesondere, einige Hypothesen dazu aufzustellen, warum Charlie die antisemitische Dimension dieser Anschläge nur relativ schwach bewertete. Hier geht es eher darum, mit Vorsicht ein Forschungsfeld zu eröffnen, anstatt schon Schlüsse zu ziehen.

In der *Libération* äußerte sich dazu am 23. Januar besorgt die argentinisch-französische Autorin Marcela Iacub:

«Beim Gedenken an die Opfer der Terroranschläge stört eines besonders: Den jüdischen Toten wird fast kein Platz eingeräumt. Es wird heißen, man habe darüber allenthalben geredet, zwar etwas weniger als über die Toten von Charlie, aber man habe sie nicht völlig vergessen. Eben da liegt das Problem. Gerade dies hinterlässt in unserer Erinnerung einen bitteren Nachgeschmack, hat man doch das Gefühl, dass es schlimmer

sei, Menschen dafür zu töten, dass sie Karikaturen des Propheten gezeichnet haben, als Juden zu töten [...].»

Hier nähern wir uns dem Sündenfall Charlies. Stille herrschte
am Tag nach den Massakern, die der Islamist Mohammed Merah im März 2012 zunächst in Montauban an Soldaten und dann
in Toulouse an einem Lehrer und drei Schülern der jüdischen
Mittel- und Oberschule Ozar Hatorah verübt hatte. Dabei besteht kein Zweifel, dass das Massaker von Toulouse aus morali-
scher Sicht um einen Grad schwerwiegender zu beurteilen ist
als der Anschlag auf *Charlie Hebdo*. Der Mord an Kindern oder
Menschen überhaupt aus dem schlichten Motiv heraus, dass sie
Juden sind, ist eindeutig noch niederträchtiger als Redakteure
niederzumetzeln, die einen Kampf betreiben. Im Mai 2014 hatte
der Franzose Mehdi Nemmouche vier Besucher des jüdischen
Museums in Brüssel ermordet. Das Problem Nr. 1 der französischen Gesellschaft ist nicht der Angriff auf die Freiheit der
Karikatur oder die freie Meinungsäußerung, sondern vielmehr
die Ausbreitung des Antisemitismus in den Vorstädten.

Nach den Ereignissen des 7. Januar wiederholte sich folglich
auf etwas niedrigerer Stufe der beschwichtigende Umgang mit
dem Antisemitismus, der sich schon nach früheren Gemetzeln
gezeigt hatte. Anstatt zunächst das Gravierendere, den Juden-
hass, und die wachsende Gefahr zu geißeln, der eine Minderheitsreligion, das Judentum, ausgeliefert ist, versammelten sich
die Demonstranten, um die ideologische Gewalt, welcher der
Islam als eine andere Minderheitsreligion ausgesetzt ist, heilig-
zusprechen.

Das Phänomen Charlie ist daher nur in seiner Beziehung
zum Religiösen zu verstehen, die im weitesten Sinn die Nega-
tion des Religiösen mit einschließt. Der militante Atheismus hat
eine eigene Theologie und hält es für wichtig, einen Kampf zu
führen, mit dem die Inexistenz Gottes, des Gottes der eigenen
Vorfahren und des Gottes der anderen, bekräftigt werden soll.
An der allumfassenden religiösen Verwirrung, in der sich die
französische Gesellschaft befindet, sind vier Aspekte hervorzuheben.

1. Der weit verbreitete Unglaube.
2. Die Feindschaft gegenüber dem Islam, der Religion einer dominierten Gruppe.
3. Der sich ausbreitende Antisemitismus in dieser dominierten Gruppe.
4. Die relative Gleichgültigkeit der verweltlichten dominanten Kreise gegenüber dem Vormarsch dieses Antisemitismus.

Aus soziologischer, politischer und menschlicher Sicht leuchtet ein, dass in diesem Umfeld *die Festlegung des Islam als zentrales Problem der französischen Gesellschaft zwangsläufig dazu führt, dass nicht die Mehrheit der Franzosen, sondern die Juden einem erhöhten Risiko, physischer Gewalt zum Opfer zu fallen, ausgesetzt sind.*

Mehr militanter Atheismus führt zu mehr Islamophobie, die ihrerseits zu einer verstärkten Ausbreitung des Antisemitismus führt. Müssen wir annehmen, dass dieser Mechanismus rein zufällig in Gang kam? Absolut ja, wenn wir von bewussten Anreizen der Akteure ausgehen. Wenn wir im Zentrum des Phänomens Charlie den Zombie-Katholizismus am Werk sehen, ist allerdings Vorsicht geboten. Dann reicht eine Deutung dieser sozialen Mechanismen, die nach Bewusstseinslagen fragt, eben nicht mehr. Wenn wir von der Hypothese ausgehen, dass es eine anthropologische Trägheit gibt und historische Kräfte ganz offenbar kontinuierlich weiterwirken, müssen wir auch annehmen, dass im Kern des Phänomens Charlie, das sich in Bezug auf den Islam definiert, anthropologische Kräfte nachwirken, die den Juden eher unfreundlich gesinnt waren. Auch wenn in Frankreich als Ideologie lange Zeit der Universalismus vorherrschte, gibt es auch ein Frankreich, das Völker von Natur aus als unterschiedlich konzipiert.

Die Regionen mit einem inegalitären anthropologischen Hintergrund sind von einer auf Unterschiede bedachten Logik beseelt. Als Denkschema bringt dies die schlichte Reihung auf den Punkt: «Wenn die Brüder ungleich sind, sind die Menschen und damit auch die Völker ungleich. Einen universellen Menschen gibt es nicht. Der Ausländer, der Jude, der Muslim oder der Schwarze sind von Natur aus anders.»

Dieser Differentialismus kann sich milde unter der Bezeichnung «Recht auf den Unterschied» äußern, insbesondere in anthropologischen Systemen, in denen Brüder eher als anders anstatt als unmittelbar ungleich definiert sind, wie es in der angloamerikanischen Welt, in Holland oder in Dänemark der Fall ist. Der «Multikulturalismus» kleidet die Ausgrenzung der anvisierten Gruppe allgemein in die Ausdrücke «Respekt vor der anderen Kultur» oder «Toleranz». Typischerweise erträgt der Differentialismus den Zugewanderten, den Juden, den Schwarzen oder den Muslim so lange ziemlich gut, als dieser auf seinem Platz verharrt und seine (erwartete) Rolle als anderer Mensch akzeptiert. Erst wenn er sich assimiliert und Anspruch erhebt, ein Mensch wie die anderen, ein einfacher Bürger, zu werden, rumort es im nicht egalitären Untergrund.

Die Zurückweisung kann äußerst schroff ausfallen, wenn eine inegalitäre Familienstruktur zugrunde liegt. Den Extremfall der differenzierenden Xenophobie bildete der Nationalsozialismus, ein spätes Produkt der deutschen Stammfamilie, in einer Phase, in welcher der religiöse Glaube zusammengebrochen war und eine tiefe Wirtschaftskrise herrschte. An erster Stelle galten die schon assimilierten oder sich gerade assimilierenden Juden als unerträglich. Wenn der andere von Natur aus anders ist, kann seine Assimilation nur ein Täuschungsmanöver, ein Trick, eine Lüge oder ein Versuch sein, sich in eine gesunde Kultur einzuschleichen, um sie von innen heraus zu verderben.

Der Antisemitismus, der in Frankreich während der Affäre Dreyfus zutage trat, war eine gemäßigte Variante des differenzierenden Typs, verankert im katholischen Teil des französischen Bürgertums und seiner Peripherie, die ein inegalitärer anthropologischer Hintergrund auszeichnete. Die betreffenden Teile der Bevölkerung, Träger eines ganz lebendigen Katholizismus, waren allerdings von keiner religiösen Krise betroffen. Im Übrigen wirkte dieser Katholizismus insofern als mäßigendes Element, als er per Tradition mit einer universellen Botschaft betraut war und zudem anerkannte, dass er selbst aus dem Judentum, gleichsam aus einer legitimen Verbindung, hervorgegangen war. So waren es denn gerade die assimilierten Juden, die französischen «Israeliten» am Ende des 19. Jahrhunderts, die in sein Fadenkreuz gerieten.

Der Schutz, den die vorherrschende egalitäre Kultur garantierte, die sich weigerte, die Menschen – in diesem Fall die assimilierten Juden – *a priori* als andersartig abzulehnen, sicherte denen den Sieg, die sich für die Rehabilitation des zu Unrecht verurteilten Juden Dreyfus einsetzten.

Bei egalitären anthropologischen Systemen funktioniert, wie wir gesehen haben, das logische Schema mit umgekehrtem Vorzeichen: «Die Brüder sind gleich, also sind die Menschen und damit auch die Völker gleich. Es gibt einen universellen Menschen.»

Natürlich müssen Widerstände und Verzögerungen im Prozess der Assimilation eine Aufnahmegesellschaft, die mit einem universalistischen Vorurteil funktioniert, unweigerlich zur Verzweiflung treiben. In unparteiischer Absicht zeige ich in Kapitel 4, das den rechtsextremen Franzosen gewidmet ist, dass es einen im Wesentlichen universalistischen und, in gewissen Krisensituationen, einen echt republikanischen Antisemitismus geben kann. Die zuletzt genannte seltenere Form rührt von einer übertriebenen Umsetzung des Egalitätsprinzips her, die in der Logik umgekehrt funktioniert als der katholische oder der unter dem Vichy-Regime zum Vorschein gekommene Antisemitismus, der ganz klassisch aus einer regelmäßigen Umsetzung des Prinzips der Inegalität hervorging. In diesem Stadium der Analyse begnügen wir uns damit, einen grundlegenden Teilaspekt zur Kenntnis zu nehmen. In einem Frankreich, das unter die Kontrolle seiner zombie-katholischen Peripherie geraten ist, entwickelt sich ein Klima der religiösen Obsession, in der die Ressentiments wie Matrjoschka-Puppen ineinander stecken: eine Islamfeindlichkeit in der ursprünglich christlichen Gesellschaft, ein Antisemitismus in der ursprünglich islamischen Gesellschaft.

Die Analyse des jähen ideologischen Wandels, der heute die französische Gesellschaft in Verwirrung stürzt, muss noch vervollständigt werden. Um richtig zu verstehen, warum Ungleichheit als Wert Auftrieb erfahren hat, müssen wir die Malaise des zentralen, säkular eingestellten und egalitären Frankreich genauer ermessen. Mehr noch als die Dynamik des Zombie-Katholizismus erklärt die Implosion des zentralen Frankreich das Aufkommen des neorepublikanischen Systems. Und mehr als die nachwirkende Kraft des Vichy-Regimes erklärt die Schwäche der Revolution, warum die Republik entstellt wird. Der Wert der Gleichheit hat in Frankreich, in Europa und eigentlich in der gesamten entwickelten Welt heute einen schlechten Stand.

III. DIE UNGLÜCKLICHE GLEICHHEIT

Wie die Forschungen Thomas Pikettys und seiner Kollegen zeigen, ist die Krise der Gleichheit ein weltweites Phänomen. Zu versuchen, sie nur mit Bezug auf Frankreich zu erklären, wäre ziemlich unrealistisch. Dass sich das Kapital konzentriert, Einkommen immer ungleichmäßiger verteilt werden und Oligarchien entstehen, ist ein weltumspannendes Phänomen. Die neoliberale Organisation von Wirtschaft und Finanzen, die eine solche Entwicklung ermöglichte, bietet dafür aber keine Erklärung. Vielmehr legten die Staaten die Spielregeln fest, die dazu führten, dass Ungleichheit stetig weiterwächst. Die *repräsentativen politischen Systeme* akzeptieren und organisieren eine Entwicklung, durch welche die Schere zwischen den Einkommen immer weiter aufklafft. Nichts von all dem kam aus heiterem Himmel. Die orthodoxeste Wirtschaftstheorie – von Ricardos Theorie der komparativen Kostenvorteile bis zum Heckscher-Ohlin-Theorem – verhieß mit der Leistungsstärke auch die Ungleichheit. Gerne möchte ich glauben, dass die Abgänger der Elitehochschule ENA, die in Frankreich die Großbanken und den Staat führen, das Absinken der Durchschnittseinkommen, so wie wir es heute erleben, nicht vorausgeplant haben. Aber die Wähler nahmen mit den neuen Verhaltensweisen zugleich auch begeistert jenen Diskurs an, der das siegreiche Individuum, die Regeln des neoliberalen Spiels, den notwendigen Wettbewerb und die Wohltaten pries, welche die Ungleichheit versprach.

Auszumachen bleibt folglich nur noch der allen entwickelten Gesellschaften gemeinsame Faktor, der erklärt, warum sich die Massen dieser Ideologie anschlossen. Schließen wir von vornherein die verschwörungstheoretische Deutung aus, wonach einflussreiche Sekten die Medien und die öffentliche Meinung manipuliert hätten. Beachten wir vielmehr die zunehmende Bedeutung von Bildung, um nachzuvollziehen, wie sich die Auflösung des zivilen Zusammenhalts vollzogen hat.

Um 1945, zu Beginn der Trente Glorieuses – der glanzvollen dreißig Jahre der Nachkriegszeit –, konnte jeder oder fast jeder Einwohner Europas und Japans schreiben und lesen, verfügte aber kaum über mehr Bildung. In den Vereinigten Staaten waren bereits 80 Prozent der Jüngeren in den Genuss einer Sekundarbildung gekommen. Insgesamt dominierte in den am weitesten entwickelten Staaten implizit ein demokratisches Ideal. Die Schichten unterschieden sich kaum durch ihr kulturelles Niveau. Politiker, Ideologen oder Romanciers, die über eine höhere Bildung verfügten, mussten zu den Massen «sprechen», wenn sie sozial existieren wollten. Der Vormarsch dieser Bildung führte allerdings ab den 1950er Jahren in den Vereinigten Staaten und ab den 1970er oder 1980er Jahren in Europa und Japan dazu, dass die Bildungsniveaus wie auch die Bildungschancen immer schneller und weiter auseinanderdrifteten.

Inzwischen steht die Bildungspyramide mit Blick auf die jungen Generationen auf dem Kopf: Sie weist tendenziell eine neue Schichtung auf, die nach einem ganz groben Modell so untergliedert ist, dass 45 Prozent über eine höhere, 45 Prozent über eine sekundare und 10 Prozent über eine primare Bildung verfügen. In dieser verkehrten Bildungspyramide kommt die Primarbildung fast schon dem schulischen Scheitern gleich. Wo die offiziellen Statistiken die Unterprivilegierten des Bildungswesens behandeln, werden die Kategorien «nur Primarbildung», «ohne Schulabschluss» und die noch deutlichere der «Leseschwierigkeiten» fast in einem Atemzug genannt. Die Alphabetisierung der Massen, einst Grundlage für Teilhabe an der Demokratie, ist zum Synonym für die Unzulänglichkeit, zum Symbol für das Versagen geworden. Auf das Gefühl von Gleichheit, für das die universelle Primarbildung sorgte, folgte ein soziales Empfinden von Ungleichheit. Letzteres ist natürlich nicht für alle dasselbe. Dem Bewusstsein von Glück, zur Kategorie der Auserwählten mit höherer Bildung zu gehören, entspricht entweder das Be-

wusstsein von Unglück der untersten Kategorie, der Primaraus-
bildung, oder das Bewusstsein von Unsicherheit der mittleren
Schichten mit Sekundarbildung. Aus diesen Unterschieden entspringt der Konflikt zwischen Elitebewusstsein und Populismus, der in allen großen westlichen Demokratien präsent ist.
Weniger stark zutage tritt diese Diskrepanz in Deutschland, Japan, der Schweiz und Schweden, allesamt Gesellschaften, die
durch ihre vertikale Integration vor den schlimmsten Auswirkungen des neuen inegalitären Unbewussten geschützt sind.

Die neue kulturelle Schichtung ist wohlgemerkt die Haupt-
ursache für die Wahlerfolge des Front National, die stärker noch
als durch die wirtschaftliche Lage durch den Bildungsstand bestimmt werden. Allerdings setzt sich die FN-Wählerschaft nicht
vornehmlich aus «Primargebildeten» zusammen. Vielmehr ist
es jetzt schon so, dass sie in der Mehrheit aus «Sekundargebilde-
ten» besteht. Für die «höher» Gebildeten besitzt der FN in der
gegenwärtigen Phase noch keine Anziehungskraft. Unter der
jungen Generation setzt sich nach einem sehr grob vereinfach-
ten Modell sein Wählerpotenzial folgendermaßen zusammen:
10 Prozent Primargebildete + 45 Prozent Sekundargebildete =
55 Prozent der Bevölkerung. In diesem Kalkül fehlt noch das
Eindringen der Rechtsextremen in die Schicht der höher gebildeten Jungen, der wohl dann erfolgt, wenn deren schon jetzt
unangemessen niedrige Einkommen weiter absinken …

Die Krise des säkularen und egalitären Frankreich

Seine anthropologische Vielfalt macht Frankreich zu einem
bestens geeigneten Beobachtungslabor für denjenigen, der über
die allgemeine Tendenz zur Ungleichheit hinaus auch die Vielfalt ihrer Effekte auf die einzelnen Gesellschaften verstehen will.
Tatsächlich hat das Erstarken des Wertes der Ungleichheit unterschiedliche Auswirkungen abhängig davon, ob die anthropologische Grundlage auf Ungleichheit ausgerichtet ist, womit

dieser Wert *a priori* akzeptiert wird, oder ob sie auf Gleichheit beruht und dieser Wert somit auf Widerspruch und Widerstand stößt und als allgemeine Tendenz abgelehnt wird.

Wie also reagieren die beiden Frankreichs, das der Ungleichheit und das der Gleichheit?

Als Hervé Le Bras und ich für *Le Mystère français* die Daten jüngster Erhebungen auswerteten, stießen wir auf den Katholizismus der Randregionen, der seinen eigenen Untergang überlebt hatte, eine Beobachtung, wegen der wir, wie erwähnt, in unsere Modelle das Konzept des Zombie-Katholizismus einführen mussten. Tatsächlich offenbaren zahlreiche statistische Indikatoren, dass in den verschiedenen Regionen, die dem Wert der Gleichheit indifferent oder sogar feindselig begegnen, noch immer etwas nachwirkt, das für bessere schulische Leistungen, geringere familiäre Probleme, niedrigere Arbeitslosenquoten, gelungenere wirtschaftliche Umstrukturierungen usw. sorgt. Und umgekehrt stand das traditionell egalitäre und säkulare Frankreich schlechter da. Die Karte der Arbeitslosigkeit im Jahr 2014 (III. 2, S. 217) zeigt eine zwar schwach ausgeprägte, aber sehr signifikante negative Korrelation mit der verbliebenen religiösen Praxis, also mit dem Zombie-Katholizismus (−0,30).

Der unterschiedliche Bildungserfolg ist sicher der Grund dafür, dass der Zombie-Katholizismus bessere Leistungen und das traditionell säkulare Frankreich größere Probleme zeigt. Am erstaunlichsten ist wohl die stärkere Bildungspolarisierung, die in den Regionen mit egalitärer Neigung zu beobachten ist. Hier sind relativ viele mit Primarbildung *und* relativ viele mit höherer Bildung zu verzeichnen.

Parallel zu den Untersuchungen, die wir in *Le Mystère français* vorstellten, arbeiteten andere Forscher daran, Regionen mit Bildungsschwächen auszumachen. Ihre Schlüsse decken sich mit unseren. Karte III. 1 (S. 216) zeigt das Resultat einer sehr subtilen Analyse, die ermittelt hat, welche Départements im Schuljahr 2001/02 den nationalen Evaluationstest beim Eintritt in die sechste Klasse *überdurchschnittlich gut* und welche *überdurchschnittlich schlecht* abschnitten. Das sozioökonomische

Milieu, familiäre Probleme und Ausländeranteile, die sich erwartungsgemäß ebenfalls auswirken, wurden als Faktoren statistisch ausgemerzt.[19] Dabei zeichneten sich zwei Pole mit Schwierigkeiten ab: wieder die beiden Kerngebiete des entchristianisierten Frankreichs, das zentrale Pariser Becken und die Provence.

Als wir dies entdeckten, befassten wir uns zunächst mit der positiven Seite: mit dem besseren Abschneiden der Regionen mit katholischer Tradition. Ihr Erfolg erklärt sich auf Anhieb aus einer Kombination zweier Elemente. Das erste dürfte christliche Ohren erquicken: Die erhaltene soziale Disziplin aus den Lehren der Kirche – familiäre Stabilität, Kooperation auf lokaler Basis, antiindividualistische Moral – feit den Einzelnen wie eine mehrfache Schutzschicht gegen die Unbilden einer neokapitalistischen Gesellschaft, die von Isolation, Egoismus oder, schlimmer noch, vom massenhaften Narzissmus und nicht zu vergessen von der apriorischen ideologischen Entwertung jedweder Art von Arbeit geprägt wird, die keinen unmittelbaren Gewinn abwirft. Zwei aus Mitteleuropa stammende Denker, die sich der anthropologischen und kulturellen Ursachen bewusst waren, welche zur Katastrophe des Nationalsozialismus geführt hatten, erkannten klarer als andere, dass solche schützenden kulturellen Schichten eine wichtige Rolle dabei spielen, Menschen Widerstandskraft gegen die reduktionistische Abstraktion der Märkte zu geben. Dabei entwickelte Joseph Schumpeter 1942 eine noch recht elitäre Sichtweise, wonach das Gros dieser schützenden Prägungen aus der Vergangenheit in den oberen Rängen der Gesellschaftsstruktur – im gebildeten und wohlmeinenden Adel – angesiedelt seien.[20] Karl Polanyi dagegen beleuchtete 1944 den aufstrebenden Kapitalismus vor seinem anthropologischen Hintergrund und erkannte die Bedrohung für die menschliche Existenz, wenn Marktgesetze diese schützenden Schichten angreifen. Dazu merkte er an:

«Wenn man den Marktmechanismus als ausschließlichen Lenker des Schicksals der Menschen und ihrer natürlichen Umwelt, oder auch nur des Umfangs und der Anwendung der

Kaufkraft, zuließe, dann würde dies zur Zerstörung der Gesellschaft führen. Die angebliche Ware ‹Arbeitskraft› kann nicht herumgeschoben, unterschiedslos eingesetzt oder auch nur ungenutzt gelassen werden, ohne damit den Einzelnen, den Träger dieser spezifischen Ware, zu beeinträchtigen. Das System, das über die Arbeitskraft eines Menschen verfügt, würde gleichzeitig über die physische, psychologische und moralische Ganzheit ‹Mensch› verfügen, der mit dem Etikett ‹Arbeitskraft› versehen ist. Menschen, die man auf diese Weise des Schutzmantels der kulturspezifischen Institutionen beraubte, würden an den Folgen gesellschaftlichen Ausgesetztseins zugrunde gehen; sie würden als die Opfer akuter gesellschaftlicher Zersetzung durch Laster, Perversion, Verbrechen und Hunger sterben.»[21]

Polanyi macht deutlich, wie die gewohnheitsmäßige Einbindung des Einzelnen in die verbliebenen Praktiken von Kooperation und gegenseitiger Unterstützung in den letzten dreißig Jahren einem Drittel der französischen Regionen einen Schutz bot, der im individualistisch und egalitär ausgerichteten Zentralfrankreich auf fatale Weise fehlte.

Das zweite Element, das den Bildungserfolg des Zombie-Katholizismus erklärt, spricht weniger für die Kirche, sondern liegt vielmehr in der laizistischen oder protestantischen Tradition. Als ein obskurantistisches Monster stemmte sich Rom gegen Fortschritt und Bildung und vertrat allenthalben die Unterwerfung unter den Priester. Der Zusammenbruch der klerikalen Herrschaft über das Bewusstsein setzte als logische Konsequenz Energien frei und schuf eine optimistische Aufbruchsstimmung. Ein analoges Phänomen ist im Übrigen im Pariser Becken und der Provence des 18. Jahrhunderts denkbar. Diderot stammte aus der Haute-Marne, Condorcet aus der Aisne, Robespierre aus dem Pas-de-Calais, Saint-Just aus der Nièvre. Zwischen 1819 und 1826 entsandten die Départements des Pariser Beckens, insbesondere die entlang der Achse Somme–Haute-Marne, überdurchschnittlich viele Studenten an die Pariser Eliteuniversitäten.[22] Das egalitäre Kerngebiet der Nation, insbesondere der nordöstliche Bereich, trat unmittelbar vor und direkt nach der

Französischen Revolution besonders aktiv in Erscheinung. Genauer gesagt, setzte es in allen Richtungen Entwicklungen in Gang: Kulturell auf dem Vormarsch, sorgte es für ein Mehr an innovativen Eliten, aber auch für eine erhöhte Selbstmordrate. Der Niedergang der Religion ging ebenso sehr mit Hoffnung wie mit Verzweiflung einher.

In den Provinzen des Zombie-Katholizismus, insbesondere im Westen Frankreichs, gewann zwischen 1960 und 1990 sicherlich die Hoffnung die Oberhand, die nicht nur der Konsumgesellschaft, sondern auch allen modernen Errungenschaften, einschließlich einer verspäteten industriellen Revolution, mit raffinierten Ergebnissen zum Durchbruch verhalf. Aus dieser Aufbruchsstimmung ging der wirtschaftliche Aufschwung in der Region Choletais und im Département Mayenne hervor.

Allerdings darf nicht übersehen werden, dass ein Teil des Erfolgs in diesen Regionen, insbesondere seit 1990, weder aufgrund der Traditionen gegenseitiger Unterstützung noch der Befreiung von der klerikalen Macht, sondern schlicht dadurch zustande kam, dass die Ungleichheit, die im Zuge der Globalisierung weltweit auf dem Vormarsch ist, hier dank der vorherrschenden Grundeinstellung auf Anhieb akzeptiert wurde. Die Erwerbsbevölkerung in dieser Gegend zeigt sich gegenüber den Forderungen von Arbeitgebern entgegenkommender als diejenige im egalitären zentralen Teil Frankreichs. Diese Gefügigkeit birgt zwei Vorteile. Zum einen fördert sozialer Frieden im Inneren das reibungslose Funktionieren der wirtschaftlichen Abläufe in der Region, zum anderen zieht eine unternehmerfreundliche Gesellschaft Investitionen von außen an. Man muss kein Anthropologe oder Historiker sein, um die soziale Disziplin zu erkennen, die in diesen zombie-katholischen Gesellschaften vorherrscht: Die Mehrheitsgewerkschaft CFDT predigt die intelligente Absprache, die in Phasen von Abschwung und Einkommensrückgängen durchaus an die gute alte Dankbarkeit gegenüber den Herren in den alten Feudalgesellschaften des französischen Westens erinnert.

Auch wenn die Verhältnisse im Osten, in den alten Industrieansiedlungen, sicherlich komplexer sind, so können die Unternehmen und Kapitalgeber im Lyonnais, im Elsass oder in Savoyen noch immer darauf zählen, dass Gleichheit als Wert die dortige Arbeiterschaft weniger stark als anderswo bewegt. Hier erklärt die Anthropologie der Familienstrukturen nur, was allgemein bekannt ist: In der gegenwärtigen kapitalistischen Phase strömt das hochmobilisierte Kapital innerhalb der Nationen und weltweit vorzugsweise in die Gesellschaften, die sich mit der Ungleichheit am besten arrangieren.

Die Schwierigkeiten des entchristianisierten Raums erklären sich entsprechend aus den umgekehrten Wirkungen der positiven Faktoren, die für die zombie-katholischen Regionen aufgezählt wurden. Ihr egalitärer Individualismus bietet Männern und Frauen in Problemlagen kein Sicherheitsnetz in einer Zeit, in welcher die Gesellschaft einem rapiden Wandel unterworfen ist und die Wirtschaft rastlos neustrukturiert wird. Dabei hat sich die Entchristianisierung schon in so früher Zeit vollzogen, dass ihre optimistische Botschaft inzwischen verklungen ist.

Im Frankreich der Gleichheit trägt neben den genannten ein weiterer Faktor zur Orientierungslosigkeit bei: Nach dem Zusammenbruch des Kommunismus haben die unteren Schichten die große rote Kirche als Mutter verloren und sind zudem noch dazu aufgerufen, sich für ihre über ein halbes Jahrhundert währende Gefolgschaft zu schämen. Stark damit beschäftigt, die Untaten des besiegten Kommunismus – häufig erst im Nachhinein – anzuprangern, vergaßen die französischen Ideologen in den Jahren 1990 bis 2010, was ihr Land mit der Kommunistischen Partei Frankreichs (KPF) verloren hatte: einen gewaltigen Kulturapparat, der in den entchristianisierten zwei Dritteln Frankreichs in den einfachen Schichten den Glauben an Fortschritt und Bildung lebendig hielt, im Grunde also das Beste an der bürgerlichen Kultur, und, nicht zu vergessen, das Vertrauen in das Universelle sowie die Zurückweisung der Fremdenfeindlichkeit. Stalinistisch in ihrer administrativen Praxis, pflegte die KPF liberale Sitten und eine gehobene Moralität. Sie duldete in ihren Reihen keine Militanten, die Reden gegen die arabische

Minderheit schwangen, so meine persönlichen Erfahrungen in der Partei in den Jahren 1967–1969. Der Niedergang Zentralfrankreichs und sein gegenwärtiger Pessimismus sind zu einem Teil auf den Zusammenbruch der Kommunistischen Partei zurückzuführen.

So sieht sich dieses Frankreich doppelt bestraft: Das Kapital hat für Regionen der gesellschaftlichen Aufmüpfigkeit und der sozialen Auseinandersetzungen wenig übrig. Schon seit langem fließen die Investitionen nur zögerlich in die Zonen, die der kommunistisch orientierte Gewerkschaftsbund CGT dominiert. Die geografische Verbreitung seiner Vorherrschaft wurde ebenso klar durch die früh erfolgte Entchristianisierung bestimmt, wie die des Gewerkschaftsbundes CFDT auf die der religiösen Praxis zurückgeht. Das laizistisch ausgerichtete Frankreich steht nicht nur deshalb schlecht da, weil es von innen heraus weniger Entwicklungschancen hat, sondern auch, weil es tagtäglich vom flüchtigen Kapital für seine Bevorzugung der sozialen Gleichheit und seine Ablehnung der gesellschaftlichen Unterschiede abgestraft wird. Sein latenter anthropologischer Untergrund wird durch die Haltung «weder Gott noch Herr» bestimmt.

Ohne diese Krise des egalitären zentralen Frankreichs hätten die entgegengesetzten Werte der Peripherie niemals die Oberhand gewonnen. Mit Blick auf die Größe seines Territoriums hat das Frankreich der Ungleichheit kein stärkeres Gewicht als früher, aber seine anthropologische Grundlage schafft gute Voraussetzungen für die Anpassung an die historische Entwicklung, die in erster Linie in Richtung Ungleichheit strebt. Die neue Schichtung im Bildungsniveau gibt der *a priori* vorhandenen Ideologie in den Zonen mit einem inegalitären familiären und religiösen Hintergrund weiter Auftrieb, während sie in den Regionen mit egalitärer Neigung die Ordnung durcheinanderbringt. Eine Frage allerdings bleibt: Was geschieht in diesem Prozess mit den Werten der Mittelschicht in den egalitären Zonen, in der die Hochschulbildung deutlich an Raum gewonnen hat? Haben sie sich grundlegend verändert? Sollten sich die «Führungskräfte und Vertreter höherer akademischer Berufe»,

die in der egalitären urbanen Zone ein Drittel bis ein Fünftel der
Erwerbsbevölkerung stellen, aus ihrer anthropologischen Matrix befreit haben? Als Erstes stellt sich diese Frage natürlich für
Paris. Ist der Egalitarismus der Île-de-France zusammengebrochen oder nur vorübergehend außer Kraft gesetzt? Auf diesen
heiklen Punkt komme ich nach einer Untersuchung darüber
zurück, wie sich anthropologische Systeme reproduzieren.

Halten wir für den Augenblick fest, dass diese für Frankreich
gezogenen Schlüsse für die gesamte entwickelte Welt überall dort
gelten, wo Nationen mit egalitärem Charakter in wirtschaftlichen Schwierigkeiten stecken.

Anthropologie des Kapitalismus in der Krise

Auch auf die Gefahr hin, die französische Ängstlichkeit zu befeu-
ern, müssen wir zunächst anerkennen, dass sich der Kapitalismus frühzeitig in denjenigen Nationen herausbildete, deren anthropologische Basis, wenn schon nicht inegalitär, so zumindest
doch nicht egalitär ausgerichtet war. Dies gilt für die Gesamtheit
der angloamerikanischen Welt, zu der zwei Nationen zählen, die
in der Entwicklung des weltweiten Kapitalismus nacheinander
die Führung übernahmen: Großbritannien im 19. und die Vereinigten Staaten im 20. Jahrhundert. In beiden Ländern überwiegt
die absolute Kernfamilie, die eine Kombination aus Liberalismus
in den Beziehungen zwischen Eltern und Kindern und fehlender
Gleichheit zwischen Brüdern und Schwestern auszeichnet. Anthropologisch gesehen, stehen Dänemark und Holland (aber
nicht die gesamten Niederlande) der angloamerikanischen Welt
ziemlich nahe, ebenso das westliche Binnenland Frankreichs mit
seinem katholischen Anstrich.

Die zweite Welle des wirtschaftlichen Aufschwungs fand in
Ländern der Stammfamilie – Deutschland, Schweden, Japan
und Korea – statt, in denen die Familienstruktur die Prinzipien
der Ungleichheit und der Autorität begünstigte. Ein Erbe, zumeist der erstgeborene Sohn, führte den Bauernhof unter seiner

Regie weiter. In Schweden kam im 19. Jahrhundert eine interessante feministische Variante eines Modells auf, das damals im hohen Norden Europas noch jung und nicht endgültig ausgeprägt war.

Den führenden Wirtschaftsmächten der westlichen Welt fehlte aus anthropologischer Sicht folglich ein egalitäres Substrat.[23] Auf Anhieb leuchtet ein, dass die Akzeptanz eines schon vorhandenen Prinzips der Unterschiede zwischen Brüdern, Menschen und Klassen die Differenzierung nach Funktionen in einer sich entwickelnden industriellen Welt erleichterte, die im Anschluss nach dem schumpeterschen Prinzip der kreativen Zerstörung umstrukturiert wurde.

Gleichwohl ist diese «westliche» Welt ideologisch inhomogen. Der Autoritarismus der Stammfamilie steht im Gegensatz zum Liberalismus der absoluten Kernfamilie. Der offene Inegalitarismus Deutschlands oder Japans unterscheidet sich von der Toleranz gegenüber der Ungleichheit in der angloamerikanischen Welt. Ohne diesen Gegensatz wäre die jeweilige ideologische Festlegung der einzelnen Mächte im Zweiten Weltkrieg nicht zu verstehen. Dass Menschen, wie vom Nationalsozialismus konzipiert, wegen ihrer Rasse als absolut ungleich zu gelten hatten, ist unvorstellbar für die liberalen Angloamerikaner, die Menschen lediglich als nicht wirklich gleich untereinander betrachteten.

Das Europa der Ungleichheit

Nicht nur Zentralfrankreich, sondern das Europa der Gleichheit insgesamt steckt in wirtschaftlichen Schwierigkeiten. Italien, Spanien und Portugal, die zu Beginn des 20. Jahrhunderts im Rückstand waren, werden im 21. Jahrhundert durch Nordeuropa erpresst. Ausnahmen gibt es wenige: Finnland, egalitär in dem Teil, der nicht unter schwedischem Einfluss steht und in dem bis in jüngste Zeit eine kommunistische Partei bedeutendes Gewicht hatte, steht wirtschaftlich relativ gut da. Die lutherische Religion, die dem Land im 16. Jahrhundert von den Schweden aufgezwungen wurde, ermöglichte es, den familiären Egalitarismus durch die auf Ungleichheit beruhende Prädestinationslehre zu mäßigen. Ein weiteres Beispiel ist Griechenland: Sein kontinentaler Teil, insbesondere die Landmasse im Norden des Golfs von Korinth, ist egalitär ausgerichtet, während die ausgesprochen originelle anthropologische Grundlage seiner Inseln auf einer Familienstruktur beruht, in deren Zentrum ein weibliches Erstgeburtsrecht steht. Dennoch kann das von Nordeuropa unterworfene Griechenland nicht als grundlegend egalitär gelten.

Im Übrigen folgt die hierarchische Organisation Europas unter deutscher Führung einer klaren anthropologischen Logik. Der inegalitäre Norden, ob protestantisch oder nicht, hält seinen historischen Vorsprung gegenüber dem egalitären Süden aufrecht.

Die Hierarchisierung des Kontinents spiegelt sich im ideologischen Zerfall auf französischem Boden wider. In Europa bringt das inegalitäre und wirtschaftlich dominante germanische Zentrum die egalitäre Peripherie unter seine Kontrolle. In Frankreich verliert das wirtschaftlich stagnierende egalitäre Zentrum seine Kontrolle über die inegalitäre Peripherie. Man kann sogar sagen, dass das Zentrum unter die Kontrolle der Peripherie gerät: Gestützt auf den europäischen Mechanismus, versuchen die Regionen des Zombie-Katholizismus ihren Einfluss auf das gesamte Hexagon auszuweiten. Gehen wir der Einfachheit halber von Deutschland als derjenigen Macht aus, die in Europa inzwischen von zentraler Bedeutung ist: Für Deutschland bilden die zombie-katholischen Provinzen die Stützpunkte, über die es sein System in das französische Staatsgebiet hineinträgt.

Blickt man auf den europäischen Raum als Ganzes, so zeigt sich ein Zombie-Katholizismus, der den gesamten Kontinent überspannt und mit den dort jeweils vorherrschenden familiären Werten zusammenwirkt. Der Aufschwung im flämischen, venezianischen, irischen, österreichischen und polnischen Raum speist sich aus dem Niedergang der religiösen Praxis in Regionen, die einst zu den sichersten Bastionen der Kirche zählten. Sogar in Deutschland überflügeln die mehrheitlich katholisch geprägten Bundesländer Bayern und Baden-Württemberg mit ihren Wachstumsraten den protestantischen Norden. Der Strukturwandel des Ruhrgebiets bremste allerdings den wirtschaftlichen Aufstieg des katholischen Rheinlands. Sollte Slowenien und Kroatien die wirtschaftliche Anpassung gelingen, könnten beide Länder zur zombie-katholischen Gruppe stoßen. Trotz der Vielfalt der Familienstrukturen, die ihnen zugrunde liegen, teilen diese Regionen einen gemeinsamen Zug: ein fehlendes Egalitätsprinzip.

Folglich existiert im europäischen Raum wie auf französischem Staatsgebiet eine Konstellation aus zombie-katholischen, nicht egalitären Regionen, die in der großen Mehrheit Teil der Eurozone sind. Geht man davon aus, dass mehrere Nationen diesen anthroporeligiösen Typ als einzigen Zug wirklich gemeinsam haben, kann man die Hypothese aufstellen, dass er das eigentliche Grundgerüst der Einheitswährung darstellt. Diese These kommt insofern nicht überraschend, als mit ihr der Gemeinplatz, wonach der Aufbau Europas ein Kind der Christdemokratie ist, lediglich noch um die Entchristianisierung in jüngerer Zeit erweitert wird. Ihres Glaubens an Gott verlustig gegangen, brachte die katholische Kultur den Euro hervor. Seiner Verpflichtungen zu Mitleid und Nächstenliebe entbunden, bekräftigt und verfestigt sie ihre hierarchische Konzeption des sozialen Lebens. Tag um Tag beherrscht dieses auf Ungleichheit beruhende Ideal ein wenig mehr die innere Organisation der Gesellschaften und die Beziehungen der europäischen Völker untereinander.

Frankreich, die Deutschen und die Araber

Im Fall Frankreichs zeigt sich die Verkehrung der vorherrschenden Ideologie am deutlichsten an der Entwicklung seiner Beziehungen zu den beiden Völkern, die ihm in der Geschichte des

20. Jahrhunderts Probleme bereiteten: zu den Deutschen und den Arabern. Unter de Gaulle überwog ein Ideal der Gleichheit zwischen den Nationen und den Völkern. Diese Regel galt trotz eines Minderwertigkeitsgefühls gegenüber (dem militärisch und wirtschaftlich siegreichen) Deutschland und eines Überlegenheitsgefühls gegenüber der (von Frankreich kolonisierten) arabischen Welt. Die jeweilige Politik des Generals in Bezug auf Deutschland bzw. die arabischen Länder war gleichermaßen von einem universalistischen Geist geprägt. Seither hat sich die ideologische Grundeinstellung unmerklich bis zur gegenwärtigen Hierarchisierung weiterentwickelt. Deutschland wurde zur überlegenen Kraft umdefiniert, gegenüber der Nachahmung oder Gehorsam angesagt ist. Dagegen wird die arabische Welt als unterlegen wahrgenommen, als Raum, der modernisiert oder abgeschrieben werden muss. Diese beiden Bewegungen sind Teil von ein und derselben Entwicklung, Elemente in der Umstrukturierung des geistigen Systems der machthabenden Elite in Richtung Ungleichheit. Damit stehen sie eher mit dem Vichy-Regime als mit dem Republikanismus in Kontinuität.

Diese Tendenz liegt im Widerstreit mit einer anderen, egalitäreren, die darin besteht, alle anderen Völker gleichermaßen zu verabscheuen, und die man deshalb die «universalistische Xenophobie» nennen könnte. Sie macht es möglich, Ressentiments gleichzeitig gegen Deutsche, Muslime und Russen zu hegen. Ich versuche weiter unten, die Bedeutung und die anthropologische Bestimmung dieser beiden konkurrierenden – der egalitären und der hierarchisierenden – Xenophobien zu erläutern.

In der gegenwärtigen Phase überlagern sich in Frankreich diese beiden Xenophobien entweder oder meiden sich in einem schaurigen Reigen. Die Elite ist fast homogen russophob. Die Sozialistische Partei Frankreichs liebt offiziell alle Völker mit Ausnahme der Russen. Die UMP ist europafreundlich und islamophob, aber in ihrer Russenfeindlichkeit weniger unerbittlich. Der Front National ist europhob und islamophob, dafür aber russophil.

Die Entwicklung, die Deutschland und den Nordländern gemein ist, geht offenbar dahin, Ordnung zu schaffen. Die Islamophobie scheint zusehends als eine europäische Perspektive, angesichts derer sich die politischen Parteien Frankreichs entscheiden müssen. Michel Houellebecqs Roman *Unterwerfung* war nicht nur in Frankreich, sondern auch in Italien und Deutschland großer Erfolg beschieden. Vor allem darf man sich Paris keineswegs als die Hauptstadt der neuen Ideen vorstellen. Unsere Handelsbilanz ist mit Blick auf die Islamophobie wie auch in vielfach anderer Hinsicht klar defizitär.

Deutschland und die Beschneidung

Alle klassischen Elemente der Islamophobie sind in Deutschland auf höherem Niveau vorhanden, darunter bestimmte Bestseller *made in Germany* wie *Deutschland schafft sich ab,* das im Herbst 2010 erschien und sich über zwei Millionen Mal verkaufte. Sein Autor, Thilo Sarrazin, ist ein sozialdemokratischer Politiker, geboren im thüringischen Gera, also im Herzen des protestantischen Deutschland. Wegen des Skandals, den sein Buch auslöste, musste Sarrazin seinen Posten im Vorstand der Deutschen Bundesbank aufgeben. Mit seinem *Le Suicide français* («Der französische Selbstmord») von 2014 ist Frankreichs Éric Zemmour nur ein bescheidener Epigone einer ideologischen Entwicklung, deren Gravitationszentrum eher in der Mitte und im Norden Europas angesiedelt ist. Ebenso ahmte das Satiremagazin *Charlie Hebdo,* als es systematisch Mohammed ins Visier nahm, nur epigonenhaft die dänische Tageszeitung *Jyllands-Posten* nach, die schon 2005 mit mehreren Mohammed-Karikaturen die «Debatte eröffnet» hatte. Die aufsehenerregendste stammte von Kurt Westergaard, der den Religionsgründer mit einem Turban in Bombenform darstellte. Sich sogleich mit den Ideologen des Nordens solidarisierend, trat *Charlie Hebdo* gewissermaßen nur in deren Fußstapfen. Wieder führte das protestantische Europa den Reigen an, obwohl der Anteil der Muslime in seiner Bevölkerung deutlich geringer ist als der in Frankreich oder im katholischen Teil Deutschlands.

Blicken wir noch etwas weiter zurück. Am 6. Mai 2002, fast dreizehn Jahre vor dem Massaker an den Redakteuren von *Charlie Hebdo,* wurde Pim Fortuyn, der Führer einer niederländischen islamfeindlichen Partei, ermordet. Die Tat rief in den Niederlanden eine nationale Betroffenheit hervor, die in der Größenordnung mit der vom 7. Januar 2015 vergleichbar ist. Fortuyn stammte aus dem protestantischen Nordholland und kam aus der sozialistischen Partei.

Im Oktober 2014 wurde in Dresden die Pegida-Bewegung gegründet, die «Patriotischen Europäer gegen die Islamisierung des Abendlandes», deren Benennung an ein fremdenfeindliches Gedicht des französischen Lyrikers Pierre de Ronsard aus dem 16. Jahrhundert gemahnt. Eine interne Krise hat den Aufwärtstrend ihrer Montagsdemonstrationen in der Stadt an der Elbe, also wieder im protestantischen Teil des Landes, offenbar gebrochen.

An der Spitze der in Deutschland registrierten Islamophobie hat Deutschland allerdings weitaus Interessanteres zu bieten als die tristen abendlichen Versammlungen von Pegida: das Unbewusste der juristischen Eliten und der gewöhnlichen Leute, das zeigt, wie einfach sich die Islamophobie dem Antisemitismus angleichen kann.

Ende 2010 führte die Beschneidung eines vierjährigen tunesischen Knaben zu einer Blutung, die im Krankenhaus behandelt wurde. Ein Staatsanwalt führte daraufhin Klage gegen den Arzt, einen Syrer, wegen «Körperverletzung unter erschwerenden Umständen». Ein erstes Gericht wies die Klage ab. Der standhafte Staatsanwalt wandte sich daraufhin an die übergeordnete Instanz, die den Arzt zwar freisprach, am 7. Mai 2012 jedoch beschied, dass die Beschneidung eine Straftat darstelle, weil sie den Körper «dauerhaft und irreparabel» verändere. Die Beschneidung, eine jüdische, muslimische und auch in den USA weit verbreitete Tradition (ungefähr die Hälfte der männlichen Amerikaner sind beschnitten), wurde also von einem deutschen Gericht als eine irreversible Verstümmelung gewertet, weil «dem Recht der Eltern auf religiöse Kindererziehung [gegenüber dem] Recht des Kindes auf körperliche Unversehrtheit [...] kein Vorrang zukomme». Dieses Urteil löste in Deutschland eine ernst geführte, aber unfreiwillig komische Debatte aus, an deren Ende Meinungsumfragen zeigten, dass 55 Prozent der Deutschen das Urteil als richtig empfanden. Proteste aus Israel holten Angela Merkel und die deutschen politischen Parteien schließlich auf den Boden der Realität zurück, worauf am 12. Dezember 2012 der Bundestag mit 432 gegen 100 Stimmen und 46 Enthaltungen ein Gesetz verabschiedete, das religiösen Minderheiten die Beschneidung erlaubt. Doch damit war der Fortsetzungsroman um die Beschneidung noch nicht abgeschlossen.

Ende September 2013 schlug die deutsche Sozialdemokratin Marlene Rupprecht der parlamentarischen Versammlung des Europarates eine Resolution vor, welche die Mitgliedsstaaten auffordern sollte, Maßnahmen gegen die «Verletzung der körperlichen Unversehrtheit von Kindern» zu ergreifen. Sie wurde mit 78 gegen 13 Stimmen und 15 Enthaltungen angenommen. Mit ihr riefen die europäischen Parlamentarier die Mitgliedsstaaten auf, «öffentlich die schädlichsten Praktiken wie weibliche Genitalverstümmelungen zu verurteilen und die sie verbietende Gesetzgebung zu übernehmen» und «klar die zu beachtenden medizinischen, hygienischen und anderen Bedingungen festzulegen, wenn es sich um Praktiken handelt, die, wie die nicht medizinisch indizierte Beschneidung von kleinen Knaben in bestimmten Religionsgemeinschaften, heute weit verbreitet sind». Rupprecht, einst Vorsitzende des SPD-Unterbezirks Fürth, war lange Zeit Abgeordnete des Bundestags, in den sie über eine Landesliste im protestantischen Teil Bayerns gelangt war.

Erneut musste der Staat Israel auf diesen Text reagieren, den ein gesunder Menschenverstand als antisemitisch und islamophob ausgemacht hätte, ohne dass sich sagen lässt, welche der beiden Religionen stärker im Fadenkreuz stand. Rupprecht betrachtet sich selbst als Anwältin von Kinderrechten. Der Eifer allerdings, mit dem in Deutschland die Diskussion um die Beschneidung geführt wurde, ist faszinierend. Tatsächlich gibt es nämlich keinerlei Hinweis darauf, dass dieser Eingriff Probleme verursacht, vor allem nicht bei Kindern. Wie Untersuchungen zeigen, fühlen sich Beschnittene mit ihrem Zustand ebenso wohl wie Nichtbeschnittene. So verblüfft schlichtweg, dass sich Deutschland zum Richter über die körperliche Unversehrtheit jüdischer Kinder auf seinem Staatsgebiet aufwirft, nachdem es vor knapp 70 Jahren Millionen von ihnen vernichtet hat, und dies *mit vollständig gutem Gewissen*. Natürlich hat man östlich des Rheins das Gefühl, sich an eine moderne Logik des Kindeswohls anzupassen. Schon weil es ihnen an Selbstdistanz, der Grundlage für einen minimalen Sinn für Humor, fehlt, könnte man die Deutschen hier – kollektiv, nicht individuell natürlich – als ein besonderes Volk bezeichnen, das nicht von Natur aus antisemitisch oder islamophob, aber mindestens schizoid ist. Die gleiche mentale schizoide Struktur ist in der Sparpolitik am Werk, die Deutschland mit Unterstützung des neorepublikanischen Frankreich Südeuropa aufzwingt.

Während der Beschneidungsdebatte fiel das Schweigen der europäischen politischen Parteien auf, die doch angeblich im Kult der Shoah baden, auch wenn die Gründe für die Zurückhaltung eher unklar sind. Zwei Deutungen sind möglich. Die erste würde auf die Willenlosigkeit der Eliten des Kontinents abheben, eine Hypothese, die eher beruhigt. Die zweite würde von einer stillschweigenden Zustimmung, einer Billigung des neuen deutschen Problems mit der Beschneidung ausgehen. Für diese deutlich besorgniserregendere Interpretation scheint zu sprechen, dass die europäische Resolution tatsächlich verabschiedet wurde. Auch wenn wir dies zum jetzigen Zeitpunkt nicht klar entscheiden können, müssen wir einräumen, dass ein aufrichtiges Engagement der Führer des Kontinents im Kampf gegen Antisemitismus nicht mehr gesichert ist.

Es wird die Aufgabe künftiger Historiker sein, die Genealogie der – neuen oder erneut auftretenden – Xenophobien nachzuzeichnen, die sich zu Beginn dieses dritten Jahrtausends nach und nach in der europäischen Vision breitmachen. Schon jetzt zeichnet sich ab, dass das Europa der lutherischen Tradition, das seine Religion so wenig praktiziert wie der katholische Teil des Kontinents, eine besondere Rolle als Katalysator beim Vormarsch der Islamophobie spielt. Ich hatte oben auf die Existenz eines zombie-katholischen Grundgerüsts in der Euro-Zone mit seinen bayerischen, badischen, württembergischen, rheinländischen, österreichischen, südniederländischen, flämischen, irischen, norditalienischen, nordwestspanischen und peripher französischen Bastionen hingewiesen. Die nicht egalitäre anthropologische Grundlage, die diesen Regionen gemein ist, bildet die wichtigste Basis des aufstrebenden Inegalitarismus in der Euro-Zone. Wir müssen unserem Modell folglich nun eine zweite, zombie-protestantische Konstellation weiter im Norden hinzufügen, die ebenso inegalitär ausgerichtet ist, aber das islamophobe Gedankengut aktiver aufnimmt. Und dabei spielt das lutherische Deutschland eine ähnliche Rolle wie einst beim Vormarsch des Antisemitismus. In der Zombieform, in welcher der Protestantismus seinen eigenen Tod überlebt hat, wirkt ein Inegalitarismus nach, der vom Dogma der Prädestinationslehre herrührt. Beide Konstellationen, die zombie-katholische und die zombie-protestantische, vermischen und ergänzen sich in den Niederlanden und in Deutschland.

Das große europäistische Happening des 11. Januar 2015

Die Staatschefs, die an der Spitze der *Charlie-Hebdo*-Demonstration marschierten, setzten ein Europa der Ungleichheit in Szene. Außer Acht lasse ich dabei Benjamin Netanyahu, den israelischen Regierungschef, dessen Teilnahme durch andere Besorgnisse, insbesondere über die Gefahren gerechtfertigt waren, denen praktizierende Juden in Frankreich neuerdings ausgesetzt sind, und ebenso Sergei Lawrow, den russischen Chefdiplomaten, auf den ich noch zurückkomme.

Versammelt war das *Who is Who* der postmodernen Ungleichheit: Angela Merkel (die Dominanz und die Sparpolitik), François Hollande (der Gehorsam), David Cameron (der Neoliberalismus), Anne Hidalgo (die Pariser Führungskräfte und Vertreter höherer akademischer Berufe), Jean-Claude Juncker (das luxemburgische Bankensystem), Nicolas Sarkozy (die erste islamophobe Welle in Frankreich), Donald Tusk (die Russophobie) etc.

Zu danken ist François Hollande für seine Aufrichtigkeit. Durch monatelange schlechteste Umfragewerte angeschlagen und am 7. Januar durch die plötzliche Rückkehr der Tragik in die französische Geschichte tief verunsichert, gab er in einem echten *Coming out* sein inegalitäres Unbewusstes preis. Ich stelle mir seine geistige Befreiung nach der Pein vor, die er beim Abspulen seiner egalitären Rede zum Wahlkampfauftakt in Le Bourget 2012 empfunden haben musste: «Mein wahrer Gegner hat keinen Namen, kein Gesicht, keine Partei. Er wird niemals seine Kandidatur bekannt geben. Er wird niemals gewählt werden. Und trotzdem regiert er. Mein Gegner, das ist die Finanzwelt.» Doch was hatte Hollande auf den Gedanken gebracht, dass die Finanzwelt kein Gesicht habe und nicht gewählt werde? Bleibt festzuhalten, dass dieser Hollande, erschüttert über die Terroranschläge, uns über sich und unsere Republik doch noch reinen Wein eingeschenkt hat. Mit seinen Einladungen zur Demonstration hat er seine persönliche Definition von Charlie abgegeben.

In meinem Perfektionismus muss ich gestehen, dass es mich einen Augenblick lang beunruhigt hat, dass Jérôme Cahuzac (Steuerflucht), der zurückgetretene Beigeordnete Minister für den Haushalt, der Demonstration ferngeblieben war. Übertreibe ich? Die damaligen Titelseiten der Presse, die uniform das Siegel «Ich bin Charlie» trugen, sprachen für seine Teilnahme: Die Klatschzeitschriften *Gala* und *Closer* waren Charlie, auch irgendein Pornomagazin und sogar die aktuelle französische Ausgabe von *Micky Maus*. Warum sollte also nicht auch Cahuzac neben Juncker, die Steuerhinterziehung neben dem Steuerparadies, marschieren? Denn auch er verkörpert einen echten «Wert» unserer Republik.

Eine Menge von 1,5 bis 2 Millionen Menschen war also bereit, diesem unsäglichen Sammelsurium aus monetären, budgetären und militärischen Freaks hinterherzuziehen. Die Herrschaft wird akzeptiert. Die Ungleichheit hat ihre Basis in den Massen. Wie die europäische um sie herum ist die Französische Republik ein hierarchisches System. Die gewaltige neorepublikanische Demonstration zwingt uns einzuräumen, dass die Ungleichheit in Frankreich nicht wegen der Verschwörung einer winzigen Elite oder gar des 1 Prozents mit den höchsten Einkommen auf dem Vormarsch ist. Hätten diese Kreise allein demonstriert, wären per Definition – selbst bei einem Mobilisierungsgrad von 100 Prozent – in ganz Frankreich maximal 500 000 Teilnehmer zusammengekommen. Ja, das Land ist auf dem besten Weg, zu einem oligarchischen System zu mutieren. Allerdings wäre es verkehrt, sich an dessen Spitze auf althergebrachte Art einen geschlossenen Club von 200 Familien oder 150 000 Personen vorzustellen. Vielmehr bildet sich eine Massenoligarchie heraus, die sich durch ein gehobenes Bildungsniveau und akzeptable Einkommen auszeichnet. Diese besitzt das Land, zwingt ihm seine Werte und seine Träume auf, schiebt die Kinder der Einwanderer in die nahe gelegene Vorstadt und die unteren Schichten in den entlegensten Vorort oder ans Ende des Départements ab.

Der russische Sonderfall

Wie die Masse der Demonstranten betrieben die Politiker Schadensbegrenzung mit Blick auf diejenigen, die aus anderen Gründen, aufgrund einer anderen Logik an der Veranstaltung teilnahmen und vom zentralen Fluss der Ereignisse abgeschnitten wurden. Dazu zählte Sergei Lawrow, der Vertreter Russlands, der für die Fernsehkameras unsichtbar blieb. Dass er dorthin verwiesen wurde, wo er in der Masse unterging, gehörte genauso zur sorgfältig durchdachten Inszenierung wie die westliche Drohkulisse, mit der Russland inzwischen tagtäglich

konfrontiert ist. Ebenso wie die Islamophobie ergibt die Russophobie einen Sinn.

Die Anthropologie widersetzt sich von Natur aus ideologi-
schem Blabla. Sie deckt hinter den konformistischen Gedan-
kenflügen der Politiker die Realität der nationalen oder regionalen Werte auf. Sie schafft Zugang zum Unbewussten der Völker
und ihrer Führer. Bislang habe ich darauf hingewiesen, dass in
der germanischen Welt inegalitäre und in England nicht egalitäre Werte lange Zeit vorherrschten und dass in Frankreich die
von der Peripherie herkommende Ungleichheit jüngst die
Macht ergriffen hat. Dagegen sind die russischen Familienwerte
stark egalitär ausgerichtet. Die russische Familie war kommunitären exogamen Typs. Ein Vater lebte mit seinen verheirateten
Söhnen in großen Lebens- und Arbeitsgemeinschaften zusammen. Als Besonderheit behielten die Frauen dank einer relativ
neuen patrilinearen Organisation, die höchstens bis ins 17. Jahrhundert zurückreicht, einen verhältnismäßig hohen Status. Die
russische Tradition brachte einen starken Autoritarismus in den
Beziehungen zwischen Eltern und Kindern mit einer strengen
Gleichheit zwischen den Brüdern zusammen. Sie war durch
Unterdrückung innerhalb der Bauernschaft und vertrauliche
Beziehungen im Adel gekennzeichnet. Neben dem Kommunismus und Dostojewski bescherte sie der Welt auch Tolstoi und
Turgenew. Russland bildet so im Spiel der europäischen Familien einen vierten Fall. Zentralfrankreich kombiniert Freiheit
mit Gleichheit, England Freiheit mit dem Fehlen von Gleich-
heit, Deutschland Autorität mit Ungleichheit und Russland
Gleichheit mit Autorität.

Das Mitte des 19. Jahrhunderts zusammengebrochene Familiensystem verbreitete seine Werte von Autorität und Gleichheit
im gesamten sozialen Leben. Als diese Werte die ideologische
Sphäre eroberten, brachten sie den Bolschewismus, das Einpar-
teiensystem, die Planwirtschaft und den KGB hervor. Mit der
Zeit und durch die Ausweitung der Hochschulbildung wurde
die drastische Form des Kommunitarismus ausgelöscht. Der
Zusammenbruch des Sowjetsystems hat nach einer Phase der

Unruhe und Verunsicherung einer staatlich gelenkten Markt-
wirtschaft den Boden bereitet. Die aus dem Untergrund fort-
wirkenden Familienwerte sorgten nach dem Untergang des
Kommunismus dafür, dass Russland für autoritäre und egalitäre
Strukturen weiter empfänglich blieb. Und diese Kontinuität
macht das Land augenblicklich, wenn auch eher unbewusst, zu
einer Art Widerstandsnest gegen die Ausbreitung des westlichen Neoliberalismus.

Der Autoritarismus schafft sicher in gleicher Weise eine Di-
stanz zwischen Russland und Frankreich, wie er bald auch
Deutschland von seinem französischen Partner trennen wird.
Aber das Frankreich Charles de Gaulles hätte im Russland Wla-
dimir Putins sicherlich eine Schwester der Gleichheit erkannt,
die, wie es selbst, in der Lage ist, die Vision einer Welt aus
gleichrangigen Nationen zu vertreten. Russland zeichnet im Inneren eine nur schwach ausgebildete Liberalität aus, aber seine
egalitäre Wahrnehmung der Brüder, der Menschen und der
Völker bestimmt es für eine Rolle, in der es weltweit das gaullis-
tische Konzept der «freien und gleichen Nationen» verteidigt.

Die französische Neorepublik François Hollandes, in welcher
der Wert der Gleichheit seine Macht eingebüßt hat, ist Putins
Russland zwangsläufig wenig gewogen. Angesichts des Abscheus, den die westlichen Eliten Moskau entgegenbringen, war
Lawrows Verbannung in die hinteren Ränge des neorepublikanischen Marsches ein logisches Vorgehen.

Das Mysterium Paris

Da Anne Hidalgo, die Bürgermeisterin von Paris, an der Spitze
der Demonstration marschierte, können wir dieses Kapitel mit
einer Grundsatzfrage beschließen. Tatsächlich spielt die Hauptstadt beim Abdriften des nationalen Systems in den Inegalitarismus eine wichtige Rolle, ohne dass sich in ihrem latenten anthropologischen System die Grundursache dieses Phänomens
ausmachen ließe.

Paris liegt im Zentrum der Regionen mit einem System der egalitären Kernfamilie. Bis zum 18. Jahrhundert stammte der Großteil seiner Bevölkerung aus diesem zentralen Raum und prägte dem Herzen der Nation die Werte eines liberalen und universalistischen Familiensystems ein. Im 19. und 20. Jahrhundert verstärkte sich die Zuwanderung von den Rändern des französischen Staatsgebietes und aus Europa und schließlich aus der ganzen Welt. Dass die Kommunistische Partei dort bis in jüngste Zeit einen roten Kordon behauptete, zeugt davon, dass der Egalitarismus der Pariser Region trotz Zuwanderung im 19. und in der ersten Hälfte des 20. Jahrhunderts intakt blieb.

Die großen Provinzstädte funktionieren im Wesentlichen noch immer wie das Paris des 18. Jahrhunderts: Sie schöpfen den Großteil ihrer Bevölkerung aus ihrem regionalen Einzugsbereich, der unter anderem entlang der Achse Rhein–Rhône verläuft, einer bedeutenden Quelle für die Zuwanderung ferneren Ursprungs. Entsprechend sind Rennes oder Lyon, wie wir sahen, noch immer stark zombie-katholisch geprägt, und auch das zauberhaft disziplinlose Marseille hat sich so seine Eigenheit bewahrt.

Dagegen entwickelte sich Paris sozusagen zu einem städtischen Kosmos, in dem sich sämtliche Völker dieser Erde zusammenfinden. Die Vereinigten Staaten gingen Frankreich in der Universalisierung des Migrationsprozesses voran. Die Erfahrungen, welche die amerikanischen Städte bislang mit den Assimilationsmechanismen machten, deuten auf das Gegenteil der Vorstellung hin, wonach sich das ursprüngliche anthropologische System des Aufnahmelandes durch Migration auflöse. New York, Boston, Chicago, San Francisco oder Los Angeles sind noch immer von einer Struktur geprägt, in der die Familie den absoluten Kern bildet. Die liberalen, aber nicht egalitären Werte der ursprünglich englischen Matrix sind nach drei Jahrhunderten der schottischen, irischen, deutschen, schwedischen, polnischen, jüdischen, italienischen, japanischen, koreanischen oder chinesischen Einwanderung noch immer intakt erhalten. Nachkommen von Einwanderern übernehmen unabhängig von ihrem ursprünglichen Familiensystem in der zweiten oder dritten Generation das System der aufnehmenden Gesellschaft.

Das Gedächtnis der Orte

Die historische Lehre, die sich aus der amerikanischen Immigration ziehen lässt, ist für die Anthropologie von höchster Bedeutung. *Sie relativiert die mutmaßliche Stärke der von der Familie getragenen Werte* und führt weg von einem «psychoanalytischen» Modell, das ausschließlich von der Übertragung *starker Werte* ausgeht, die dem Unbewussten der Kinder gleichsam mit Hammerschlägen eingeprägt werden. Sicherlich existieren derlei Mechanismen, aber es sind auch die *schwachen Werte* zu berücksichtigen, die in einem diffusen wirkschwachen Prozess der Nachahmung durch das erweiterte Umfeld der Familie wie Schule, Straße, Wohnviertel oder Arbeitsplatz reproduziert werden. So wie die Familie überträgt auch dieses Umfeld seine Werte. Ohne diese Hypothese bleibt uns das soziale Leben in den Vereinigten Staaten, Kanada oder Australien unverständlich.

Tatsächlich ist das Familiensystem an sich ohne sein Umfeld nicht vorstellbar. Wer an die eigene Familie denkt, stellt sich spontan einen vertikal aufragenden Stammbaum vor, der zeitlich bis zu den Ahnen zurückreicht. Aber Eltern, Großeltern und Urgroßeltern konnten sich nur deshalb begegnen und heiraten, weil sie am selben Ort lebten. *Ein Familiensystem besteht in Wahrheit aus verschiedenen Familien, die auf gleichem Boden Partner für Ehen austauschen.* Selbst in den sogenannten «endogamen» Systemen der arabischen Welt oder Südindiens sind die Ehegatten in der Mehrheit keine Cousins ersten Grades, sodass das Territorium den Austausch von Ehegatten und die Verstetigung der Werte ebenso sichert wie die Familien. In bestimmten Fällen dient zwar die Religion als ein symbolischer Ort, der den Austausch von Ehepartnern – in den allermeisten Fällen zwischen wohlhabenden Familien – über Entfernungen hinweg er-

möglicht. Aber selbst im jüdischen Volk wurden Ehen innerhalb der Stadtviertel und Ghettos geschlossen.

Wenn sich die anthropologischen Systeme trotz der stark ge-
stiegenen Mobilität der Bevölkerungen bis heute mühelos halten konnten, so deshalb, weil ihnen diffuse Anpassungsprozesse
an die Kultur des Landes oder die Aufnahmeregion in einer
Endlosschleife den Sieg bescheren. Der Einwanderer passt sich
an, seine Kinder übernehmen die vor Ort vorherrschenden familiären Werte, die auf diese Weise weder verändert werden
noch in Bedrängnis geraten. *Das Grundparadox besteht hier darin, dass gerade die schwachen Werte die starken Systeme hervorbringen.* Gerade weil es Einwanderern gelingt, die Werte ihrer
Herkunftsregion aufzugeben, gewinnen die Werte des Territoriums, die ebenfalls schwach verankert sind, aber von der Masse
der Individuen getragen werden, immer wieder die Oberhand.
Nachdem Hervé Le Bras und ich festgestellt hatten, dass sich die
Regionalkulturen im französischen Raum trotz beschleunigter
Zu- und Abwanderung auf Dauer beständig zeigten, griffen wir
schließlich auf das Konzept vom Gedächtnis des Ortes zurück.
Anstatt dem Familiensystem zu widersprechen, ergänzt es dieses vielmehr, weil es, wie dargelegt, aus Familien besteht, die auf
einem bestimmten Territorium Partner für Ehen austauschen.

Als Konzept wirkt das Gedächtnis des Ortes befreiend. Es
kann die Beständigkeit von Regional- und Nationalkulturen erklären, ohne den Menschen in die Zwangsjacke einer wesens-
mäßigen Unveränderlichkeit zu stecken. So wie die Picardie, die
Bretagne und die Provence kulturell Bestand haben können,
ohne auf einen picardischen, bretonischen oder provenzalischen
Menschentyp angewiesen zu sein, so ist auch die Beständigkeit
Englands, Schwedens oder Deutschlands ohne die Hypothese
erklärbar, wonach es einen karikierten Engländer, Schweden
oder Deutschen gebe, der Kraft seiner Erziehung gegen jeden
äußeren Einfluss gefeit sei.

Umgekehrt führt die Überlegung, wonach die Werte des Familiensystems den Geistern fest eingeprägt seien, unweigerlich
ins Absurde: Angesichts stark gestiegener Migrationsraten wür-

den die Territorien bis zur Auflösung zersplittern. Kein Familiensystem hätte auf Dauer Bestand. Wären die familiären Werte im Einklang mit einem «psychoanalytischen» Modell im Gehirn der Kinder tief verwurzelt, würden die Gesellschaften im Zuge von Zuwanderung Familien aufnehmen, die sich jeder Assimilation widersetzten. Bei einer wachsenden Zuwanderung entstünden kulturelle Inseln, welche die ursprüngliche Kultur des Ortes immer weiter ausdünnen würden. Stadtviertel wie Little Italy oder Chinatown mögen die Illusion nähren, dass es solche Inseln tatsächlich gibt, aber in Wahrheit sind sie nur Landepisten, geschützte Räume der Anpassung für die erste Generation der Ankömmlinge, welche die Verpflanzung von einer Kultur in die andere erst noch verkraften muss. Überall und immer sind Einwanderer vom Schicksal dazu bestimmt, zu ortsansässigen Bürgern zu werden, sofern ihnen dies durch die Aufnahmegesellschaft nicht verwehrt wird. Ungeachtet des multikulturalistischen Diskurses vom Respekt vor dem Unterschied, strebt in Wahrheit jeder Mensch an seinem Lebensmittelpunkt danach, Mensch unter Menschen zu sein, selbst dann, wenn er den von seiner Familie vermittelten Werten möglichst treu bleiben möchte. Besonders stark ausgeprägt ist dieser Mechanismus bei Kindern und Heranwachsenden. Der Kampf, den manche Familien gegen die Schule oder das Wohnviertel führen, weil sie falsche Bildungseinflüsse fürchten, ist in den meisten Fällen zum Scheitern verurteilt. Um auf Dauer zu bestehen, brauchen Kulturen eine territoriale Trennung von anderen. In dieser Hinsicht erscheint die gegenwärtige Situation in Frankreich nicht grundlegend anders als die der anderen Länder. Zu berücksichtigen sind im Hexagon allerdings die Probleme, welche aus der absurden oder perversen wirtschaftlichen Führung erwachsen, die der Anpassung jedenfalls entgegenwirkt. Dabei muss klar sein, dass die Assimilation dort, wo sie ausbleibt, stets an der Aufnahmegesellschaft und niemals an der Gruppe der Zugewanderten scheitert: Dass diese die Assimilation verweigern, ist eher unwahrscheinlich, während die Zurückweisung durch die Aufnahmegesellschaft stets möglich ist.

Alles deutet darauf hin, dass in Paris die Anpassungsmecha-
nismen der Assimilation wirken, wenn auch auf verstreute Weise
und ohne dass sich die Hypothese ausschließen ließe, dass in
den oberen sozialen Schichten, die dort über ein Viertel der Bevölkerung stellen, ein Wertewandel stattfindet.

Der historische und soziologische Hintergrund von Paris
macht ein Antasten der Freiheit eher unwahrscheinlich. Diese
wird vielmehr hysterisch behauptet. Der gegenwärtige Hyperin-
dividualismus, die «Kultur des Narzissmus», um den Ausdruck
Christopher Laschs[24] aufzugreifen, führt zur Atomisierung der
Gesellschaft, zur Verunsicherung, was die letzte Bestimmung
des Daseins angeht. Ist in diesem Umfeld, das eher an Anomie
und fehlende kollektive Orientierungspunkte als an Entfaltungsmöglichkeiten denken lässt, der Einzelne tatsächlich freier?
Eine schwierige Frage. Sicher ist, dass die Isolation und die daraus erwachsenden emotionalen Bedürfnisse weitgehend zum
Zusammenschluss der Massen am 11. Januar 2015 beitrugen. Zu
viel Individuum kann den Einzelnen töten. Aber hier begeben
wir uns auf ein Feld, das sich mit den möglicherweise patho-
logischen Wirkungen von Freiheit befasst, anstatt uns um den
Wandel des Wertesystems in eine autoritäre Richtung zu kümmern.

Wir müssen verstehen, dass in der Pariser Region, in Ideologie und politischem Verhalten, der Wert der Gleichheit zusehends nachlässt. Die neue Schichtung im Bildungsniveau, die ein
sozial inegalitäres Unbewusstes zum Vorschein bringt, kommt
in der Île-de-France besonders stark zum Tragen. Paris ist die
Stadt der Führungskräfte schlechthin, die dort 28 Prozent der
Erwerbsbevölkerung stellen, gegenüber 24 Prozent in Toulouse
und zwischen 18 und 20 Prozent in den meisten anderen Pro-
vinzhauptstädten. Maximal hierarchisch ausgerichtet, merzen
die Bildungsverhältnisse in der Île-de-France dort den egalitären anthropologischen Effekt aus. Sie ermöglichen den einzelnen Bildungsschichten – primar, sekundar oder höher – ein jeweils selbstbezogenes Leben, in dem sie sich gewissermaßen ihr
eigenes Territorium schaffen, das seinerseits anfällig für Zer-

splitterung ist. Der wohlhabende höhere leitende Angestellte, der *Bourgeois-bohème* oder *Bobo* – der alternativ eingestellte Wohlstandsbürger –, der Bewohner der Problemviertel oder des Stadtteils wird dadurch zum Typ, geografisch von den anderen auch dann getrennt, wenn jeder in seiner Umgebung nach wie vor die liberalen und egalitären Werte pflegt. Bleibt festzuhalten, dass das Auseinanderklaffen der Bildungsniveaus das egalitäre Pariser Temperament heute in den Hintergrund drängt. Kann man sagen, dass das egalitäre Unbewusste des anthropologischen Systems in der Masse der gehobenen Schichten bereits erodiert? Die Wahrheit lautet: Wir wissen es nicht. Die Kombination aus angestammten familiären Werten und einer neuen Schichtung in der Bildung, eine territoriale Trennung, die eher auf sozioprofessioneller als auf ethnischer Basis erfolgt, die gewaltige Anreicherung der gebildeten Pariser Kreise durch zahlreiche Neudiplomierte zombie-katholischen Ursprungs sowie durch immer mehr Hochschulabgänger mit Migrationshintergrund schaffen eine undurchsichtige Lage. Unser Verständnis der Reproduktionsmechanismen von Werten, und sei es verbunden mit der Hypothese, wonach schwache Werte starke Systeme ermöglichen, erlaubt uns trotzdem keine Aussage darüber, ob der Wert der Gleichheit in den unterschiedlichen Teilen der Pariser Mittelschicht gegenwärtig zusammenbricht. Dafür spricht zwar der besonders hohe Mobilisierungsgrad bei der Demonstration des 11. Januar, aber was dahinter tatsächlich gewirkt hat, lässt sich deshalb nicht sagen, weil es in Frankreich zwei konkurrierende Formen der Xenophobie gibt: eine im Prinzip der Ungleichheit verankerte «differentialistische» und eine im Prinzip der Gleichheit wurzelnde «universalistische», die im nachfolgenden Kapitel miteinander verglichen werden.

Dagegen geht aus der politischen Entwicklung in den letzten dreißig Jahren klar hervor, dass Gleichheit als Wert in den unteren Volksschichten in Zentralfrankreich, wo er seit den 1980er Jahren bedauerlicherweise eine beachtliche Welle an «universalistischer Xenophobie» hervorbringt, nach wie vor intakt geblieben ist. Diese Welle ist freilich nur eine Folge der vorherrschenden Bewegung, die in der französischen Gesellschaft zur Ungleichheit strebt.

Eine Krise in vier Schritten

Nachdem die wichtigsten Elemente des Dramas analysiert sind, können wir in einem recht einfachen Schema zusammenfassen, wie in Frankreich in der Ideologie das Prinzip der Gleichheit durch dessen Gegenteil ersetzt wird:

1) Zu Beginn bilden die eng umgrenzten oberen Schichten und die Bastionen des Katholizismus stabile Ankerpunkte für den Wert der Ungleichheit.

2) Die endgültige Entchristianisierung führt dazu, dass das zombie-katholische Drittel an der Peripherie mit seinem inegalitären Substrat zunehmend an Einfluss gewinnt.

3) Durch den Vormarsch der Bildung mit wachsendem Zulauf versehen, weiten die oberen Schichten, ob zombie-katholisch oder nicht, die Vorherrschaft, wenn schon nicht des Wertes der Ungleichheit, so doch zumindest einer nebulösen Gesamtheit an inegalitären Anschauungen auf die weiter unten angesiedelten Gesellschaftsschichten aus.

4) Der europäische Mechanismus, dessen Schwerpunkt sich nach Norden und zum Prinzip der Ungleichheit verlagert, wird zu einer wichtigen Stütze für die Kräfte der Ungleichheit in Frankreich. Umgekehrt werden das inegalitäre Drittel der französischen Provinzen und ein unklar abgrenzbarer Teil seiner Mittelschicht zu den Umschlagstellen für ein Prinzip der Ungleichheit, das auf europäischer Ebene unter deutscher Führung auf dem Vormarsch ist.

In diesem Stadium der Analyse ist man versucht, Parallelen zum Vichy-Regime (der Selbstauflösung der Republik in einem kontinentalen Europa unter deutscher Vorherrschaft) zu ziehen, was allerdings auf eine grobe Vereinfachung hinausliefe.

Unmittelbar vor 1940 war weder ein wachsender Einfluss der katholischen Peripherie zu beobachten noch eine zunehmende gesellschaftliche Verbreiterung der Hochschulbildung messbar. Im Gegenteil: Das Zustandekommen der Volksfront-Regierung hatte gezeigt, dass das egalitäre Prinzip im Land höchst lebendig war und die oberen Gesellschaftsschichten nur schwachen Einfluss hatten. Zu erkennen, dass Territorien und menschliche Gruppen eine Kontinuität aufweisen, darf nicht zu der «falschen» Vorstellung verleiten, dass Geschichte auf der Stelle tritt.

IV. DIE RECHTSEXTREMEN FRANZOSEN

Eines der wirksamsten Instrumente der wissenschaftlichen For-
schung ist das Symmetrieprinzip. Stabile Systeme weisen fast
immer Gleichgewichte auf, bei denen sich Kräfte und Formen
gegenüberstehen, Elemente einer umfassenden Struktur, in der
eine Abweichung in Richtung «A» unweigerlich in einer anderen, in Gegenrichtung «minus A» verlaufenden ihre symmetri-
sche Entsprechung findet. So würde es denn überraschen, wenn
der Absurdität einer französischen Republik, die inzwischen in
inegalitären anthropologischen Strukturen verankert ist, keine
Absurdität einer offiziell xenophoben Kraft symmetrisch ent-
spräche, die auf egalitärem Boden wurzelt. Diese Kraft lässt sich
auf französischem Staatsgebiet leicht im Front National ausmachen, der die Minderwertigkeit von Einwanderern und ihren
Kindern postuliert, sich aber geografisch immer deutlicher gerade in denjenigen Regionen festsetzt, die einst die Französische Revolution getragen haben.

Der langsame Marsch des Front National
ins Zentrum des Hexagons

Der Front National hat sich in Frankreich inzwischen als eine
stabile politische Kraft etabliert. Seit 1988 überbieten sich die
politischen Journalisten mit Kommentaren zur fortschreiten-
den Eroberung des französischen politischen Systems durch
eine extreme Rechte, deren globaler Vormarsch in Wahrheit in
einem gemäßigten Tempo verläuft. Bei der Präsidentschaftswahl 1988 hatte Jean-Marie Le Pen 14,4 Prozent der Stimmen er-
rungen. Seine Tochter Marine Le Pen kam bei derjenigen von
2012 auf ein Ergebnis von 17,9 Prozent. Dieser Zuwachs von
3,5 Prozent in einem Vierteljahrhundert kann nicht unbedingt

als rasanter Aufstieg gelten. Dennoch steht außer Frage, dass der FN seinen Einfluss auf einen Teil der französischen Gesellschaft ausgebaut hat. Hinter seinem schleichenden Vormarsch steckt jedoch ein struktureller Wandel, der erst auf den zweiten Blick deutlich wird. Die ideologische Weiterentwicklung der Führungsgruppe des FN ist wenig überzeugend – ich persönlich zweifle daran, dass sie aufrichtig dem Antisemitismus abschwört, der in der differentialistischen Peripherie des französischen Systems seinen Ursprung hat. Dass die extreme Rechte inzwischen in der Arbeiterschaft verankert ist, bildet in der Geschichte Frankreichs allerdings ein neues Phänomen, das sich schon Ende der 1980er Jahre abzeichnete.

Neu ist hingegen in den letzten zehn Jahren die sich verändernde geografische Verteilung der FN-Wählerschaft: Die Partei, die im östlichen Drittel des Staatsgebietes, das hohe Anteile an Migranten hat, verankert war, stößt inzwischen schrittweise in den zentralen Bereich des Hexagons vor. Der Korrelationskoeffizient, der den Stimmenanteil für die extreme Rechte mit dem Anteil an Bürgern mit algerischem, marokkanischem und/oder tunesischem Migrationshintergrund in Beziehung setzt, sank von +0,79 im Jahr 1986 auf +0,10 im Jahr 2012. Seit langem auf die unteren Schichten gestützt, sucht die extreme Rechte mit großem Erfolg nach ihrer idealen anthropologischen Basis. In *Le Mystère français* haben Hervé Le Bras und ich hervorgehoben, dass der Front National sich mit Vorliebe im egalitären Zentrum Frankreichs niederlässt, eine Tendenz, die sich anhand einer subtilen kartografischen Analyse schon 1993 ausmachen ließ. Damals genügte es, mit einer statistischen Regressionsanalyse diejenigen Départements zu identifizieren, in denen der Erfolg des FN größer war, als der Anteil an Bürgern mit nordafrikanischem Migrationshintergrund es hätte erwarten lassen.

Karte IV. 1 (S. 218), in der diese Abweichungen dargestellt sind, zeigt auf frappierende Weise, dass der Front National schon 1993 in der egalitären Zone, in Regionen des Kerngebiets der Französischen Revolution,[25] unerwartet gute Wahlergebnisse erzielte.

Grafik 3 (S. 219) setzt dagegen die Höhe der Stimmenanteile für Marine Le Pen 2012 in eine Beziehung zum latenten Egalitarismus des anthropologischen Systems. Die extreme Rechte schnitt in denjenigen Départements am schlechtesten ab, in denen der in Kapitel 1 definierte Egalitätsindex bei nur 0,5 lag, aber am besten in denen mit einem Wert von 2. In den Départements, in denen eine absolute oder starke Ungleichheit vorlag (Indizes 0 und 0,5), betrug der kumulierte Stimmenanteil des FN 17,1 Prozent. In denen mit einem starken, sehr starken und maximalen Gleichheitswert (2, 2,5 und 3) kam der FN kumuliert auf einen Anteil von 20 Prozent. Kurz, unabhängig von sämtlichen lokalen politischen, sozialen und wirtschaftlichen Zufälligkeiten ist die Zustimmung für den FN auf egalitärem Boden stärker ausgeprägt als auf inegalitärem Gebiet.

Es besteht kein Zweifel daran, dass die FN-Wähler von Anschauungen angetrieben werden, die man auf den ersten Blick als inegalitär bezeichnen könnte, von einem Willen, Einzelpersonen oder Gruppen, die als weniger oder überhaupt nicht französisch wahrgenommen werden, an den Rand der Gesellschaft zu drängen oder sie ganz aus ihr zu verbannen. Dennoch scheint diese Wähler ein egalitäres Unbewusstes umzutreiben. Sobald man die «republikanische» anthropologische Basis der rechtsextremen Wählerschaft ausgemacht hat, leuchtet eher ein, warum sie die Autorität der führenden Gruppen und der selbsternannten Eliten tendenziell ablehnt.

Eine Perversion des Universalismus

Es ist ungewiss, ob die feindselige Einstellung der Arbeiter und Einzelhändler – sie stellen das Gros der FN-Wählerschaft – gegenüber der Bevölkerung mit nordafrikanischen Wurzeln sich als Rassismus oder, anders gesagt, als die apriorische Überzeugung deuten lässt, wonach es wesensmäßig unterschiedliche Kategorien von Menschen gibt. Die Quoten der Mischehen bewegen sich in Frankreich strukturell auf einem hohen Niveau, auch die mit Partnern außereuropäischer Abstammung. Die neuere Entwicklung dazu untersuche ich im folgenden Kapitel. Frankreich unterschied sich in diesem Punkt zu allen Zeiten von den protestantischen und multikulturalistischen Ländern Nordeuropas. Mischehen mit einem Partner mit außereuropäischen Wurzeln werden vor allem in den unteren sozialen Schichten geschlossen, die mit Migrantengruppen stärker als die Mittelschicht in Kontakt kommen. Aber wie bringt man mit einer befriedigenden Erklärung die Feindseligkeit gegenüber der arabischstämmigen Bevölkerung und die Akzeptanz der Mischehe unter einen Hut? Ermöglicht wird dies durch das Konzept der «Perversion des Universalismus».

Gehen wir von der Gedankenkette aus, die durch eine egalitäre Familienstruktur festgelegt wird: «Die Brüder sind gleich, die Menschen sind gleich, die Völker sind gleich.» Was geschieht nun bei einer Begegnung mit dem Fremden? Beim Kontakt stößt das verinnerlichte apriorische egalitäre System in einem Missklang auf die Realität eines sichtbaren Unterschieds. Je deutlicher dieser konkrete Unterschied ausgeprägt ist, desto heftiger fällt die Reaktion aus. Die maghrebinische Familie wies aus anthropologischer Sicht anfangs eine maximale Andersartigkeit auf: Die klassische arabische Familie ist kommunitär, patrilinear und endogam ausgerichtet. Sie privilegiert die Männer, sperrt die Frauen ein und bevorzugt Ehen zwischen Cousin und Cousine mit Quoten, die noch um 2000 in Marokko bei 25 Prozent, in Algerien bei 38 Prozent und in Tunesien bei 35 Prozent lagen. (Heute sinken sie rapide.)

Die universalistische Basis des zentralfranzösischen Familiensystems hat die Formulierung schöner Theorien wie jener begünstigt, die zur Allgemeinen Erklärung der Menschenrechte führte, und, wie eine Vielzahl von Mischehen mit Migranten zeigt, zudem für eine eindrucksvolle Praxis der Assimilation gesorgt. Aber in Übergangsphasen kann sich diese Basis, wenn die Grundwerte sehr eng ausgelegt werden, auch gegenteilig auswirken. Betrachten wir den apriorischen egalitären Grundsatz bis in seine letzte Konsequenz: «Wenn Menschen überall die

gleichen sind und sich die Fremden, die auf unserem Boden an-
kommen, völlig anders benehmen, dann sind sie offenbar keine
Menschen.»

Ich erinnere mich an eine Konferenz, die um 1995 stattfand
und an deren Ende diese Erklärung vorgetragen wurde. Ein
Zuhörer reagierte darauf mit einem Scherz: «Ja, in [der süd-
französischen Stadt] Béziers drücken wir das anders aus: Rassismus ist wie die Araber. Das dürfte es einfach nicht geben.»
Ein Universalismus, der Ausweisung und Vernichtung betreibt,
ist so theoretisch durchaus vorstellbar. Seine Chancen werden
in der Praxis allerdings rasch dadurch vermindert, dass aus Mi-
granten- oder Mischehen französischsprachige Kinder hervor-
gehen. Bleibt dennoch festzuhalten, dass das Votum für den FN
aus einer wörtlichen Deutung des Dogmas vom universellen
Menschen hervorgeht. Darin kam schon früh die verzweifelte
Ungeduld einer Bevölkerung zum Ausdruck, die eine rapide
Assimilation der Neuankömmlinge erwartet hatte, aber feststellen musste, dass bestimmte Unterschiede erst mit der Zeit
verschwinden. Zudem erhielt der Front National seinen ent-
scheidenden Auftrieb zu einer Zeit, als die unteren Schichten
ein kontraproduktiver Aufruf von Seiten der Eliten zur Toleranz erreichte, wonach die Andersartigkeit der Migranten respektiert werden müsse. Gerade als die schleppende Assimilation beim einfachen Volk Besorgnisse auslöste, verkündeten
die Führer, dass Anpassung eigentlich überflüssig sei. Das vom
oberen Bereich der Gesellschaft erklärte «Recht auf den Unterschied» war für die Genesis des FN ebenso unabdingbar wie
die Tatsache, dass die feministische und exogame Kultur der
Aufnahmegesellschaft und die patrilineare und endogame Mi-
grantenkultur aufeinanderprallten. Der Widerspruch zwischen
dem Egalitarismus der unteren Schichten und dem Multikulturalismus der Eliten bildete so zu Beginn der 1980er Jahre den
Kristallisationskeim für eine toxische Entwicklung. Aus diesem
Reagenzglas ging als chemisches Produkt der Wahlerfolg des
FN hervor.

In der gesamten Analyse der Gründe, warum die unteren

Schichten zur extremen Rechten abgewandert sind, war nie die Rede von Problemen mit dem Islam, sondern vielmehr mit der konkreten arabischen Lebensart. Tatsächlich legte der Front National bei Wahlen am stärksten zu einer Zeit zu, in welcher der Islam als abstrakte religiöse oder politische Gestalt praktisch niemanden belästigte. Der Begriff der Islamophobie ist auf die 1980er und 1990er Jahre schlecht anwendbar, eher trifft der der Arabophobie zu. Und dies entspricht auch ganz der Logik. Die «universalistische Xenophobie» beschäftigen die konkreten, sichtbaren Unterschiede in den Sitten und Gebräuchen. Dagegen kommt die «differentialistische Xenophobie», die den Anderen *a priori* als verschieden einordnet, auch ohne konkrete Realität aus, braucht aber ein abstraktes, idealerweise religiöses Etikett, um ihren ins Visier geratenen Gegenstand zu bezeichnen. Mit dem Einzug differentialistischer Besorgnisse in die Mittelschicht trat in der vorherrschenden Vorstellungswelt folglich der Muslim an die Stelle des Arabers. Offenbar führte die Koexistenz der beiden Denkschemen in einem ideologischen Einheitsraum dazu, dass sie teilweise miteinander verschmolzen und nur noch schwer auseinanderzuhalten sind. Dennoch spricht nichts gegen die Annahme, dass sie in Zukunft vielleicht wieder getrennt auftauchen könnten. Die volkstümlich egalitär motivierte Arabophobie und die bürgerlich inegalitäre Islamophobie sind zwei ganz unterschiedliche Anschauungen. Auch ist keineswegs selbstverständlich, dass die unteren Schichten, die heute gegen die Mittel- und die Oberschicht aufbegehren, sich mit diesen für eine gemeinsame Phobie begeistern ließen. Nach guter Sozialphysik spricht nichts dagegen, dass die Privilegierten eine Islamophobie pflegen könnten, die sich abwertend gegen die Arabophobie der Arbeiter und Angestellten abgrenzt.

Die Araber waren freilich nicht die einzigen Opfer dieses pervertierten Universalismus, der mitunter den andersartigen Fremden zum Nichtmenschen erklärt. 1914 galten Deutsche in Paris als eine tierische Spezies. Und schon lange zuvor hatten die französischen Revolutionäre den Engländern die Zugehö-

rigkeit zur menschlichen Art abgesprochen. So verkündete Robespierre am 11. Pluviôse des Jahres II (30. Januar 1794) im Jako-
binerclub: «Als Franzose, Vertreter des Volkes, erkläre ich, dass
ich das englische Volk hasse.» Fünf Monate später erklärte er im
Dekret vom 7. Prairial (26. Mai) desselben Jahres: «Es wird kein
englischer oder hannoverscher Gefangener gemacht werden.»[26]
Kraft seiner Verfassung als frei definiert, war das englische Volk
für seine Taten verantwortlich: Mit seiner unverständlichen
Gegnerschaft gegen das revolutionäre Frankreich hatte es sich
aus dem Kreis der Menschheit ausgeschlossen. Auf ziemlich
klassische Weise wurde dieses Dekret des Nationalkonvents von
den Revolutionsarmeen vor Ort allerdings missachtet: Die wesensmäßig universalistische Xenophobie ist von Natur aus fragil, instabil und stets der Gefahr ausgesetzt, im Angesicht realer
Männer und Frauen, die eben doch Menschen sind, an der
Wirklichkeit zu zerschellen. Diese innere Zerbrechlichkeit illustriert im gegenwärtigen Frankreich idealtypisch der recht alltägliche Fall des FN-Aktivisten, der mit einem hübschen Mädchen mit nordafrikanischen Wurzeln zusammenzieht und sein
Parteibuch zerreißt.

Frankreich wartete nicht erst auf die Entchristianisierung
und die Revolution, um einen militanten Universalismus her-
vorzubringen. Zu seinen Lebzeiten – zum Beispiel im 16. und
17. Jahrhundert – war der Katholizismus des Pariser Beckens auf
brutale Art egalitär und universalistisch ausgerichtet. Schon vor
den Aufständischen in der Vendée oder den Engländern 1793
wurde der Protestant dort zur Zielscheibe eines zentralen Systems, das ihn mit reduktionistischem Eifer verfolgte. In den
Randprovinzen der Stammfamilie des Südens besonders gut
verwurzelt, wurde der französische Protestantismus nach langem Kampf praktisch ausgerottet von einem Katholizismus, der
seine wichtigste Basis im Zentrum des Pariser Beckens hatte
und mit seinem Ideal der metaphysischen Freiheit und Gleichheit die Revolution vorwegnahm. Dagegen war die calvinisti-
sche Prädestinationslehre in Okzitanien auf fruchtbaren Boden
gefallen, wo die Menschen in der Stammfamilie an das Erstge-

burtsrecht gewöhnt waren und weder an Freiheit noch Gleichheit glaubten.

Durch die Revolution zunächst verstärkt, wurde der universalistische und reduktionistische Wille des zentralen Frankreichs wieder abgeschwächt unter der Dritten Republik, die den Prinzipien von Freiheit und Gleichheit zwar treu blieb, aber die Verschiedenheit der Welt – vor allem im Hexagon – schließlich doch tolerierte. Die katholische Gemeinschaft stieß in ihren Provinzen auf Akzeptanz.

Bleibt festzuhalten, dass Universalismus nicht automatisch eine sympathische Einstellung mit sich bringt. Er ist mit dem von vornherein vorhandenen Glauben an den universellen Menschen – wir und ich! – verbunden, der sich an allen Orten zu jeder Zeit gleich bleibt. Sobald dieses geistige System in der realen Welt auf einen konkret andersartigen Menschen stößt, kann es durchaus geschehen, dass der universelle Mensch, plötzlich auf seine ethnische Reinform reduziert, dem Träger des Widerspruchs die menschliche Natur abspricht.

Republikanischer Antisemitismus

Ein klarer Vormarsch der universalistischen Xenophobie ist unter der Dritten Republik zu erkennen, wenn auch fernab des Pariser Beckens. Tatsächlich existierte im kolonialen Algerien kurzzeitig ein – wie man ihn nennen könnte – liberaler und egalitärer republikanischer Antisemitismus, den ich in *Das Schicksal der Immigranten*[27] eingehend analysiert habe. So schickte Algerien mitten in der Affäre Dreyfus im Mai 1898 vier «antijüdische» Deputierte ins Parlament. Der Antisemitismus der nordafrikanischen Europäer, gleich ob sie französischer, italienischer oder spanischer Abstammung waren, war allerdings von anderer Art als der katholische im französischen Mutterland. In Algerien war der europäische anthropologische Hintergrund ohne jeden Zweifel liberal, egalitär und vollständig säkular. Die Kirche zählte bei den republikanischen Kolonialisten wenig. Anders als in Frankreich waren die Juden in Algerien nicht dem Vorwurf ausgesetzt, sich zu gut zu assimilieren, sondern im Gegenteil ihre Assimilation zu verschleppen und bei den Wahlen noch immer kommunitär abzustimmen: Die Führer der Judenviertel, in denen noch immer Segregation und Endogamie herrschte, handelten als Block das Abstimmungsverhalten aus, das sie kontrollierten und damit auf lokaler Ebene ein individualistisch betriebenes Spiel politischer Kräfte störten. Auf nationaler Ebene haben sich die beiden Arten des Antisemitismus, der differentialistische katholische und der universalistische republikanische, vermischt.

Seine anthropologische Vielfalt bildet sicherlich ein kulturelles Gut Frankreichs, wahrscheinlich sogar sein wichtigstes. Aber wie in der Chemie geht auch in der Soziologie so manche Synthese daneben. Im Deutschland der Zwischenkriegszeit verschafften die protestantischen Regionen des Nordens dem Nationalsozialismus die Masse seiner Wählerstimmen und die katholischen des Südens seine Führer, angefangen mit Hitler. Wer würde heute zu behaupten wagen, dass die Verschmelzung der ernsten Introvertiertheit der Protestanten mit der einfallsreichen Extrovertiertheit der Katholiken für Deutschland ein Segen gewesen sei?

Aber hinter der Wählerschaft des Front National stehen noch weitere Kräfte außer dem Egalitarismus, gleich ob sich dieser seriös gegen die oberen sozialen Kategorien oder pervers gegen Fremde oder Franzosen mit ausländischen Wurzeln richtet. Die neue Ausdifferenzierung in Bildungsschichten spielt, wie wir gesehen haben, eine führende Rolle beim Abdriften in die Ungleichheit. Früher schaute der kommunistische Arbeiter, der in einer universell alphabetisierten Gesellschaft unterwegs war, in der sozialen Hierarchie nach oben. Im Visier hatte er eine kleine höhere Klasse, deren Kultur er akzeptierte, während er ihre wirtschaftlichen Privilegien ablehnte. Damit marschierte er in die Zukunft. Der Wähler des Front National dagegen sieht über sich die erdrückende Masse einer Mittelschicht, die sich durch höhere Bildung definiert. Statt noch davon zu träumen, ihren

Status zu erreichen, schaut er, vor allem mit der Angst vor dem Abstieg, nach unten und richtet seinen Zorn gegen den Migranten.

Der Bildungsfortschritt erschütterte das Gleichheitsideal insbesondere im Zentrum des französischen Staatsgebiets und dort vornehmlich unter den einfachen Volksschichten. Dabei muss allerdings im Blick bleiben, dass zwischen dem FN und der egalitären anthropologischen Grundlage nach wie vor eine starke Beziehung besteht. In die gewöhnliche politische Sprache übersetzt, bedeutet dies ungefähr, dass die Behauptung der FN-Führer, wonach ihre Partei republikanisch ausgerichtet sei, ein Körnchen Wahrheit enthält. Robespierres Ausfall gegen die Engländer erinnert daran, dass der republikanische Universalismus dem konkreten Ausländer durchaus unfreundlich begegnen kann.

Somit versteht sich heutzutage fast jedermann als Republikaner in einem Frankreich, das sich vom Wert der Gleichheit zusehends entfernt. Deshalb ist eine Präzisierung der Terminologie notwendig. Als «neorepublikanisch» habe ich den Teil des Systems der politischen Vertretung (die sogenannten «republikanischen» Parteien) bezeichnet, der eine Logik des Ausschlusses akzeptiert, welche implizit in Werten der Ungleichheit verankert ist. Als «postrepublikanisch» bezeichne ich den FN, der aus egalitären anthropologischen Strukturen hervorgegangen ist, aus diesen aber mit seiner fremdenfeindlichen Ideologie, die auf ethnische Unterschiede abhebt, auszubrechen scheint.

Aber die anthropologische Analyse hält noch weitere Überraschungen bereit. Sie widerlegt die Sichtweise des FN, nach der die bürgerliche UMP und die Sozialistische Partei (PS) eine homogene Einheit bildeten. Denn PS und UMP haben zur Gleichheit ein ganz unterschiedliches Verhältnis, das man in beiden Fällen keineswegs so erwarten würde …

Le Pen, Sarkozy und die Gleichheit

Wie die räumliche Verteilung von Le Pens Wählerschaft in der ersten Runde der Präsidentschaftswahl 2012 (siehe Karte IV. 2, S. 221) zeigt, setzt sich der Vormarsch des FN ins egalitäre Zentrum Frankreichs weiter fort. Gegenwärtig erinnern die Zonen, in denen er am besten abgeschnitten hat – der Nordosten des Pariser Beckens mit einem Epizentrum in der Champagne und nicht zu vergessen die Provence –, an die führenden Regionen der Französischen Revolution. Wahl um Wahl tritt der Widerspruch zwischen der Ideologie des FN, die auf dem Prinzip der Ungleichheit errichtet ist und Migranten als minderwertig betrachtet, und der egalitären Ausrichtung seiner Wählerschaft schärfer zutage.

Wer mit der Karte der inegalitären katholischen Bastionen an der Peripherie vertraut ist, den überrascht noch mehr die Verteilung der Wählerschaft Sarkozys in der ersten Runde der Präsidentschaftswahlen 2012 (siehe Karte IV. 3, S. 222). Hier sind zahlreiche Überbleibsel der katholischen Rechten in Savoyen, im Elsass, in der Vendée, in Mayenne und sogar im gesamten inneren Westen zu finden. Ausgezeichnet abgeschnitten hat Sarkozy allerdings auch in der Provence und im Kernland des Pariser Beckens, dem zentralen Raum der Revolution. Um es kurz zu machen: Wie Grafik 4 (S. 220) zeigt, fuhr er die größten Erfolge in den Zonen ein, in denen der Egalitarismus am schwächsten *und* am stärksten ausgeprägt ist. Die gemeinsame anthropologische Variable in der Gesamtheit seines politischen Raumes ist offenbar die Kernfamilie, die im inneren Westen, der bis in jüngste Zeit katholisch blieb, im Kernland des Pariser Beckens sowie in der einstmals republikanischen Provence überwiegt. Diese Verteilung müsste die Wählerschaft der neorepublikanischen Rechten als grundlegend individualistisch ausweisen. Von wesentlicher Bedeutung ist hier allerdings, dass sich die UMP in der egalitären Zone richtig festgesetzt hat. Wie anzumerken ist, votierten die unteren Volksschichten in den

Regionen Picardie und Champagne-Ardenne bei der Stichwahl des Präsidentschaftsrennens 2012 gegen den «linken» Kandidaten François Hollande mehrheitlich für Sarkozy.[28] Mit seiner rechtsextremen (postrepublikanischen) und seiner rechten (neorepublikanischen) Wählerschaft, in der ein egalitärer Unterbau zum Vorschein kommt, erweist sich das französische System der politischen Vertretung als ziemlich merkwürdig und entbehrt nicht der Komik: Abgesehen davon, dass ihre jeweiligen Führer zur Rechten gehören, stehen sich FN und UMP insofern nahe, als sie eine gemeinsame egalitäre anthropologische Basis haben! Dies mag erklären, warum sich die Rechte an der Macht so schwer damit tut, die eigenen Reformwünsche umzusetzen. Ihre Basis der individualistischen Kernfamilie drängt sie zu einer neoliberalen Politik, aber ihre unbewusste egalitäre Verankerung widersetzt sich jedem Versuch, gegen den Wohlfahrtsstaat anzugehen.

Die PS und die Ungleichheit:
Das Konzept der objektiven Xenophobie

Die Anhänger der Ungleichheit mögen beruhigt sein: Sie könnten ihre wahnwitzigsten ideologischen Träume eines Tages in der Sozialistischen Partei (PS) verkörpert wiederfinden.

Greifen wir erneut zum wissenschaftlichen Instrument des Symmetrieprinzips, das wir hier auf den französischen ideologischen Raum anwenden. Da eine egalitäre Rechte existiert, müssen wir nach einer inegalitären Sozialistischen Partei suchen, die wir denn tatsächlich auch finden. Grafik 5 (S. 223) zeigt, bis zu welchem Grad sich die anthropologische Basis der französischen Linken inzwischen von ihren revolutionären Ursprüngen entfernt hat. Wie in den Grafiken 3 und 4 (S. 219 und 220), diesmal aber für die zweite Runde der Präsidentschaftswahl, sind Hollandes Wahlergebnisse in einzelnen Départements in einer Beziehung zu den verschiedenen Niveaus des anthropologischen Egalitarismus dargestellt.

Dort, wo die Gleichheit mit einem Wert von 0 angesetzt wurde, schnitt Hollande schwach ab, der letzte Punkt des Widerstands gegen die Sozialisten und ein Effekt der besonderen Verankerung der Rechten im Elsass und in der Vendée. Aber bei 0,5 erreicht das Votum für Hollande seinen höchsten Wert, um dann allerdings mit zunehmender Höhe der Egalitätswerte immer tiefer abzusinken. Hervorzuheben ist im Übrigen, dass umgekehrt Sarkozys Stimmenanteile mit dem Niveau des Egalitarismus ansteigen.

Die Karte, auf der Hollandes Wahlergebnisse dargestellt sind, bestätigt diese Befunde (siehe Karte IV. 4, S. 224). Die teilweise entchristianisierten Regionen der Stammfamilie im Südwesten und die wenig egalitär ausgerichteten Zonen der unvollkommenen Kernfamilie im Norden, die auf der Karte noch präsent sind, gehörten bereits zu den traditionellen Hochburgen der französischen Sektion der Arbeiter-Internationale (SFIO), der Vorläuferin der PS. Verloren hat die neorepublikanische PS allerdings das egalitäre Département Bouches-du-Rhône und ist nach Süden in die Hochburgen der katholischen Rechten der Départements Hautes-Pyrénées, Pyrénées-Atlantiques, Aveyron und Lot vorgestoßen. Nur Maine-et-Loire, Vendée und Mayenne widerstehen der Partei noch. Dies ließe sich natürlich damit erklären, dass diese Départements das Kerngebiet der konterrevolutionären, königstreuen Aufstandsbewegungen darstellten. Aber festzustellen ist vor allem, dass sie zu den am stärksten industrialisierten Regionen mit den höchsten Arbeiteranteilen des Westens zählen!

Es ist Zeit, die Überlegung zu Ende zu führen und bis zur letzten Konsequenz die Hypothese zu akzeptieren, dass die Sozialistische Partei einen Anpassungsprozess an den Wert der Ungleichheit durchlaufen hat. Offenkundig bestätigt werden die Ergebnisse der anthropologischen Analyse durch die Wirtschaftspolitik der an die Macht gekommenen PS, die sich unablässig an die Seite der Reichen und der Alten stellt, nachdem sie im Wahlkampf für die Interessen der Armen und der Jungen eingetreten war. Noch wichtiger ist dieser Befund, um den Diskurs der Sozialisten zur Migration und ihre Praxis im Umgang mit ihr richtig einzuordnen. Wenn sich der Forscher diesen Gestaden der Wahrheit nähert, muss er sich möglichst beharrlich an die Logik und Moral Max Webers halten und sich – mit gebotener Vorsicht – darum bemühen, die latenten Werte hinter dem politischen Handeln aufzudecken.

Seit den 1980er Jahren gilt die PS offiziell als Verteidigerin der Migranten und ihrer Kinder. Ihr «Antirassismus» ist konstant. Sie übernahm die Schirmherrschaft über die Bewegung SOS Racisme und deren Devise «Touche pas à mon pote» (Mach meinen Kumpel nicht an), mit der ab 1985 rassistischen Übergriffen entgegengetreten wurde. Und sie bringt von Zeit zu Zeit noch ein Kommunalwahlrecht für Nicht-EU-Bürger ins Gespräch. Dieses Engagement war allerdings von Anfang an in eine multikulturalistische Logik eingebettet, die auf dem «Recht auf den Unterschied» besteht, ein gewissermaßen klinisches Symptom der Verankerung in einem inegalitären Unbewussten. Dies nimmt freilich kaum wunder, gewann die PS in den 1970er, 1980er Jahren doch Auftrieb durch neue Führungsfiguren und Wählerschichten aus der katholischen Peripherie. Das «Recht auf den Unterschied» ist die normale Form des postkatholischen Umgangs mit Migranten. Das Prinzip funktioniert für seine Anhänger relativ gut in Zeiten des wirtschaftlichen Wohlstands, insbesondere wenn sich der Fremde an die französische Lebensweise noch nicht allzu stark angepasst hat. Aber in schwierigen Zeiten, in denen hohe Arbeitslosenraten mit einer weit fortgeschrittenen Assimilation zusammenkommen, kann das wohlwollende differentialistische Denken auch finster werden, wie Frankreichs Premier Manuel Valls zeigte, der im Januar 2015 in der konfusen Lage in den Vorstädten gar ein Apartheidsmodell ausmachen wollte. Angesichts der Mischehen-Quoten in Frankreich ist diese Darstellung freilich insofern eine verbale Beleidigung, als die südafrikanische Apartheid per Definition vor allem das Verbot beinhaltete, Ehen zwischen verschiedenen Rassen zu schließen. Aber was macht das schon: Das Konzept ist in der Welt, sorgfältig und einsatzbereit im differentialistischen mentalen Gepäck verstaut, weil Apartheid die echte Perspektive des Multikulturalismus ist.

Manuel Valls kam in Barcelona zur Welt, einer Hochburg des iberischen Differentialismus. In dieser Stadt und ihrer Region ist der Nationalismus heute so groß im Kommen, dass Spanien der Zerfall droht. Die katalanische Bauernschaft war klassischerweise Trägerin eines sehr reinen Typs der Stammfamilie mit ihrem *Hereu,* dem vorgesehenen Erben, der nach wie vor ein kulturelles Stereotyp ist. Die Gedankenkette «Ungleichheit der Brüder, Ungleichheit der Völker» bewahrheitet sich in Katalonien auf exemplarische Weise, nur dass es sich hier um eine kleine Nation handelt, die eher von einem defensiven als von einem eroberungslüsternen Geist beseelt ist.

Einzelpersonen lassen sich niemals auf eine anthropologische Bestimmung festnageln. Nachweisbar sind lediglich statistische Auswirkungen, die zum Beispiel dazu führen, dass eine Gruppe, in der das familiäre Prinzip der Ungleichheit vorherrschte, tendenziell eine Politik des Unterschieds bevorzugt. Bleibt festzuhalten, dass es nachgerade amüsiert, wenn aus der Richtung Kataloniens der Begriff Apartheid auf Frankreich angewandt wird.

Wie dem auch sei: Das Wohlwollen der Sozialisten gegenüber den Einwanderern und ihren Kindern muss misstrauisch machen: Es beinhaltet ohne jeden Zweifel Überreste eines wahren Universalismus, der vom einzelnen Fremden echte Assimilation und die Übernahme der zentralen Kultur erwartet und verlangt. Aber die französische Linke ist heute zudem durchdrungen von einem unbewussten differentialistischen Substrat, das die Kinder der Araber, Schwarzafrikaner und Juden nicht unbedingt zu normalen Bürgern machen will und sich durch Terroristen mit nordafrikanischen Wurzeln, rappenden Schwarzen oder Juden mit Kippa intellektuell bestätigt sieht.

Kommen wir zu den objektiven Fakten. Danach mauert die Wirtschaftspolitik der Sozialisten, die seit 1983 immer auf dasselbe hinausläuft, sobald diese an der Macht sind – starker Franc, Marsch zum Euro, Verteidigung des Euro –, die Stadtviertel, denen laut Manuel Valls die Apartheid droht, ganz offenbar in der Arbeitslosigkeit ein. *Diese Politik ist das wichtigste Hemmnis bei der Assimilation der Einwandererkinder, weil sie es vielen unmöglich macht, sich praktisch und geistig auf eine ordentliche Zukunft vorzubereiten.* In diesem Stadium der Überlegung müssen wir die plausible Hypothese hinzufügen, dass die Führungsfiguren, Funktionäre und Aktivisten der Sozialisten intellektuell normal begabte Menschen sind. Nun sollte normaler Intelligenz unbedingt einleuchten, dass eine Wirtschaftspolitik, die nach der in Deutschland angelegt ist, wo anteilig 35 Prozent weniger Kinder als in Frankreich geboren werden, einen höheren Anteil an jungen Franzosen zur Arbeitslosigkeit verdammt. Ebenso offensichtlich ist, dass die negativen Auswirkungen dieser Politik besonders stark diejenigen unter den Jungen treffen, die zum nationalen System der Privilegien schlechteren Zugang haben, also die Kinder der Einwanderer. *Mit anderen Worten: Während die Sozialistische Partei von Integration redet, hat sie sich für eine Wirtschaftspolitik entschieden, welche die Ausgrenzung realisiert.* Angesichts dieser schlichten Logik und der Beharrlichkeit, was die politische Umsetzung angeht, ist die Hypothese nicht zu halten, dass die negativen Auswirkungen nur einem Unfall oder unglücklichen Zufall geschuldet seien.

Natürlich kann man nicht behaupten, die PS trete bewusst für den sozialen Ausschluss der Jugend mit Migrationshintergrund ein. Aber immerhin, so muss man zugestehen, nimmt sie diesen als dominante Partei innerhalb der französischen Linken billigend in Kauf und sieht sich nicht in der Verantwortung, für das Wohl und die Zukunft auch dieses Teils der Bevölkerung zu sorgen. Es handelt sich also um einen tiefgreifenden Differentialismus, der auf indirekten Wegen wirkt, auch wenn ich nicht zu bekräftigen wage, dass dies völlig unbewusst passiert. Um Übles zu bewirken, genügt meistens schon wegzuschauen.

In diesem Stadium der Analyse benötigen wir eine Terminologie, die es uns ermöglicht, das xenophobe Gepolter des Front National, das ohne Auswirkungen auf das Wirtschaftsleben in den Problemvierteln bleibt, von der wirtschaftspolitischen Praxis zu unterscheiden, mit der die Sozialisten *real* dazu beitragen, eine große Zahl von Einwandererkindern aus der französischen Nation auszuschließen.

Bewusst, akzeptiert und gefordert, gehört die Fremdenfeindlichkeit der FN-Wähler zur Kategorie der «subjektiven Xenophobie». Die Fremdenfeindlichkeit der PS, die sich im wirtschaftspolitischen Verhalten niederschlägt, auf der Ebene der Parteidoktrin aber geleugnet wird, kann als «objektive Xenophobie» bezeichnet werden.

Fassen wir zusammen:

- Die PS ist *objektiv xenophob*. In inegalitären anthropologischen Strukturen verankert, ist sie differentialistisch eingestellt und nimmt billigend in Kauf, dass Emigrantenkinder aus der Nation ausgeschlossen bleiben.
- Die Wählerschaft des FN ist *subjektiv xenophob*. Als ein Produkt egalitärer anthropologischer Strukturen begegnet sie der Existenz einer zugewanderten konkreten Andersartigkeit mit Ressentiments.

Aus Sicht der wissenschaftlichen Logik und des Symmetrieprinzips ist die Welt damit in Ordnung. Ob das auch für das Leben der Franzosen gilt, ist eine andere Frage. Die objektive Xenophobie der Wirtschaftspolitik hält den Einwanderer und insbesondere seine Kinder sichtbar unterschiedlich. Damit nährt sie unablässig die subjektive Xenophobie des FN-Wählers, der am «Unterschied», an der «Assimilationsverweigerung» des Fremden verzweifelt.

Wie im Fall der antisemitischen Welle am Ende des 19. Jahrhunderts, aber auf andere Art, haben wir es hier mit einer jener komplexen ideologischen Kombinationen zu tun, die sich aus der anthropologischen Vielfalt Frankreichs ergeben können. Die differentialistische Motivation der Peripherie und die universalistische des Zentrums bringen im Zusammenwirken eine zwar gemischte, aber sehr gefährliche Form des Rassismus hervor. Dazu fällt einem das Bild eines hochansteckenden Virus ein, das aus einer neuen Kombination zweier unterschiedlicher DNS-Stränge entsteht.

Eine Studie zum Front National im anthropologischen Raum Frankreichs wäre unvollständig ohne eine Untersuchung der Wahlplattform, die sie gerne verdrängen würde, ohne dass ihr dies gelingt: die sogenannte Linksfront (Front de Gauche), die aus Jean-Luc Mélenchons Parti de gauche und der Kommunistischen Partei Frankreichs (KPF) hervorgegangen ist. Diesmal wenden wir die bewährte Analysemethode auf das Wahlergebnis des Linkssozialisten Jean-Luc Mélenchon an, der 2012 ebenfalls für das Präsidentenamt kandidierte.

Mélenchon und die Ungleichheit

Jean-Luc Mélenchon errang in der ersten Runde der Präsidentschaftswahl 2012 11,1 Prozent der Stimmen. Wie die sogenannte Nachwahlbefragung ergab, konnte er im Gegensatz zu François Hollande tendenziell die unteren Schichten mobilisieren. In seiner Wählerschaft stark vertreten waren die Arbeiter und Arbeitslosen – ein logisches Ergebnis, da er als Kandidat der Linksfront von der Kommunistischen Partei unterstützt wurde. Dass es ihm nicht gelang, wie der Front National die Massen in den unteren Schichten anzuziehen, erklärt sich allerdings aus einer Politik, welche die Unterdrückung der Arbeiterschaft begünstigt.

Wahrscheinlich genügte es schon, dass Mélenchon keinen echten wirtschaftlichen Radikalismus zeigte und gar nicht daran dachte, den Ausstieg aus dem Euro zu propagieren, um als ein weiterer sozialistischer Kandidat wahrgenommen zu werden, der die gewohnte Mischung an hehren Prinzipien verkündete, ohne konkrete Vorschläge zu machen. Während seine Wählerschaft stark von der kommunistischen Arbeiterschaft geprägt ist, stehen die Führungsfiguren und aktiven Sympathisanten seiner Partei dem öffentlichen Dienst, genauer dem Sozialstaat französischer Machart, nahe, der von der Mittelschicht getragen wird und ihr auch dient.

Die Karte zu Mélenchons Wahlergebnis (siehe Karte IV.5, S. 225) bringt es unwiderruflich ans Licht. Klar zu erkennen ist der Einfluss der KPF in der Region Nord-Pas-de-Calais, im Großraum Paris, am Nordwestrand des Massif central und in den Côtes d'Amor. Ins Auge springt allerdings seine allgemeine Verankerung im Raum der okzitanischen Stammfamilie, wo mehr oder minder von alters her säkulare Départements mit zombie-katholischen wie Pyrénées-Atlantiques, Aveyron, Lozère, Haute-Loire und Savoyen brüderlich vereint sind – insgesamt die Welt der Stammfamilie und der Ungleichheit, einer autoritären Ungleichheit, die vorzugsweise durch hierarchische Strukturen geprägt ist, sei es der Staat oder die Kirche. In der Runde fehlt allein das Elsass, wo Überlegungen, den Staatskirchenvertrag mit dem Heiligen Stuhl wie in den übrigen Départements abzuschaffen, kaum auf fruchtbaren Boden fallen dürften.

Das gleiche Phänomen lässt sich im Negativ beschreiben: Der Populismus nach Art Mélenchons schafft es nicht, das große Pariser Becken, also den individualistischen egalitären Raum, auf seine Seite zu ziehen. Grafik 6 (siehe S. 226) offenbart, dass sein Stimmenanteil da abnimmt, wo Gleichheit als Wert am stärksten ist. Aus anthropologischer Sicht vermochte es Jean-Luc Mélenchon im Gegensatz zu Marine Le Pen nicht, den zentralen revolutionären Raum zu erobern. Sein fundamentalistischer Republikanismus läuft so ins Leere.

Der Kreis schließt sich. Hatten wir oben festgestellt, dass die Rechte und die extreme Rechte unterschwellig ein egalitärer Hintergrund verbindet, so zeigt sich nun, dass die Linke und die extreme Linke durch den Wert der Ungleichheit verbunden sind. Auch wenn diese aberwitzige Symmetrie keinen religiösen oder ideologischen Trost spenden kann, stellt sie vielleicht wenigstens das ästhetische Empfinden zufrieden.

Die Bedeutungslosigkeit des Einzelnen
und die gewaltige Macht der Ideologien

Mir ist durchaus bewusst, dass das hier dargelegte anthropologische Modell starker Tobak ist. Auch wenn die Karten eine
sehr klare Sprache sprechen, fallen die Unterschiede in den
Wahlergebnissen, bezogen auf den Grad des Egalitarismus, weniger deutlich aus.

In der Interpretation, die ich zu diesen Nuancen geliefert
habe, ist von symbolischem Ausschluss und wirtschaftlicher
Vernichtung die Rede. Sie unterstellt den Akteuren nicht nur
große Gewaltbereitschaft und immense Böswilligkeit, sondern
auch Überzeugung, Entschlossenheit und Stärke. Derlei Beweg-
gründe stellt man sich allenfalls bei Abgeordneten der extremen
Rechten, muslimischen Fundamentalisten oder militanten
Atheisten vor. Aber sind sie bei Politikern denkbar, die sich
selbst als zur linken Mitte gehörig darstellen?

So ist der Präsident der Republik beispielsweise ein gutmüti-
ger, unscheinbarer und, wie er selbst sagt, «normaler» Mensch.
Auch die Sozialisten sind in jeder Hinsicht gemäßigt. Unsere
Theorie passt folglich schlecht zu einem Personenkreis, der
nachweislich wenig rabiat zu Werke geht, nur schwache Überzeugungen hat und kaum wirklich militant auftritt. Wir müssen
also noch nachvollziehen, wie schwach ausgeprägte individuelle
inegalitäre und differentialistische Vorlieben auf kollektiver
Ebene zu einem verbissenen Festhalten an einer Linie führen
können.

Die im vorangegangenen Kapitel ausgeführte Überlegung,
dass schwache familiäre Werte starke Systeme hervorbringen
können, bringt uns auf die Spur. Wir haben bei allen Neorepu-
blikanern – Sozialisten, Anhängern der UMP, Zentristen oder
Mitgliedern der Linksfront – nur schwache Überzeugungen
festgestellt, die ihre Kraft jedoch daraus beziehen, dass sie von
weiten Teilen der Gesellschaft mitgetragen werden, so wie auch
familiäre Werte ganze Territorien bestimmen.

Alle Werte transportierenden Gruppen sind nicht durch ein Département oder ein urbanes Umfeld definiert, sondern durch eine bestimmte Art der Einbindung in ein Umfeld wie Dorf, Stadt, Wohnviertel, berufliches Netz oder politische Partei. Erst diese Einbindung macht es möglich, dass alltägliche Interaktionen zwischen Individuen stattfinden können, die den Glauben oder Verhaltensweisen lebendig halten. Ein soziales Umfeld verstetigt sich weitgehend durch Phänomene der nachahmenden Anpassung, die nichts mit einem starken Glauben zu tun haben. Die Werte, die es leben lassen und definieren, können bedeutende wie unwichtige Aspekte des persönlichen und sozialen Lebens betreffen.

Heute ist mir klar, dass mir die kollektive Stärke schwacher Werte schon lange vor jener Zeit begegnete, als ich den Fortbestand der Familiensysteme in städtischen Milieus analysiert habe. Mein Ausgangspunkt war damals im Grunde die Ideologie. Zwischen 1992 und 1995 war mir aufgefallen, dass es durchaus möglich war, einen Europäisten in einer persönlichen Diskussion von der Sinnlosigkeit des Projekts der Einheitswährung zu überzeugen, ohne dass dies den kollektiven Glauben an die Unvermeidlichkeit des Euro erschüttern konnte. Der schwache Glaube wurde schon damals von einer so breiten gesellschaftlichen Gruppe getragen, dass der vorübergehend bekehrte Einzelne wieder den alten Glauben annahm, sobald er in sein gewohntes Umfeld zurückkehrte.

Eine ähnliche Ahnung hatte offenbar Daniel Schneidermann, als er kürzlich in einem Artikel in der *Libération* feststellte, dass zwei zentrale Figuren, Jean-Pierre Jouyet, eine «Kraft» im Élysée-Palast, und Cathrine Barma, eine «Kraft» in den Medien, in der augenblicklich laufenden Debatte offenbar völlig ohne Bedeutung sind: «Im Folgenden also zwei politische Phänomene: die Zemmourisierung [nach Éric Zemmour, der durch islamophobe Kommentare auffiel] der öffentlichen Debatte und die ideologische Fusion der einstigen sogenannten Rechten und Linken. Und zwei der Personen, die diese beiden Phänomene hinter den Kulissen organisieren und formen, der Serien-Fett-napftreter und die Blattableserin, tauchen ohne jedes Bewusst-sein für ihre Handlungen im Scheinwerferlicht auf.»[29]

François Ruffin brachte den gleichen Tatbestand, oder besser: das gleiche Nichts mit einer herrlichen Reflexion über eine pi-cardische Abgeordnete der PS auf den Punkt, als er in der Zei-tung *Fakir* seine «Begegnung mit der Leere»[30] schilderte: «Zwei Stunden lang tauschte ich mich mit meiner sozialistischen Ab-geordneten Pascale Boistard in ihrer Sprechstunde aus. Selten führte ich ein so inhaltsleeres Gespräch. Folglich habe ich es vergessen. Und doch, so kam es mir dann, zeugt mein Interview mit und durch seine Nichtigkeit von einer kollektiven neurode-generativen Erkrankung …»

Das Scheitern des Euro regt inzwischen zum Nachdenken darüber an, wo im mathematischen Sinn der Grenzwert liegt, unter dem schwache Überzeugungen auf kollektiver Basis keine Stärke mehr abwerfen: Während der Glaube an die Gemein-schaftswährung auf individueller Ebene inzwischen gegen null strebt, steht er auf der kollektiven Ebene der «Eliten» nach wie vor solide da. Wohl ist die Hypothese angebracht, dass sich ein kollektiver Glaube sogar dann noch verstetigt, wenn er als indi-vidueller nur noch in Spuren oder überhaupt nicht mehr vor-handen ist. Der Euro ist nur ein Sonderfall der systemischen Trägheit, ein Beispiel dafür, dass ein Projekt, dessen Tauglich-keit in keiner Weise mehr reflektiert wird, einfach deshalb wei-terläuft, weil es ursprünglich vom Glauben einer Gruppe getra-gen wurde. Die Abkehr der Einzelnen von den Überzeugungen kann es nicht mehr stoppen.

Schwache Individuen, starke Systeme. Ein François Hol-lande, der noch in Spuren an die Gemeinschaftswährung glaubt, sich Stäubchen einer differentialistischen Familientra-dition bewahrt und an der vagen Vorstellung festhält, dass der Eintritt der Kinder von Einwanderern in die Nation eher nach-rangig zu behandeln sei, hat wenig Einfluss. Aber wie sieht es mit fünftausend François Hollandes aus, die miteinander ver-kehren und sich täglich nachahmend einander anpassen, oder mit einer oder sogar mit mehreren Millionen? Sie schaffen den Apparat, der den Glauben an den Euro und den «islamischen Unterschied» zu einer Ideologie von unerschütterlicher Beständigkeit zusammenschweißt, die im großen Stil Menschen ausschließen und ihre Lebensperspektiven zunichtemachen kann.

V. DIE FRANZÖSISCHEN MUSLIME

Kurz vor seinem Freitod 1941 hatte Stefan Zweig in seinen Memoiren die Verzweiflung der Juden beschrieben, die vom Naziregime in eine Kategorie gesteckt wurden, mit der sie selbst nichts mehr anfangen konnten:

«Die Juden des zwanzigsten Jahrhunderts aber waren längst keine Gemeinschaft mehr. Sie hatten keinen gemeinsamen Glauben, sie empfanden ihr Judesein eher als Last denn als Stolz und waren sich keiner Sendung bewusst. Abseits lebten sie von den Geboten ihrer einstmals heiligen Bücher, und sie wollten die alte, die gemeinsame Sprache nicht mehr. Sich einzuleben, sich einzugliedern in die Völker um sie, sich aufzulösen ins Allgemeine, war ihr immer ungeduldigeres Streben, um nur Frieden zu haben vor aller Verfolgung, Rast auf der ewigen Flucht. So verstanden die einen die andern nicht mehr, eingeschmolzen wie sie waren in die andern Völker, Franzosen, Deutsche, Engländer, Russen längst mehr als Juden. Jetzt erst, da man sie alle zusammenwarf und wie Schmutz auf den Straßen zusammenkehrte, die Bankdirektoren aus ihren Berliner Palais und die Synagogendiener aus den orthodoxen Gemeinden, die Pariser Philosophieprofessoren und die rumänischen Droschkenkutscher, die Leichenwäscher und Nobelpreisträger, die Konzertsängerinnen und die Klageweiber der Begräbnisse, die Schriftsteller und die Branntweinbrenner, die Besitzenden und die Besitzlosen, die Großen und die Kleinen, die Frommen und die Aufgeklärten, die Wucherer und die Weisen, die Zionisten und die Assimilierten, die Aschkenasim und die Sephardim, die Gerechten und die Ungerechten, und hinter ihnen noch die verstörte Schar derer, die längst dem Fluche entflüchtet zu sein glauben, die Getauften und die Gemischten – jetzt erst zwang man den Juden zum ersten Mal seit Hunderten Jahren wieder eine Gemeinsamkeit auf, die sie längst nicht mehr empfunden [hatten], die seit Ägypten immer wiederkehrende Gemeinsamkeit der Austreibung.»[31]

Und so wenig, wie es um 1930 «europäische Juden» gab, gibt es heute «französische Muslime». Die religiöse Kategorie wird als gemeinsame Bezeichnung auf eine Gesamtheit von Männern und Frauen angewandt, die mit Blick auf den nationalen Ursprung, das Bildungsniveau, den Beruf und die soziale Schicht verschiedenen Gruppen angehören (siehe Karte V. 1 und V. 2, S. 227 f.). Dieser menschlichen Vielfalt das Etikett «Muslim» anzuheften, ist ein ebenso rassistischer Akt wie der, bei dem einst der bürgerliche Intellektuelle aus Wien und der Mann aus dem polnischen Schtetl mit der gemeinsamen Bezeichnung «Jude» über einen Kamm geschoren wurden. Die beiden Militärangehörigen Imad Ibn Ziaten und Mohamed Legouad, die in Montauban von Mohamed Merah erschossen wurden, waren nicht weniger Muslime als ihr Mörder, und zu den Muslimen zählte auch Ahmed Merabet, der Polizist, der, verletzt am Boden liegend, von den Brüdern Kouachi mit einem Kopfschuss getötet wurde. Das Problem ist allgemeiner Art: Die Kategorie «Muslim» ist so, wie sie immer öfter bemüht wird, eine gefährliche semantische Fiktion.

Betrachten wir anhand der Berufe und der sozioökonomischen Kategorien die Stellung der sogenannten «Muslime» im französischen Gesellschaftssystem: 8,4 Prozent sind Arbeiter, 6,4 Prozent Angestellte, 6,6 Prozent Kaufleute und Handwerker oder Unternehmer, 4,5 Prozent Vertreter der sogenannten mittleren Berufe und 3,5 Prozent Freiberufler und Führungskräfte, so eine Untersuchung des Instituts IFOP.[32] Diese umfassende gesellschaftliche Vielfalt hat nichts zu tun mit dem Klischee vom orientierungslosen Jugendlichen im Problemviertel, der mit Drogen dealt und bei dem stets die Gefahr besteht, dass er in den islamistischen Terrorismus abstürzt. So gesehen hebt Christophe Guilluy zu Recht hervor, dass ein relativ wohlhabendes muslimisches Kleinbürgertum entstanden ist, auch wenn es fast so aussieht, als beklagte er dies als ungerecht gegenüber den unteren französischen Schichten.[33]

Die Nationalitäten und die Bildungsniveaus bestätigen zusammengenommen das Bild einer heterogenen Bevölkerungsgruppe. Betrachten wir zunächst die Nachkommen der algerischen Einwanderer zwischen 30 und 49 Jahren im Jahr 2008: 27 Prozent stehen «ohne Abschluss» da, 39 Prozent haben einen Berufsschulabschluss oder die Mittlere Reife und 9 Prozent verfügen über ein abgeschlossenes Studium – deutlich weniger als die 19 Prozent der Franzosen, deren Vorfahren sich früher auf französischem Boden niederließen, allerdings auch etwas mehr als die registrierten 8 Prozent mit portugiesischem Migrationshintergrund. Dieser Wert von 9 Prozent hat jedoch keinerlei Aussagekraft mit Blick auf den «Islam»: Bei «Muslimen» mit tunesischen Wurzeln beträgt die Quote der Hochschulabschlüsse 15 Prozent und bei denen marokkanischer Abstammung sogar 19 Prozent, entspricht hier also dem Durchschnitt der «echten» Franzosen. Soziologisch betrachtet, gibt es «den» Islam folglich so wenig wie «den» Maghreb.[34]

Der Gerechtigkeit halber muss man allerdings sagen, dass es dem neorepublikanischen Frankreich gelungen ist, aus dieser eindrucksvollen Vielfalt der Bildungsniveaus relative Gleichheit herzustellen: nämlich bei den Arbeitslosenquoten. In der Gruppe der Männer zwischen 18 und 50 Jahren liegt sie bei den algerischstämmigen bei 20 Prozent, bei den tunesischstämmigen bei 22 Prozent, bei denen mit schwarzafrikanischen Wurzeln bei 21 Prozent und bei den türkischstämmigen bei 22 Prozent. Angesichts des Fehlens jedweder Korrelation zwischen dem Bildungsniveau und dem Zugang zum Arbeitsmarkt könnte ein böswilliger Forscher die Hypothese aufstellen, Frankreich gebe auf den religiösen Hintergrund alles, während Qualifikation gar keine Rolle spiele. Die neue Republik wäre demnach durch und durch islamophob.[35] Wir werden noch sehen, dass die Dinge etwas komplizierter liegen.

Da der Bau von Moscheen durch lokale Behörden möglichst behindert wurde, ist die Datenlage zur religiösen Praxis von Muslimen ziemlich dürftig: Es fehlt an offiziellen Kultstätten, an denen sich religionssoziologische Beobachtungen zum Islam ähnlich denen vornehmen ließen, die es ermöglichten, zwischen den beiden großen Zonen auf französischem Staatsgebiet, der säkularen und der katholischen Zone, zu unterscheiden.

Nach der zwischen September 2008 und Februar 2009 durchgeführten Untersuchung *Trajectoires et Origines* («Verläufe und Ursprünge») behaupten 76 Prozent der sich selbst als «katholisch» bezeichnenden Bürger von sich, dass die Religion für sie kaum oder keine Bedeutung habe. Bei den Protestanten liegt diese Quote nur bei 52 Prozent, bei den Orthodoxen bei 53 Prozent, bei den Buddhisten bei 48 Prozent, bei den Juden bei 24 Prozent und bei den Muslimen bei 22 Prozent. Im zuletzt genannten Fall liegen die Zahlen – wie bei der Arbeitslosigkeit – eng beieinander, wenn man zwischen einem algerischen, tunesischen, marokkanischen, türkischen und schwarzafrikanischen Migrationshintergrund unterscheidet.[36] Die Quote bei den Juden, eine mir vertraute Kategorie, sagt mir, dass der inzwischen vollständig verweltlichte Personenkreis, der die Mehrheit in der französischen jüdischen Bevölkerung stellt, schlicht durchs Raster einer Untersuchungsmethode gefallen ist, bei der übersehen wird, dass man sich selbst auch ohne den Glauben als jüdisch empfinden kann.

Diese Art Messung ermöglicht folglich keine Aussage darüber, wie groß der Anteil der muslimischen Bevölkerung ist, der den Glauben tatsächlich noch praktiziert. Bekannt ist, dass der Ramadan häufig eingehalten und auf den Genuss von Schweinefleisch weithin verzichtet wird. Ebenso geläufig ist ein inzwischen deutlich lockerer gewordener Umgang mit dem Alkoholverbot. Das ändert jedoch nichts daran, dass sich Muslime in Frankreich unter den gegenwärtigen Umständen als Muslime empfinden. Schätzen wir uns glücklich, dass der Islam bislang noch nicht so sehr verteufelt wird, dass sie sich gezwungen sehen, ihre religiöse Zugehörigkeit zu verleugnen. Da eine regelmäßige, normgerechte und vollständige Befolgung der Religion selten ist, müssen wir uns fragen, ob die Selbstdefinition von 78 Prozent der Befragten als «Muslime, die ihre Religion ernst nehmen», nicht einfach nur einen «Zweig-Effekt» widerspiegelt, wie ich ihn nennen würde: Wer von der gesamten Gesellschaft über einen Kamm geschoren das Etikett «Muslim» angeheftet bekommt, fühlt sich dann auch als Muslim.

Greifen wir die Parallele zur jüdischen Geschichte wieder auf. Um 1930 war die Mehrheit der Juden Westeuropas auf dem besten Weg, ihre religiöse Identität zu vergessen. Aber nach 1945 wusste jedermann, der einen, zwei, drei oder vier jüdische Großelternteile hatte, dass Jude sein nicht immer von der eigenen Entscheidung abhängt. Kurzum, dass am muslimischen Glauben noch immer homogen festgehalten wird, ist auch im Zusammenhang mit der Homogenität bei den Arbeitslosenquoten unter den einzelnen Gruppen der Muslime zu sehen. Dieser Vergleich bedeutet freilich nicht, dass die Arbeitslosigkeit der heutigen Migranten mit der Inhaftierung von Juden in Konzentrationslagern auf eine Stufe zu stellen ist.

Die Auflösung der maghrebinischen Kulturen

In *Das Schicksal der Immigranten* von 1994 meine ich gezeigt zu haben, dass der Versuch, Personen mit muslimischen Wurzeln als eine Gemeinschaft zu beschreiben, ein sinnloses Unterfangen ist. Dies belegte schon der hohe Anteil an Mischehen mit Partnern aus dem alteingesessenen französischen Umfeld. Die Hypothese, wonach eine Gemeinschaft existiert, setzt das dauerhafte Fortbestehen einer Kultur mit einer familiären Organisation als Kern voraus. Nun zeichnet sich aber die maghrebinische oder die malische Familie eher durch ihre Auflösung als durch ihren Fortbestand aus, weil die Kinder der – algerischen, tunesischen oder marokkanischen – Einwanderer schon so lange in Kontakt zur angestammten Bevölkerung stehen, dass sie deren Grundwerte, insbesondere den Gedanken der Gleichwertigkeit der Geschlechter, entgegen allen Behauptungen in den Medien übernommen haben. Dabei hatte ihre angestammte Kultur wegen des Analphabetismus unter der ersten Generation von Einwanderern keine Überlebenschance.

Die Autorität des Vaters war in der kommunitären endogamen arabischen Familie traditionell schwach ausgeprägt, weil
ihm das Recht fehlte, für seine Tochter einen Ehemann auszu-
wählen. Dem Brauchtum nach war sie vielmehr für einen Cousin väterlicherseits bestimmt. Vollends infrage gestellt wurde
seine Autorität schlicht dadurch, dass es ein Sohn bis zur Mittel-
schule, zum Gymnasium oder an die Universität schaffte, während er selbst Analphabet war. Für die «muslimische Kultur»
bedeutete dies den Untergang. Die Schnelligkeit und Heftigkeit,
mit denen dieser Prozess ablief, löste zudem eine erhebliche
psychologische Desorientierung aus, die sich tatsächlich häufig
in einem Absturz in die Kriminalität äußerte. Heute sitzen gerade deshalb so viele Nachkommen von Einwanderern in Haft,
weil sie die zu Staub gewordene Kultur ihrer Väter nicht mehr
gegen ein Abgleiten schützen konnte, weil sie sich entgegen den
Etiketten, die ihnen die Gesellschaft anheftet, gerade nicht mehr
so «arabisch» oder «muslimisch» verhalten.

Ich selbst bin ein typisch französischer Anhänger der Assimilation, der es für wünschenswert hält, wenn alle Immigranten in der zentralen Kultur des Landes aufgehen. Gleichwohl
muss ich heute einräumen, dass sich dieser Prozess zu rasch
vollzogen hat. Eine Art Dekompressionskammer zur langsa-
men Anpassung in Form eines Little Algeria oder Marocco
Town hätte zahlreiche psychische Schäden verhüten können.
Aber Sitten und Gebräuche lassen sich nicht so verordnen wie
eine Wirtschaftspolitik. Angesichts der Vorliebe der Franzosen für die Assimilation, ihres geringen Interesses daran, Unterschiede in der äußeren Erscheinung aufrechtzuerhalten, war
die brutale Zerstörung der maghrebinischen Kultur wohl un-
ausweichlich.

Bleibt festzuhalten, dass weder die kommunitäre endogame
Familie noch der Islam der zweiten Generation der Einwanderer als eine schützende Schicht im Sinne Polanyis dienen konnte.
Der Zusammenprall mit den individualistischen Werten der industriellen und postindustriellen Gesellschaft erfolgte unver-
mittelt, brutal und mit zerstörerischer Wirkung. Will man die

Desorientierung der Jugendlichen in den Problemvierteln verstehen, darf man sie nicht auf die Geschehnisse im Euphrattal
oder in der syrischen Wüste beziehen, diese Brennpunkte der
Gewalt, die wie eine Fata Morgana aus einer fernen Welt zu uns
herüberspiegeln. Ein echtes Verständnis schafft eher ein Vergleich mit den Entwicklungen in England während der ersten
industriellen Revolution: Dort sorgte der jähe Kulturverlust für
ein Umfeld, in dem Familien zerbrachen, Bildung scheiterte
und Alkoholismus grassierte. Um kulturell zu überleben, wähl-
ten die gebildetsten Arbeiter den Weg in protestantische Sekten.
Am Rand seiner Zerstörung durch den Markt findet der Mensch
im religiösen Glauben, der Recht setzt und Hoffnung spendet,
mitunter einen letzten Halt.

Richtig ist, dass die Quote der Mischehen in Frankreich zwischen den Erhebungen, die 1992 in *Mobilité géographique et In-
sertion sociale* und 2008/09 in *Trajectoires et Origines* dargelegt
wurden, eher stagnierte. Ebenso kam die Zerstreuung der Bevölkerung mit maghrebinischen Wurzeln auf französischem
Boden zum Stillstand. Diese Phänomene sind detailliert in *Le
Mystère français*[37] ausgeführt. Indem sie Ursache und Wirkung
auf den Kopf stellte mit der Behauptung, dass ein unüberwind-
licher kultureller Unterschied in den Problemvierteln eine Anpassung verhindere und deswegen für hohe Arbeitslosenquoten
sorge, trug die islamophobe Deutung dieser Phänomene einen
großen Sieg davon. In Wahrheit ist aber der Stillstand bei der
Assimilation keine Ursache, sondern vielmehr, wie oben dargelegt, die Folge von Entscheidungen unserer Führungsschichten,
die wirtschaftliche Stagnation und soziale Zersplitterung billigend in Kauf nehmen, um die Wünsche des vorherrschenden
MAZ-Blocks zu bedienen, der ihre Politik akzeptiert und auch
unterstützt. Als Demograf sage ich nochmals: Da Frankreich
deutlich mehr junge Menschen als Deutschland hervorbringt,
zwingt die Übernahme des Währungsmodells viele von ihnen
in schwierige Lebensumstände, in denen sie ausgegrenzt und
ohne echte Teilhabe bleiben. Unabhängig vom Denken der Akteure, der Entscheidungsträger wie ihrer Opfer, ist der neuer-

liche Rückzug von Menschen mit muslimischem Hintergrund auf sich selbst keineswegs freiwillig gewählt, sondern vielmehr durch eine wirtschaftliche Logik erzwungen, welche die Mechanismen der Assimilation stört. *Die 1992 erhobenen Quoten an Mischehen zeigten, dass die Entwicklung in die richtige Richtung verlief. Entgegen platt ideologischen Behauptungen war in der zweiten Hälfte des 20. Jahrhunderts zu beobachten, dass sich der historische Prozess einer Vermischung der Völkerschaften auf unglaubliche Weise beschleunigte.*

Jüdische und muslimische Mischehen

Vergleichen wir die Entwicklung mit dem Tempo der Assimilation bei den Juden. Wie einst üblicherweise meine Mutter greife ich als zufälliges Beispiel mein eigenes oder, besser gesagt, das meiner Familie heraus. Am Anfang steht eine jüdische Familie, die in Ostfrankreich, im Elsass oder in Lothringen, ansässig war und 1791 durch die Revolution emanzipiert wurde. Simon Levy, der Großvater meiner Urgroßmutter, war allerdings Großrabbiner von Bordeaux. 1887 veröffentlichte er *Moïse, Jésus et Mahomet, ou les trois grandes réligions sémitiques,*[38] eine Apologie und Illustration des jüdischen Glaubens. Es war ihm ein ewiges Anliegen, gegen die Verleumdungen anzuschreiben, denen das Judentum ausgesetzt war. Simon Levy erinnerte daran, dass die Grundwerte des Christentums und des Islam ausschließlich vom Judentum stammen. Mit dem Titel seines Buchs, der Jesus mit Mose und Mohammed auf eine Stufe stellt, deutet er an, dass sämtliche Probleme zwischen Juden und Christen ausgeräumt wären, sobald Letztere zugäben, dass Jesus nicht der Sohn Gottes sei. Sein Schwiegersohn Paul Hesse, klassischerweise Inhaber einer kleinen Gießerei für Edelmetalle, ließ den Glauben bereits hinter sich. Von ihm sind Hefte erhalten, in denen er theologische Diskussionen festhielt, die er während des Krieges von 1914 als Offizier beim Mittagessen mit Pfarrern geführt hatte. Sein Manuskript beginnt mit einer ganz präzisen

Einordnung seiner selbst: «Ich erklärte zunächst, dass ich der Rasse nach Jude und dem Glauben nach Freidenker bin ...» Damals war der Begriff der Rasse noch nicht mit der späteren verhängnisvollen Konnotation belastet. Er konnte ihn insofern auf sich beziehen, als es in seiner typisch französischen «israelitischen» Familie bis dahin noch keine Mischehe gegeben hatte. Erst 1928 heiratete seine Enkelin den Sohn eines bretonischen Ingenieurs, dessen Vater Bahnwärter und dessen Urgroßvater Bauer gewesen war. Zwischen 1791, der Emanzipation der Juden, und der 1928 geschlossenen ersten Mischehe in meiner Familie liegen somit 137 Jahre, also fünf bis sechs Generationen. Vor diesem Hintergrund wird das unglaublich beschleunigte Tempo der Assimilation nach dem Zweiten Weltkrieg erst so richtig deutlich. Die Massenkommunikationsmittel, das gestiegene Bildungsniveau und die Emanzipation der Frau haben dazu geführt, dass die muslimische Bevölkerung Frankreichs gleichsam im Turbogang Mischehen einging.

Wie die Studie *Trajectoires et Origines* von 2008/09 zeigt, sind 44 Prozent der männlichen Nachkommen von Immigranten aus Algerien oder Marokko mit einer Frau verheiratet, die selbst weder Migrantin ist noch von Migranten abstammt. Für diejenigen tunesischer Abstammung liegt diese Quote bei 60 Prozent, für türkische bei 42 Prozent und für schwarzafrikanische bei 65 Prozent (hier ohne erkennbaren Unterschied zwischen Muslimen und Nichtmuslimen). Frauen weisen – das ist normal für sich auflösende patrilineare Kulturen – etwas geringere, aber immer noch beachtlich hohe Quoten auf: Im Fall algerischer Wurzeln liegen sie bei 41 Prozent, im Fall marokkanischer bei 34 Prozent, tunesischer bei 38 Prozent und schwarzafrikanischer bei 49 Prozent.[39] Allein die Quote türkischstämmiger Frauen ist mit ganzen 7 Prozent wahrhaft gering. Obwohl diese Zahlen allein noch nicht dafür sprechen, dass in Sachen Integration oder Assimilation alles zum Besten steht, belegen sie zumindest einen gelungenen Schulterschluss mit der alteingesessenen französischen Bevölkerung, auch wenn die Mehrheit der Muslime sich mit Blick auf die eigene Gemeinschaft noch nicht für eine exogame Ehe entscheidet. Die Zahlen sprechen auf jeden Fall gegen das angebliche «muslimische Problem». Hervorzuheben ist die rasante Integration der Bevölkerung schwarzafrikanischer Herkunft, eine Eingliederung, die übrigens kaum etwas über Afrika, aber einiges über Frankreich aussagt: Die Aufnahmegesellschaft lässt sich von der Hautfarbe definitiv nicht erschrecken.

Hinzuweisen ist allerdings auf ein «türkisches» Problem, das auf traurige Weise vielleicht sogar ein deutsches ist. Diesen Punkt hatte ich in *Das Schicksal der Immigranten* untersucht. Der Widerstand der türkischen Bevölkerung gegen eine Assimilation war damals noch auffälliger, weil er sich durch keinen Aspekt ihrer anthropologischen Struktur erklären ließ. Unabhängig vom Ursprungsort waren Vetternehen in der Türkei seltener als in den Staaten des Maghreb. Zu dieser schwach entwickelten Endogamie kam zuweilen noch ein deutlich höherer Status der Frauen hinzu. Bei der Betrachtung der geografischen Verteilung der türkischen Einwanderung nach Frankreich, die sich an der Ostgrenze konzentrierte, gelangte ich zu dem Schluss, dass die Türken Frankreichs nur das Fragment einer umfassenderen Zuwanderung darstellten, die sich auf Deutschland konzentrierte und deren Immigranten europaweit, in Frankreich wie in Belgien oder den Niederlanden, die Abschottungstendenzen verinnerlicht hatten, die jenseits des Rheins herrschten. In der Bundesrepublik waren die Quoten an Mischehen mit einem muslimischen Partner zur damaligen Zeit verschwindend gering. Dagegen stellt gegenwärtig in Frankreich die eher hohe Quote an Mischehen von Männern türkischer Abstammung wohl die erste Etappe einer Abkehr vom «deutschen Modell» durch diesen Teil der Bevölkerung dar. Einmal mehr zeigt sich die Tatsache, dass das Epizentrum des europäischen Differentialismus nicht in Frankreich, sondern weiter im Norden oder im Osten Europas liegt. Aus diesem Grund wird sich jeder weitere Schritt beim Aufbau Europas am Ende als ein weiterer in die Islamophobie erweisen.

Die Ideologen und die Exogamie

Was also ist die Wahrheit über die «Integration»? Alle Untersuchungen offenbaren, dass die Assimilation voranschreitet und gegenüber der Vorkriegszeit eine Beschleunigung erfuhr, in jüngerer Zeit aber abgebremst wurde. Unabhängig davon geht sie mit einer Auflösung der Familienstrukturen und gewaltigen Problemen psychischer Art einher. Und wie man leicht erkennt, ist die wirtschaftliche Stagnation für die aktuellen Schwierigkeiten verantwortlich: Hinter dem heute zu verzeichnenden Stillstand steckt kein besonderer kultureller «Überlebenswille». In der gegenwärtigen Phase des islamophoben Eifers genügt es allerdings nicht, die soziologischen Fakten darzulegen. Es gilt vielmehr, böswillige Unterstellungen auszutreiben. Angesichts der Häufigkeit, mit der die Jugend muslimischer Herkunft ideologisch ins Abseits gestellt und verurteilt wurde, stellt sich notwendiger- und gerechtfertigterweise die Frage, ob sie wirklich weniger assimiliert sind als … so mancher ihrer selbsternannten Richter.

Nach Éric Zemmours islamfeindlichen Ausfällen ist heute bisweilen von einer «Zemmourisierung» der Gesellschaft die Rede, die den Träger dieses Familiennamens zur kulturellen Ikone erhöht. Wenden wir, konsequent anthropologisch gedacht, auf ihn die üblichen Kriterien an, anhand derer sich der Grad seiner Assimilierung einschätzen lässt. In einer hervorragenden Studie zum politischen Niedergang der Stadt Perpignan wurde anhand der geografischen Verteilung ursprünglich nordafrikanischer Vornamen das muslimische Abstimmungsverhalten evaluiert.[40] Übertragen wir nun diese Methode auf Familiennamen: Als Anhänger des politisch Unkorrekten dürfte es Zemmour gewiss nicht verübeln, wenn wir auf den Mädchennamen seiner Frau hinweisen: Dieser deutet darauf hin, dass er mit einer endogamen Ehe innerhalb seiner ursprünglichen jüdischen Gemeinschaft Nordafrikas vorliebgenommen hat, obwohl er selbst in Montreuil zur Welt kam. Der Großinquisitor über die Jugend mit maghrebinischen Wurzeln hat es in der eigenen Assimilation folglich noch nicht so weit gebracht wie die in Frankreich gebürtigen Kinder nordafrikanischer Einwanderer, die heute in einer Mischehe leben. Vervollständigt wird dieses Bild durch seine typisch mediterranen Orakelsprüche zur Zukunft der Männlichkeit. Bei einer transkulturellen psychiatrischen Untersuchung würde er wohl in der Kategorie des «unvollständig assimilierten Nordafrikaners» landen. Aber betrachten wir die Sache weiterhin soziologisch. Dass Zemmour in der Kulturlandschaft eine zentrale Stellung einnimmt, deutet darauf hin, dass die transkulturelle Psychiatrie auch etwas über den mentalen Zustand der französischen Mittelschicht verrät.

Bei einem Abstecher in die Académie française, in der eine Wählerschaft mit einem Durchschnittsalter von 78 Jahren soeben Alain Finkielkraut in ihre Reihen gewählt hat, stoßen wir auf ein weiteres Beispiel eines nicht assimilierten Ideologen, der stets bereit ist, in Frankreichs sozialen Problemen die «arabische» oder «schwarzafrikanische» Dimension auszumachen. Finkielkraut, ein Mann jüdisch-polnischer Abstammung, hat anders als zahlreiche junge Leute mit algerischen, marokkanischen, tunesischen oder schwarzafrikanischen Wurzeln den großen Sprung in die Mischehe ebenfalls verfehlt.

Die Mischehe ist zwar keine zwingende Voraussetzung, um in Frankreich staatstragender Bürger zu sein. So erfüllten meine jüdischen Vorfahren von 1914 bis 1918 ihre militärischen Pflichten, ohne dass in ihren Reihen bis dahin eine Ehe geschlossen worden wäre, die mit Vermischung zu tun gehabt hätte. Ich musste lachen, als meine Großmutter hervorhob, dass die Briefe unserer Familie, die zwischen den Schützengräben hin und her gingen, ausschließlich von Leuten stammten, die Alphen, Hesse, Levy, Strauss, Bloch oder Worms hießen. Aber bitteschön, mögen es sich die endogamen Ideologen verkneifen, exogamen Einwandererkindern Lektionen in Sachen Franzosentum zu erteilen! Knüpfen wir wieder an das Frankreich an, das wir geliebt haben, das der Endogamie derjenigen, die sie bevorzugen, wohlwollend begegnet, aber diskret und ohne Druck auszuüben daran erinnert, dass die nationale Gemeinschaft historisch dadurch fortbesteht, dass Kinder gemischter Abstammung zur Welt kommen.

Die erdrückende Benachteiligung der Jugend
und die Dschihad-Fabrik

Ehe wir analysieren, wieso Frankreich – wie auch England, Belgien und Dänemark – Dschihadisten für den Islamischen Staat hervorbringt, erinnern wir ebenfalls aus Gründen der Fairness an den inkompetenten Umgang unserer politischen Führung mit dem syrischen Bürgerkrieg. Monatelang versuchten Außenminister Laurent Fabius, die Zeitung *Le Monde* und weitere Kreise, Frankreich zu einer Militärintervention gegen das syrische Assad-Regime zu bewegen. Damals unterstützte unsere Obrigkeit lautstark jene Kräfte, die am Ende den Islamischen Staat ins Leben riefen. Die angehenden Gotteskrieger und der französische Staat bewegten sich also eine Zeitlang auf derselben Bahn. Allerdings ist von der französischen Regierung bislang noch nicht die leiseste Selbstkritik daran zu hören gewesen, dass sie vor diesem extrem gefährlichen Islamismus die Augen verschloss. Nimmt dies Wunder? Wenn Innenminister Cazeneuve von jeder Verantwortung für den mangelhaften Schutz der Redaktion von *Charlie Hebdo* freigesprochen wird, warum sollten dann die Irrungen des Außenministers angeprangert werden? Wenn Cazeneuve im Februar 2015 in Kopenhagen – nach den dortigen Terroranschlägen – seine Unterstützung für die dänische Polizei zur Schau stellen kann, dann darf auch Fabius seinen Weg getrost weitergehen.

Wenn wir uns auf eine Analyse des Dschihadismus einlassen, müssen wir den Methoden treu bleiben, die in diesem Buch bislang Anwendung fanden: uns nicht auf den Islam als die Ursache allen Übels und die Muslime als Schuldige stürzen, sondern den *französischen* (und in diesem Fall westlichen) gesellschaftlichen Mechanismus auseinandernehmen, der junge Franzosen (und Bürger des Westens) in den Terrorismus führt. Die Anzahl der Anwärter für den Heiligen Krieg – rund eintausend zu Beginn 2015 – zwingt uns dazu, dieses Problem soziologisch zu betrachten. Dass es sich bei ihnen zu einem beträchtlichen Anteil – 20 Prozent laut Erklärungen des Innenministers von Ende Februar 2015 – um Konvertiten christlicher Provenienz handelt, fordert im Übrigen dazu heraus, sich mit dem Problem der Jugend allgemein zu befassen.

Alle entwickelten Gesellschaften zeichnet der gemeinsame Zug aus, die Jungen – durch die Globalisierung und vor allem den Freihandel – in einem erdrückenden Maß wirtschaftlich und sozial zu benachteiligen. Die orthodoxeste Theorie klärt uns über die Gründe auf. Um aufzuzeigen, wie sehr sich dieses Problem schon *vor* Aufkommen des Dschihadismus stellte, zitiere ich aus meinem Vorwort zur Neuauflage von *L'illusion économique* von 1999. «Die wirtschaftsliberale Analyse erklärt ebenfalls sehr gut, wie sich, wenn nicht sogar warum, die Beraubung der westlichen Jugend vollzieht. Die Globalisierung führt die Arbeitsmärkte zusammen. Auf weltweiter Ebene, die Dritte Welt eingeschlossen, sind die Jungen zahlreich und ausbeutbar, während die zahlenmäßig schwach vertretenen Alten über das Kapital verfügen. Das Gesetz von der Angleichung der Preise von Produktionsfaktoren stellt sicher: Wenn sich ein Entwicklungsland dem Freihandel öffnet, wird der am üppigsten vorhandene Faktor bevorzugt, in dem Fall das Kapital, das demografisch bei den Alten liegt. Der relativ seltene Faktor, die Arbeit, der demografisch den Jungen zufällt, gerät ins Hintertreffen. Genau dies erleben wir augenblicklich: Die erdrückende Benachteiligung der Jungen, der Verlust ihrer Freiheit der Arbeit, ihrer Konsummöglichkeiten und ihrer Mobilität durch den Freihandel. Nur ein geringer Prozentsatz der Jungen, die an den angesehensten Bildungseinrichtungen Abschlüsse erworben haben, ist vor diesem Mechanismus der Verarmung wirklich geschützt.»[41]

Als starke und stabile Währung verschärft der Euro in seiner

Zone natürlich die Effekte des freien Warentauschs mit einer Politik, bei welcher der Inflationsbekämpfung die einzige Priorität eingeräumt wird. Die Deflation, die wir inzwischen erleben, begünstigt weiterhin die Inhaber fester und garantierter Einkommen, also die Rentner.

Die Überalterung der westlichen Bevölkerungen bringt überall betagte Wählerschaften hervor, deren Präferenzen die politischen Entscheidungen leiten, z. B. diejenigen für den Freihandel oder diejenigen zur vorrangigen Sicherung der Renten, die per Definition nur den Alten nützen. Um den materiellen Wohlstand zu gewährleisten, ist eine Kombination aus «gesicherter Rente und Freihandel», also aus einem «stabilen Einkommen und sinkenden Verbraucherpreisen» letztlich unschlagbar: Sie führte in den Vereinigten Staaten wie auch im Vereinigten Königreich oder in Frankreich bis in die Gegenwart dazu, dass die durchschnittlichen Einkünfte der ältesten Bürger stiegen, während die der jüngsten absanken. Für unsere Rentner besteht kein Gegensatz zwischen einem Markt, der für sinkende Preise sorgt, und einem Staat, der die Einkommen schützt.

Das Wahlvolk mit einem Durchschnittsalter von ca. 50 Jahren hat sich sicherlich gegenüber dem verändert, das im Mittel noch 35 Jahre alt war. Die Demokratie verändert ihre Natur, sie ist von Arthritis befallen. Während die Selbstmordrate der Über-65-Jährigen sinkt, zeichnet sich eine Krise der politischen Philosophie ab, die sich mit der Natur des Bürgers bald auf eine konkretere, eher physiologische Weise auseinandersetzen muss.

Mit Blick auf das, was uns hier beschäftigt, müssen wir feststellen, dass die Mittelschicht politisch eine entscheidende Stütze in den älteren Generationen insofern findet, als sich deren wirtschaftliche Interessen gegenwärtig mit denen der Führungskräfte und besser Qualifizierten decken, obwohl sie selbst weder besonders gebildet noch wohlhabend sind. Der Blick zurück in die Armut der Nachkriegszeit – in eine Welt ohne Toilette, Badezimmer, Kühlschrank, Fernsehgerät und eigenes Auto – genügt den heutigen Alten, um ihre Lage positiv zu bewerten und sich auf die Seite des gegenwärtigen «Sozialstaates» zu schlagen.

Die ökonomische Unterdrückung ist freilich ungleich verteilt und trifft vornehmlich die Jungen mit muslimischen Wurzeln: Jede Familie bemüht sich innerhalb ihres sozialen Netzwerks, ihre Kinder zu schützen, und ist darin umso erfolgreicher, je besser sie in das französische soziale Gefüge eingebunden ist. In diesem Spiel um Existenzen haben es die zuletzt Angekommenen am schwersten: Deswegen müssen wir die Arbeitslosigkeit, die unter den Kindern von Immigranten am höchsten ist, weitgehend ohne Rückgriff auf die Hypothese einer Diskriminierung erklären. Die Islamophobie kommt als Phänomen nur erschwerend hinzu. Die relativ kurze Zeit, die der Nachkommenschaft dieser Gruppe zur Eingliederung in die französische Gesellschaft zur Verfügung stand, erklärt zu einem großen Teil die erhöhten Arbeitslosenquoten unter den Jungen nordafrikanischer Herkunft.

Allerdings lässt sich die Unterdrückung der Jugend nicht auf ihre wirtschaftliche Dimension reduzieren. Ungeachtet des Jugendwahns, wie er auf Canal + zelebriert wird, können wir ganze Nachmittage damit zubringen, uns vor den Bildschirmen mit Werbung berieseln zu lassen, in der es um Sicherheitsbadewannen, Inkontinenz und Bestattungsversicherungen geht. Wir leben in einer ideologisch vom Alter dominierten Gesellschaft, in der die Jungen dazu aufgerufen werden, sich um ihre Altersvorsorge zu kümmern, noch ehe sie einen Arbeitsplatz gefunden haben. Mit ihren Alten, die im Geist keineswegs jung geblieben sind, bringen die am höchsten entwickelten Gesellschaften eine Jugend hervor, die auf ihre Alterung programmiert wird. So streben die Jungen als Ergänzung zu ihrer Rente möglichst schnell den Kauf eines Eigenheims an und tragen selbst zur Verkleinerung ihrer Wohnfläche bei, indem sie die Immobilienpreise in die Höhe treiben. Um das Bild abzurunden, drückt sich der «Sozialstaat der Mittelschicht und der Alten» darum, angemessen in den Bau neuen Wohnraums zu investieren.

Wenn es den Jungen nicht passt, können sie ja gehen: nach Amerika, Australien, jedenfalls irgendwo anders hin. Die Aussichten unserer Jugend auf das Reisen und Auswandern ist eines der beliebtesten Themen unserer Medien, insbesondere derjenigen, die von Alten gekauft und gelesen werden. Student oder Koch in den Vereinigten Staaten, Barmann in London, humanitärer Helfer in Westafrika: Jedes Abenteuer lohnt sich. Warum also nicht auch Gotteskrieger in Syrien sein für Junge aus den Problemvierteln, die in einem Sumpf aus Arbeitslosigkeit und Kleinkriminalität stecken? Das ist kein Scherz. Allen Ernstes kann man behaupten, dass die Fata Morgana des Islamischen Staates nur eine Anpassung an das Ideal der Auswanderung Junger ist, die unsere Magazine wärmstens empfehlen. Laut dem Institut IFOP waren im März 2014 49 Prozent der Leser von *L'Express,* 56 Prozent der von *Point* und 57 Prozent der des *Nouvel Observateur* über 50 Jahre alt.

Ohne einem reaktionären und religiösen Moralismus zu verfallen, müssen wir feststellen, dass die soziale und moralische Perspektive, die sich den Jungen in den am höchsten entwickelten Gesellschaften bietet, schlichtweg unbefriedigend ist, und dies trotz eines immer noch verblüffenden und sogar begeisternden technologischen Fortschritts. Aber die Perspektive, die sich im heutigen Frankreich hinter dem Jugendalter abzeichnet, ist nicht nur die der Videospiele, der sozialen Netzwerke und einer befreiten Sexualität. Sie ist auch das *moralisch erniedrigende* Schauspiel einer stetig wachsenden Ungleichheit und einer Arbeitslosenquote von 10 Prozent, die von der Politik hingenommen wird. Sie ist die des Nonstop-Kinos der Politiker, die ständig so tun, als machten sie gegeneinander Opposition, eines Parlamentes, das zur Theaterkulisse verkommen ist, und einer abgesicherten Mittelschicht, der es an Sensibilität für die anderen fehlt und die Fernsehsendungen schaut, die immer noch eine heile Welt vorführen.

Derweil füllen sich, wie erwähnt, die Gefängnisse zwangsläufig mit jungen Menschen, unter denen diejenigen, die eine kürzere Migrationsgeschichte haben, selbstverständlich überrepräsentiert sind. Im Übrigen weigert sich der französische Staat, in eine anständige Unterbringung der Gefangenen zu investieren, so dass Überbelegung die verheerenden sozialen Auswirkungen des Häftlingsumfelds verschärft. Gefängnis radikalisiert: Leichte wird zu schwerer Kriminalität, traditioneller Islam zum terroristischen Fundamentalismus. Wir beginnen zu verstehen, welche Mechanismen es schaffen, einen zusammengesponnenen und entstellten Islam zum Lebensinhalt und Sterbensgrund für so viele junge Menschen zu machen, seien es Muslime, ehemalige Häftlinge oder andere. Darüber darf nicht vergessen werden, dass die entfremdete Jugend in der westlichen Welt für ihre Verzweiflung auch andere Ventile findet.

Schottischer Fundamentalismus

Am 11. Januar stolzierte David Cameron, der britische Premierminister, an der Spitze der Demonstration, während die Wirtschaftspresse ihr Publikum mit den «Erfolgen» seiner Politik unterhielt. In Wahrheit handelt es sich bei ihr wie in der Eurozone um eine Sparpolitik, die hier wie dort unfähig ist, das Absinken der durchschnittlichen Einkommen und insbesondere das der Jungen zu bremsen. Von ihnen müssen manche nach dem Studium wieder bei den Eltern einziehen – im absoluten Widerspruch zum Kodex der Kernfamilie, die ihnen Selbständigkeit abverlangt. Die alberne französische politische Elite, die sich trotz ihrer Ausbildung an der Eliteuniversität ENA häufig kleinbürgerlich gebärdet, findet in England ihr Pendant in einer noch alberneren Führungsriege, deren Mitglieder schon in der Sekundarstufe der Schulen ausgewählt werden – eine Clique ehemaliger Schüler einer Handvoll sündhaft teurer Privatschulen mit Eton an der Spitze.

Da in Glasgow oder Edinburgh wenig Immigranten pakistanischer Abstammung leben, werden Schottlands Beiträge zum Heiligen Krieg wahrscheinlich eher bescheiden ausfallen. Aber David Cameron hat es trotzdem geschafft, die jungen Leute in diesem Teil Großbritanniens in die Sezession zu treiben, indem er blind an den (hauptsächlich auf die Börsen ausgerichteten)

Werten seiner Zeit festhielt. So stimmten beim Referendum im September 2014 57 Prozent der Schotten zwischen 16 und 34 Jahren für einen Austritt aus dem Vereinigten Königreich. 73 Prozent der Über-65-Jährigen entschieden sich für den Verbleib. Diejenigen, die mit der Geschichte des Vereinigten Königreichs vertraut sind, empfinden diese – wenn auch weniger gewaltsame – innere Auflösung durch die Entfremdung der Jugend als ebenso bedrohlich wie den Dschihadismus in den französischen Vorstädten. Tatsächlich eröffnete das Vereinigungsgesetz Act of Union 1707, mit dem die Parlamente beider Nationen verschmolzen wurden, in Schottland eine Periode außergewöhnlichen Wohlstands. In der Folge waren die Beiträge der kleinen Nation im Norden zur britischen Geistes- und Wissenschaftsgeschichte enorm: mit David Hume, Adam Ferguson, Adam Smith, James Watt, James Clerk Maxwell, Lord Kelvin etc. Nur wenige nationale Fusionen schienen so erfolgreich. Dank des Vereinigten Königreichs wurde Schottland zu einer führenden Nation der Moderne. Die Entfremdung der Jugend wird absolut überall, in unterschiedlicher zeitlicher Folge und verschiedener Form, die Frage nach dem inneren Zusammenhalt der westlichen Gesellschaft aufwerfen. Inzwischen ist jede Art des Zerfalls denkbar.

Diese sich abzeichnenden Probleme betreffen nicht nur die «Muslime» oder andere Religionsgemeinschaften. Denken wir, solange noch Zeit ist, an die vergessene Bretagne oder das von einer Territorialreform bedrohte Elsass. Der «Herbst der Rotmützen», wie die Proteste der Bretonen 2013 unter Anspielung auf Bauernaufstände des 17. Jahrhunderts genannt wurden, war gewiss nur eine Kostprobe.

Die Religionsphobie überwinden

In diesem Stadium der Analyse stellt sich die Frage, warum der Islam, der in Frankreich (und anderswo) von Gruppen eingeführt wurde, die in der Minderheit, insgesamt benachteiligt und wenig angesehen sind, auf junge Menschen Anziehungskraft ausübt. Während sich einige mit dem neuerlichen Bekenntnis zum Islam auf die Religion ihrer Väter rückbesinnen, vollziehen andere, aus einer katholischen oder säkularen Tradition kommend, einen Glaubensübertritt in Reinform.

Hysterisch zu leugnen, dass Religion einen Wert hat, führt hier nicht weiter. Was Frankreich, das in einer metaphysischen Krise steckt, derzeit sicherlich am meisten fehlt, ist eine minimale Gelassenheit beim Nachdenken darüber, was Religion Menschen zu bieten hat. Auch wenn wir Gefahr laufen, einen Charlie in die Verzweiflung zu treiben, der inzwischen die nationale Identität Frankreichs mit dem Recht auf blasphemische Äußerungen über Mohammed gleichsetzt, müssen wir überlegen, was der Islam bestimmten Franzosen bringen kann. Im Grunde geht es darum, die oben dargelegte Analyse zum Zombie-Katholizismus auf andere religiöse Systeme auszuweiten. Neben der negativen Rolle der Kirche in vielen Bereichen wurde auch der positive Aspekt der kooperativen Moral gewürdigt, die aus dem Katholizismus hervorging. Polanyis Thesen zum Katholizismus lassen sich auch auf den Islam anwenden, allerdings nicht auf den Islam allgemein, sondern auf seine in Frankreich vorherrschende Form, die von bestimmten Gruppen getragen wird, deren religiöse Praxis deutlich schwächer ausgeprägt ist als gemeinhin angenommen.

Der pauschale Vorwurf an sämtliche Religionen aller Zeiten, sie stünden dem Fortschritt im Wege, ist mitnichten gerechtfertigt. Das Gegenteil belegen der Protestantismus und das Judentum, zwei Buchreligionen, die Völker mit einem besonders hohen Kulturniveau hervorbrachten. In der Entwicklungsgeschichte der jeweiligen Gesellschaften bildete der religiöse Glaube den Ausgangspunkt für die Bildung der Massen. Die protestantischen, insbesondere skandinavischen Länder, die ab der Reformation die Vorreiterrolle übernahmen, zeichnen sich ebenso wie der Staat Israel noch immer durch einen besonders hohen Bildungsstand aus. Finnland hat seine Spitzenstellung bei den PISA-Studien, welche die alltags- und berufsrelevanten Leistungen Fünfzehnjähriger evaluieren, viel eher Luther als seiner Regierung zu verdanken, während der fortgeschrittene Kapitalismus daran gar keinen Anteil hat. Das Land ist ein Musterbeispiel für den Zombie-Protestantismus. Einen ganz anderen Verlauf nahm die Geschichte in Frankreich, wo sich die Kirche als Vertreterin eines rückwärtsgewandten Katholizismus der Alphabetisierung in den Weg stellte. Das ist wohl (unbewusst) der Grund, der vermutlich bis heute die meisten Franzosen als Gefangene ihrer Geschichte daran hindert, Religion in einem positiven Licht zu sehen.

Völlig unabhängig von der – nicht zu beantwortenden – Frage, ob Gott existiert und es Voraussetzungen für einen Zugang zum ewigen Leben gibt, kann ein Ideal, das eine individuelle Moral, ein kollektives Projekt und schöne Aussichten beinhaltet, Menschen in ihrem Bemühen unterstützen, den eigenen Status als fragile Geschöpfe in einer sinnlosen Welt zu überwinden. So gesehen könnten gewisse Spielarten des Islam durchaus positiv dazu beitragen, dass sich Einzelne psychisch stabilisieren, bessere Leistungen erbringen und sich erfolgreich in die französische Gesellschaft integrieren. Hier geht es nicht darum, die Probleme der Vorstädte strukturell durch den Islam lösen zu wollen! Aber klar sein muss, dass die Trabantenstädte heute weitaus mehr von der Anomie als vom Kommunitarismus bedroht sind. Die Anpassung an die französischen familiären und ideologischen Werte ist in ihnen schon viel zu weit vorangeschritten. Vorstellbar ist ein Beitrag, der aus den Randbereichen des muslimischen Glaubens kommt und manche Familien in ihrem Bemühen unterstützen könnte, geistige, schulische und soziale Leistungen zu fördern. Hier würde es schon genügen, wenn man diese Familien sich selbst überließe oder, besser gesagt, vor den Beleidigungen und Anfeindungen des militanten Atheismus schützte, der als ein *Radikalsäkularismus* neuerdings die Glaubensfreiheit bedroht. Dieser muss wie der Katholizismus, der Protestantismus, das Judentum und der Islam im Zuge eines echten Laizismus von öffentlichen Schulen ferngehalten werden.

Der Islam und die Gleichheit

Die eigentliche Frage, mit welcher der Islam die französische Gesellschaft konfrontiert, lautet nicht, ob er als ein uralter Kult die Leere in einer metaphysisch ausgehöhlten Welt ersatzweise ausfüllen kann. Dazu fehlt ihm seit langem die Kraft. Diejenigen Bevölkerungsteile, die einst seine Träger waren, sind, wenn auch mit leichtem Rückstand, wie die übrigen auf dem Weg der Säkularisierung. Aber wie der Katholizismus und der Protestantismus kann der Islam einer ungläubig gewordenen Bevölkerung Werte vermitteln und selbst dann noch wirken, wenn er als lebendiger Glaube schon untergegangen ist. Nachdem wir nacheinander die Existenz eines Zombie-Katholizismus und eines Zombie-Protestantismus annehmen mussten, müssten wir auch das Vorhandensein eines Zombie-Islam postulieren können. Nun zeichnet sich der Islam gerade dadurch aus, dass er die Gleichheit der Menschen als Wert stark betont. In der klassischen arabischen Familie gelten Brüder als gleichrangig, wie es im Erbrecht im Koran dargelegt wird. Auf die «weibliche Benachteiligung» komme ich weiter unten zu sprechen. Die schwache Autorität des Vaters, kombiniert mit der Gleichheit der Brüder, bildet das wesentliche Merkmal der weitgehend horizontal angelegten arabischen Familienorganisation, die auf der Solidarität der Brüder beruht.

Einen Teil seiner Expansionskraft bezog der Islam im Übrigen eben aus dieser grundlegend egalitären Ausrichtung, wie sie in den Schriften und auch in den Familienstrukturen, die ihm als Stützen dienten, zum Ausdruck kommt. Im Fall Frankreichs könnte sich der Egalitarismus des heute als Bedrohung wahrgenommenen Islam als echte Chance erweisen.

Das politische Verhalten der Wähler muslimischen Ursprungs in Frankreich zeigt einen starken Trend nach links. Dies erklärt sich logischerweise aus ihrer sozialen Zusammensetzung und den ideologischen Angriffen, denen sie seit Jahren ausgesetzt sind, auch wenn die gegenwärtige Linke (wie wir gesehen haben) größte Zweifel weckt, ob sie noch ihre angestammten Werte vertritt. Bleibt festzuhalten, dass die Stärke dieser Linksorientierung, die bei Erhebungen des IFOP gemessen wurden, auf eine innere ideologische Dynamik hindeutet: 80 Prozent der «muslimischen Franzosen» wählen stabil links (siehe Tabelle, S. 229).

Sieht man von der Wahl 2007 ab, bei der eine «notfallmäßige» Allianz gegen Sarkozy wirkte, sind ihre Stimmenanteile für die extreme Linke besonders bemerkenswert. Wenn alle Arbeiter Muslime wären, hätte Mélenchon politisches Gewicht …

Manche fragen sich, wie eine Religion und eine Familienstruktur, die der Frau einen derart niedrigen Status zuweist, als egalitär gelten kann. Eine solche Frage entspringt einer naiven und ahistorischen Vorstellung von Gleichheit, insbesondere, wenn es um die Gleichheit in den Familienstrukturen geht.

Die Ungleichheit der Geschlechter

Tatsächlich gelten in der egalitären Kernfamilie des Pariser Beckens sämtliche Kinder, Jungen wie Mädchen, im Erbrecht als gleichberechtigt. Es ist also nur natürlich, dass ein Franzose die Gleichheit zwischen den Männern untereinander einerseits sowie die zwischen Männern und Frauen andererseits als die beiden Seiten derselben Medaille sieht. Aber dies lässt sich keineswegs verallgemeinern. In den angloamerikanischen und skandinavischen Ländern ist zum Beispiel der höhere Status der Frau verknüpft mit einem fehlenden Gleichheitsprinzip unter Männern. Die egalitäre Kernfamilie des Pariser Beckens ist das Ergebnis einer langen historischen Entwicklung, die schon im spätrömischen Reich begann, als Kinder beiderlei Geschlechts eine Gleichbehandlung erfuhren. Noch früher, in der Römischen Republik, galt Gleichheit allerdings nur zwischen Söhnen. Am Anfang des Gleichheitsprinzips in der Familie findet man – in China, Nordindien und Russland – immer eine patrilineare Organisation, die *Männer in Abgrenzung zu den Frauen als untereinander gleich definierte.* Dies gilt auch für die arabische Familie.

Die arabische endogame kommunitäre Familie, die auf dem Prinzip der Gleichheit und der Solidarität der Brüder beruht, umreißt einen Universalismus, der sich auf Männer beschränkt. Sie folgte der üblichen Logik: «Wenn die Brüder gleich sind, sind die Menschen gleich, sind die Völker gleich, mit der Einschränkung, dass Frauen keine (normalen) Menschen sind.»

Der Islam ist folglich universalistisch ausgerichtet, wie die Französische und die Russische Revolution sowie im Übrigen auch das spätrömische Christentum. Das ist der Hauptgrund, warum diese Religion heute weltweit ein konfuses Streben nach Gleichheit zum Ausdruck bringt, die durch die wirtschaftliche Globalisierung stark in Bedrängnis geraten ist. Die schrumpfende Bedeutung Frankreichs in der Welt sowie der Zusammenbruch des Kommunismus haben im Herzen des weltweiten Wertesystems eine Lücke gerissen, die auch das wiedererstandene, aber deutlich geschwächte Russland trotz seiner Bemühungen, seinen einstigen Platz als offizieller Vertreter der Gleichheit der Völker und Nationen im geopolitischen Konzert wiedereinzunehmen, nicht schließen konnte.

In der Anthropologie müssen wir uns allerdings von der intuitiv einleuchtenden Vorstellung verabschieden, wonach es nur *einen* Universalismus geben könne. Sie offenbart vielmehr, dass die apriorische Vorstellung vom universellen Menschen im jeweiligen Familiensystem angelegt ist. Folglich handelt es sich beim französischen, russischen oder arabischen Universalismus in Wahrheit um einzelne Partikularismen.

Der Wert der Gleichheit, so wie ihn der Islam versteht, ist insofern problematisch, als Frauen klar ausgeschlossen werden. Auch wenn Youssef Courbage und ich in *Eine unaufhaltsame Revolution* zeigten, dass eine verbesserte Stellung der Frau Voraussetzung dafür war, dass in der arabischen Welt die Geburtenraten zurückgingen, so braucht der Anschluss an Westeuropa in diesem Bereich seine Zeit.[42] Nach wie vor gibt es in der anthropologischen Entwicklung einen bedeutenden Rückstand.

Die Forderung nach einer rechtlichen Gleichstellung der Palästinenser in Europa und in der arabischen Welt lässt deutlich erkennen, dass egalitäre und universalistische Werte beiden Teilen
der Welt gemein sind. Dennoch müssen wir (leider) berücksichtigen, dass die in den Tiefen der anthropologischen Systeme
vorhandenen unterschiedlichen Vorstellungen von der Stellung
der Frau den europäischen vom muslimischen Universalismus
unterscheiden.

Durch den Zusammenbruch des französischen Universalismus und den Aufstieg Deutschlands erlebt der europäische
Universalismus einen Niedergang, während sich der muslimische voll entfaltet, weil die gesamte arabische Welt mit ihren
egalitär ausgerichteten familiären Werten dank steigender Al-
phabetisierungsraten ideologisch aktiviert wird. Das an den
Palästinensern begangene Unrecht löst im Hexagon auf der
einen Seite natürlich solidarische Reaktionen aus, die auf die
noch aktiven universellen Werte der Revolution zurückgehen.
Auf der anderen Seite stehen die Franzosen allerdings in ihrer
Lebensart den Israelis näher. Dieser fundamentale Widerspruch
ist der Grund dafür, dass die ideologischen Interaktionen zwischen Europa und der arabischen Welt am Ende jedes Mal eher
Verwirrung stiften und Turbulenzen hervorrufen, als dass sie zu
Friedenslösungen führen. Auf die Fata Morgana des palästinen-
sischen ist die des Islamischen Staats gefolgt, der manche junge
Menschen dazu verführt, sich in ein wahnwitziges Abenteuer
zu stürzen. Zudem macht der Islamische Staat die Analysten
blind für die internen Dynamiken der französischen Gesellschaft. Der anthropologische Konflikt zwischen den beiden
Universalismen – dem französischen und dem arabischen –,
der im Nahen Osten noch für einige Jahre unlösbar bleibt, wird
in Frankreich auf natürlichem Wege verschwinden.

Die Nachkommen der nordafrikanischen Einwanderer in
den Vorstädten haben mit Blick auf ihre Sitten schon neun
oder zehn Zehntel des Wegs zu einer egalitären Wahrnehmung von Mann und Frau zurückgelegt. Ich habe bereits darauf hingewiesen, dass die Hälfte der jungen Leute mit algeri-

schen Wurzeln auf dem Wege der Mischehe in ihrer Assimilation bereits weiter vorangekommen ist als gewisse Theoretiker der gescheiterten Integration. Wenn wir diesen Aspekt in die Überlegung einbeziehen, sind wir einen großen Schritt weiter. Und statt eines Lamentos über die gescheiterte Integration ist vielmehr die Frage angebracht, ob der Zombie-Islam die politische Kultur Frankreichs nicht auf positive Weise wieder neu austarieren könnte. Aus Sicht der Anthropologie leuchtet ein, dass der Egalitarismus des Islam, sobald sich das antifeministische Element in der arabischen Kultur aufgelöst hat, mit dem des Pariser Beckens oder der Mittelmeerküste in hohem Maße vereinbar ist.

Ich habe die französische Gesellschaft als eine beschrieben, der die Ungleichheit als subjektiver Wert wie als objektive Realität zu schaffen macht. Ich habe aufgezeigt, dass die zur Ungleichheit tendierenden Regionen und Schichten, seien es die zombie-katholischen Provinzen oder die oberen Bereiche der sozialen Hierarchie, ideologisch wie politisch die Macht ergriffen haben. Wir müssen daher von einem teilweisen Zusammenbruch der zentralen egalitären französischen Kultur ausgehen, die hinter der Französischen Revolution stand und dafür sorgte, dass sich eine wirklich republikanische Republik entwickeln konnte. Der politische Hauptakteur beim Sturz der nationalen Kultur war die Sozialistische Partei, eine diskrete, aber einflussreiche Kraft hinter dem wachsenden Inegalitarismus.

Was die Einstellung zur Gleichheit angeht, so stehen die arabische Familie und der Islam der zentralen Tradition in Frankreich näher als die zombie-katholischen Provinzen oder die neorepublikanische Ideologie. Spürbar wird dies am Abstimmungsverhalten der Franzosen mit muslimischen Wurzeln, die stark der extremen Linken zuneigen und so in einer deutlichen Kontinuität mit der kommunistischen Wählerschaft in den roten Vorstädten liegen. Dem Anthropologen bleibt hervorzuheben, dass eine veränderte arabische und muslimische Kultur durchaus zur Wiederherstellung eines echten Republikanismus in Frankreich beitragen kann, sofern sie sich einen Teil ihrer

Kraft und ihrer Besonderheit erhält. Aber auch wenn diese optimistische Schlussfolgerung von höchster Bedeutung ist, müssen wir die Überlegung damit zu Ende führen, dass wir auch die
eventuell gefährlichen Elemente der egalitären Kultur, der muslimischen wie der republikanischen, im Blick behalten.

Der Antisemitismus in den Problemvierteln

Das vorangegangene Kapitel war weitgehend der Perversion
des Egalitarismus in den unteren Schichten im Kern des zentralen republikanischen Raums gewidmet. Sie manifestiert sich
dort in Form der Wahlerfolge des Front National. Ich habe
andere, frühere, monarchistische und später republikanische,
pervertierte Universalismen erwähnt: die Zwangsbekehrung
der Protestanten 1685, das Massaker an den Aufständischen in
der Vendée sowie die Anglophobie von 1793, den Antisemitismus egalitären Ursprungs der nordafrikanischen Kolonialher-
ren um 1898 und die Deutschfeindlichkeit von 1914. Für das
Jahr 2015 müssen wir den latenten Antisemitismus mancher
Jugendlicher mit maghrebinischen Wurzeln mit derselben
Strenge diagnostizieren. Im Antisemitismus in den Vorstädten
lässt sich unschwer eine neuerliche Perversion des Egalitarismus ausmachen.

Merah, Nemmouche, Coulibaly, Täter, die es auf Juden abgesehen hatten: Die in manchen Kreisen hochkommenden anti-
jüdischen Ressentiments sind inzwischen so deutlich zutage
getreten, dass sie nicht mehr zu leugnen und wie eine Selbstmordrate als soziologisches Phänomen zu behandeln sind. Es
wäre wieder ein Irrtum, sie in Frankreich als reinen Import
des israelisch-palästinensischen Konfliktes zu betrachten, auch
wenn die jungen Antisemiten in den Problemvierteln das an
Palästinensern begangene Unrecht im Nahen Osten bewusst
umtreibt. Wie die egalitär empfindenden Wähler des FN in den
unteren Schichten, die ihren Groll gegen die sichtbaren Unterschiede der ursprünglichen arabischen Kultur richten, wenden

sich manche Einwandererkinder, welche die französische Kultur angenommen haben, gegen den sichtbaren Unterschied praktizierender Juden im Nordosten von Paris, in dessen Randbezirken oder in verschiedenen Regionen Südfrankreichs. Der hysterische Egalitarismus kann, wie wir gesehen haben, zu einer Ablehnung des Anderen führen: Dieser wird, da er anders ist, obwohl er doch gleich sein müsste, schließlich als «nicht menschlich» klassifiziert.

Mit Blick auf die Pariser Region lässt sich theoretisch wie praktisch unmöglich auseinanderhalten, inwieweit der missverstandene Universalismus, mit dem zahlreiche Heranwachsende in den Vorstädten die Andersartigkeit der jüdischen Kultur ablehnen, in der zentralen französischen oder in der muslimischen Kultur seinen Ursprung hat.

Gleichwohl gibt es einen strukturellen Unterschied zwischen der Arabophobie der Wählerschaft des Front National und dem Antisemitismus in den Vorstädten. Die Wahlerfolge des FN ergeben sich aus einem Mechanismus der Staffelung im Bildungsniveau, der die unteren Schichten dazu antreibt, sich in den noch tiefer gelegenen Etagen der sozialen Hierarchie nach einem Sündenbock umzuschauen. Dagegen dürften die antisemitisch eingestellten Jugendlichen der Vorstädte Juden kaum als sozial unter ihnen stehend wahrnehmen. Ihre geringe Anzahl macht sie zwar zu idealen Sündenböcken, aber vor dem Hintergrund der Zersplitterung des sozialen Umfelds erscheinen gläubige Juden eher als beneidenswert. Ihre Einbindung in ihre Gemeinschaft schützt sie vor der Leere, die sich an den Rändern der französischen Gesellschaft ausgebreitet hat.

Die anthropologische Basis der Bevölkerung mit nordafrikanischem Migrationshintergrund ist in der Pariser Region in doppelter Hinsicht egalitär, weil sie pariserisch, aber eben auch muslimisch ist. In ihr überlagern sich der regional vorherrschende Individualismus und die Auflösung der endogamen kommunitären Familie in einer instabilen Mischung, durch welche die Betroffenen in der Realität jedes Schutzes durch ein Kollektiv beraubt sind. Der Einzelne mit nordafrikanischen

Wurzeln ist wie die meisten Franzosen aus dem Pariser Becken deutlich stärker der Anomie als dem Kommunitarismus ausgeliefert. Im Gegensatz dazu ermöglicht es die an sich differentialistische jüdische Kultur, sich notfalls in die schützende Gemeinschaft zurückzuziehen. Auch wenn die jüdische Familie die Nähe der Brüder und Cousins betont, fehlt ihr jedes Prinzip der Gleichheit. So illustriert die Bibel das ständige Hin und Her zwischen einer Theorie, in welcher der Erstgeborene (Esau) bevorzugt wird, und einer Praxis, die faktisch den Letztgeborenen (Jakob) begünstigt.[43] Die jüdische Familie ist traditionell exogam geprägt,[44] begegnet jedoch – anders als christliche Kulturen – Vetternehen nicht absolut feindselig und toleriert sie, sobald sie angesichts der geringen Größe der Gemeinschaft zu einer Notwendigkeit werden. Identität ist ebenso wichtig wie Bildung.

Bleibt festzuhalten, dass ungeachtet der allzu deutlichen Unterschiede zwischen der FN-Wählerschaft und dem Antisemitismus der Vorstädte in beiden Fällen der verstörende Mechanismus eines Universalismus wirkt, der, zeitweilig zur Integration oder Assimilation unfähig, in einen Rassismus umschlagen kann. Getragen von der aufstrebenden Ungleichheit, kann Charlie, der in den oberen Etagen der Gesellschaftsstruktur siedelt, im Namen seiner überlegenen Werte ungerührt demonstrieren und die beiden egalitär eingestellten und verirrten Gruppen unter ihm verurteilen: die Wähler des Front National, die er als Rassisten, und die Nachkommen der nordafrikanischen Einwanderer, die er als Antisemiten wahrnimmt. Dabei hat es gerade diese selbstgerechte Mittelschicht durch Egoismus und Verachtung in Kauf genommen, dass sich in den unteren Etagen der französischen Gesellschaft Verrottung breitmacht. Tagtäglich drängt sie ganze Bevölkerungsgruppen in ein gesellschaftliches Abseits, so dass sie sich mit deren Frustration und Wut nicht auseinandersetzen muss: Trotz der Bekenntnisse zum Antirassismus und der immer wieder feierlich vorgetragenen Versprechungen der Regierung, den Antisemitismus zu bekämpfen, sieht die Wahrheit so aus: Am Ende eines gewaltigen soziologischen Billardspiels hat es Charlie geschafft, durch einen üblen Umgang mit den muslimischen Franzosen die französischen Juden in Gefahr zu bringen. Und dank einer unsensiblen und sozial grausamen Wirtschaftspolitik wird sich an diesen Verhältnissen auch nichts ändern.

SCHLUSS

In dieser Schlussfolgerung möchte ich rasch daran erinnern, wie das republikanische Frankreich der Vergangenheit aussah, zusammenfassen, wie sich das neorepublikanische Frankreich der Gegenwart darstellt, und schließlich darlegen, vor welchen Alternativen wir stehen: den Islam bekämpfen oder mit ihm das Einvernehmen suchen. Ich werde mit einer angemessen pessimistischen Prognose zu dem schließen, was unsere Zukunft gefährdet.

Die echte republikanische Vergangenheit

Unmittelbar nach der Affäre Dreyfus und der Trennung von Kirche und Staat war die Dritte Republik (1870–1940), wie ich dargelegt habe, tatsächlich plurikulturell, auch wenn sie das Jakobinertum feierte. Ich verzichte hier auf den irreführenden Begriff des Multikulturalismus, der heute stark ideologisch gefärbt ist und hinter dem sich stets eine tiefsitzende Intoleranz verbirgt. Der Begriff plurikulturell spielt hier auf das Gegenteil an, auf eine geforderte Intoleranz, hinter der sich die Freiheit aller verbirgt. Im geografischen Zentrum Frankreichs regierte der Unglaube. In einer Konstellation randständiger Provinzen, auf einem Drittel des Staatsgebietes, herrschte – mit ihren Idolen und Schulen – die katholische Kirche. Mit einem späten Heiratsalter, ihrer Ablehnung der ehelichen Geburtenkontrolle und großen Familien wich die katholische Bevölkerung im Verhalten stark von der Norm ab. Angesichts einer Geburtenrate ihrer Schutzbefohlenen, die um 25 Prozent über dem Durchschnitt lag, konnte der Eindruck entstehen, als versuche die Kirche, in einem demografischen Kampf die Republik zu erobern. Dagegen herrschte im Zentrum der Nationalkultur eine sexuelle

Freizügigkeit wie nirgendwo sonst in Europa. Englische, deutsche oder italienische Adlige und Bürger suchten und fanden in Paris das Umfeld, in dem sie ihre Bedürfnisse ausleben konnten.

Obwohl offiziell einander feindlich gesinnt, pflegten die weltliche und die katholische Kultur ein gewisses Miteinander. Katholiken fielen täglich vom Glauben ab und schlossen sich dem Freidenkertum an. Zwischen den Lagern kamen häufig Mischehen zustande, die der vorherrschenden zentralen Kultur zumeist positiv begegneten. Auch wenn allenthalben Spannungen bestehen blieben, erlangten in diesem plurikulturellen Universum schließlich auch die jüdische und die protestantische Minderheit die Freiheit. Dieses unkonventionelle, aber disziplinierte Frankreich, das im Herzen anarchistisch war, in dem jedoch Staat und Kirche Autoritäten bildeten, faszinierte Europa nicht nur wegen seiner Devise «Freiheit, Gleichheit, Brüderlichkeit», sondern auch dadurch, dass es kulturell vielfältiger war als sämtliche anderen Nationen.

Auf den Punkt brachte dies J. B. S. Haldane, ein brillanter Genetiker, der geradezu karikaturenhaft den englischen Exzentriker verkörperte. Obwohl politisch äußerst links angesiedelt, sah er die Menschen nicht als gleich an, ein kleiner Mangel, der es ihm indes ermöglichte, das Frankreich der 1930er Jahre in seiner Besonderheit unter den Nationen zu erkennen:

«Eine junge Zivilisation neigt zu weniger Toleranz gegenüber der Vielfalt als eine ältere. Ein gewaltsamer und erfolgreicher politischer und sozialer Umbruch führt häufig dazu, einen bestimmten Menschentypus zum bewundernswerten Vorbild zu erheben. Der italienische Faschist orientiert sich an einem starken, wenn auch eher lautstark auftretenden Typus. Von einer gewaltigen Welle des Wohlstands getragen, idealisiert der Amerikaner die Kapitalisten und Erfinder, die diesen organisiert haben. In bestimmten stabilen Gemeinschaften überwiegt eine tolerantere Haltung. Unter der Dritten Französischen Republik finden wahrscheinlich so viele unterschiedliche Menschentypen Ermunterung wie in keiner anderen Gesellschaft.

Nehmen wir sieben menschliche Gestalten, die es dort zur Berühmtheit brachten: Pasteur, Renan, Anatole France, Marschall Foch, die heilige Therese von Lisieux, Sarah Bernhardt und Suzanne Lenglen. Ich bezweifle, dass ein anderer Staat eine Gruppe hervorbringen kann, welche die verschiedenen Aspekte der menschlichen Natur auf so deutliche Weise vertritt. In England wären beispielsweise gewisse Werke von Anatole France wegen angeblicher Anstößigkeit verboten worden, während die heilige Therese dort große Mühe gehabt hätte, ein heiliges Leben zu führen. Sie wäre beim Vollbringen der Wunder, die nach ihrem Tod anerkannt wurden, auf schier unüberwindliche Hindernisse gestoßen.

Unnötig hinzuzufügen, dass Frankreich trotz dieser gewaltigen Vielfalt an menschlichen Typen eine so charakteristische Kultur und in Zeiten der Krise einen derart hohen Grad an nationaler Einheit besitzt wie kein anderer Staat.»[45]

Mit anderen Worten: Der plurikulturelle Charakter Frankreichs hat den Individuen die Entfaltung durch eine Entwicklung ermöglicht, die in der jakobinischen Theorie in keiner Weise vorgesehen war. Die säkulare Homogenität der Vergangenheit ist ein reines Hirngespinst und die Theorie, die heute vom radikalen Säkularismus verbreitet wird, pure Fiktion. *Was man heute von den Muslimen verlangt, wurde bei den Katholiken niemals erreicht*, trotz über hundert Jahre gewaltsamer Konflikte, einschließlich des Kriegs in der Vendée, der 200 000 Todesopfer forderte.

Die neorepublikanische Gegenwart

Der Neorepublikanismus ist eine seltsame politische Lehre, welche die Sprache der Marianne zu sprechen vorgibt, die Republik tatsächlich aber zur Ausgrenzung bestimmt. In den letzten dreißig Jahren haben der wachsende Einfluss der zombie-katholischen Peripherie in Frankreich und die Krise des säkularen Zentrums in Kombination miteinander einen Umbruch herbei-

geführt: Inzwischen ist die Peripherie – und mit ihr die Gleichgültigkeit gegenüber dem Wert der Gleichheit oder sogar dessen Ablehnung – zur Vorherrschaft gelangt. Die Regionen, die
einst die Monarchie, dann die konservative Rechte und schließlich das Vichy-Regime unterstützten, sitzen inzwischen an den
Schalthebeln der Macht. Als organisiertes System hat Frankreich sein Wesen verändert.

Seine Kernkultur ist aus den Fugen geraten. Noch nicht ganz
untergegangen, verfügt sie wahrscheinlich nach wie vor über
eine latente Stärke, die unter der Oberfläche weiterhin wirkt.
Aber ihr Beitrag zum nationalen System drückt sich vor allem in
einer bestimmten egalitären Intoleranz aus, die sich unter den
angestammten unteren Schichten wie auch unter den Nachkommen muslimischer Einwanderer breitmacht, ein perverser Universalismus, der die sozialen Probleme freilich noch verschärft.
Anders als zu Haldanes Zeiten sichert die Zweiteilung des nationalen Systems nicht mehr die maximale Vielfalt der menschlichen Entfaltungsmöglichkeiten. Sie verstärkt im Gegenteil massiv die Ängste, welche die Zersplitterung des zentralen Systems
heraufbeschworen hat. Die Anomie sowie eine hybride und in-
stabile Intoleranz, in der Inegalitarismus und Egalitarismus in
Kombination auftreten, sind die Ursachen dafür, dass die Islamophobie auf nationaler Ebene auf dem Vormarsch ist. Unabhängig von jedem Anpassungsproblem der Bevölkerungsteile,
deren ursprüngliche Religion er ist, dient der Islam als Sündenbock in einer Gesellschaft, die über den Umgang mit dem eigenen Unglauben verunsichert ist und inzwischen nicht mehr
weiß, ob sie an die Gleichheit oder an die Ungleichheit glauben
soll. Diese Orientierungslosigkeit bildete den Nährboden für
den neorepublikanischen Diskurs, der Säkularismus und Ein-
stimmigkeit fordert. Dass der Laizismus und die Republik in den
letzten zwanzig Jahren allgegenwärtig beschworen wurden, offenbart im Übrigen den Niedergang des echten republikanischen Empfindens. Wie so oft kommt die Wahrheit gerade durch
ihre Verleugnung ans Licht.

Die Neorepublik, die in ihrer Konzeption dem Vichy-Regime

näher steht als der Dritten Republik, verlangt bestimmten Bürgern ein unerträgliches Maß an Selbstverleugnung ab. So muss sich der Muslim, will er als guter Franzose anerkannt werden, dazu bekennen, dass die Verhöhnung seiner Religion positiv zu bewerten sei, eine Forderung, die in Wahrheit darauf hinausläuft, seinem Glauben abzuschwören. Schon bringen ideologiebesessene Autoren mit hohen Auflagenzahlen als Lösung die Deportation ins Gespräch.

Wie das Vichy-Regime ist die Neorepublik kein national unabhängiges System, sondern nur ein Stück in einem komplexen multinationalen System, Europa, das Valéry Giscard d'Estaing in einem Buch beschwor, in dessen Titel an erster Stelle vielsagenderweise nicht das französische Wort für den Kontinent auftaucht.[46] Dieses Europa ist kein Verbund aus freien und gleichen Nationen, keine Erweiterung einer französischen Konzeption auf den ganzen Kontinent. Es ist vielmehr ein hierarchisches System, das von einer Nation – Deutschland – dominiert wird, während sich die anderen in einer feinen Abstufung unterordnen, die von der freiwilligen Knechtschaft Frankreichs bis zur ganz einfachen Knechtschaft der Südländer reicht. Eingebettet in ihren europäischen Kontext bildete die große Demonstration vom 11. Januar 2015 nur ein regionales Phänomen, das sich in einer der Provinzen des Systems abspielte. Dabei liegt der Schwerpunkt der Islamophobie woanders, verteilt auf zwei geografisch nicht deckungsgleiche Kreise.

Die islamophobe Dynamik ist einerseits charakteristisch für die gesamte Euro-Zone, die ihrerseits durch ihre zombie-katholischen Provinzen mit inegalitärer Neigung strukturiert ist. Diese Islamophobie des Typs K (wie katholisch) wird ein wenig dadurch gemäßigt, dass darin das universalistische Erbe der Kirche durchschlägt, tendenziell aber auch dadurch verstärkt, dass das Scheitern des Euro die dominanten Schichten verunsichert und sie dazu treibt, nach einem Sündenbock zu suchen, für den sich der Islam besonders zu eignen scheint. Die führende Klasse der Euro-Zone hätte die Russophobie als ideale Xenophobie der Eliten wohl bevorzugt. Aber den Russen fehlen zwei

Merkmale, die für eine befriedigende Eignung zum Sündenbock notwendig sind: eine bedeutende physische Präsenz im
Westen und insbesondere Schwäche. Auf Einwanderer aus dem
Mittelmeerraum einzudreschen erscheint schließlich weniger
riskant, als sich mit der russischen Armee anzulegen.

Der zweite Kreis, jener der Islamophobie des Typs P (wie protestantisch), liegt weiter im Norden und deckt sich nicht mit der
Eurozone. Der Protestantismus hat seiner Zombie-Nachkom-
menschaft zwar eine Dynamik im Bildungsbereich vermacht,
ihr aber auch sein grundlegend negatives Verhältnis zum Universellen hinterlassen. Schon eine ganze Weile wirkt in den Niederlanden, Dänemark sowie in Nord- und Ostdeutschland der
Zombie-Protestantismus als Katalysator der Islamophobie.

Das neorepublikanische System wird von einer Mittelschicht
dominiert, die von den schlimmsten Auswirkungen der Krise
des Wirtschaftssystems bislang noch verschont blieb. Sie hat
den französischen Sozialstaat unter ihre Kontrolle gebracht und
es akzeptiert, dass Industrie und Arbeiter der Krise zum Opfer
fallen. Aber verunsichert, zeigt sie Anzeichen einer Erschütte-
rung ihrer Ideologie, die sich in ihren Reihen durch eine zunehmende Islamophobie bemerkbar macht. Die Muslime als fiktive
Kategorie bereiten ihr neben den unteren Schichten zusehends
Kopfzerbrechen. So muss sie den Kampf um das gute Gewissen
jetzt an zwei Fronten führen: gegen den Populismus und gegen
den Islamismus.

Charlie hat seine Fähigkeit gezeigt, seine Lebensart und seine
Überzeugungen zu schützen. Die große neorepublikanische
Demonstration vom 11. Januar war von Hysterie, vom Zusam-
menrücken, aber auch insofern von Expansion geprägt, als es
der gehobenen Mittelschicht bei dieser Gelegenheit gelang, die
Ränge direkt unter ihr zurückzuerobern. Der Schock nach dem
Grauen des 7. Januar eröffnete die Möglichkeit, die Frankreich
beherrschende Ideologie erneut zu bekräftigen: Freihandel, Sozialstaat, Europäismus und Sparpolitik. Neu und wirklich be-
sorgniserregend daran ist die obsessive Furcht vor dem Islam,
der eifernde Diskurs um den Säkularismus, der in der oberen

Hälfte der gesellschaftlichen Pyramide um sich greift. Er ist im Grunde noch beunruhigender als die sich verfestigenden Wahlerfolge des Front National in den unteren Schichten.

Revolutionäre Umstürze, ob von rechts oder links, gehen stets von einer Bewegung der Mittelschicht aus, nicht vom einfachen Volk, das immer nur als «Handlanger» dient. In der marxistischen Tradition wurde der Kleinbürger häufig mit Spott bedacht. Aber im Gegensatz zum Proletarier machte er Geschichte: von der Französischen Revolution über den Faschismus und den Nationalsozialismus bis hin zum Kommunismus. Tatsächlich war die Partei der Bolschewiki die Schöpfung einer kleinbürgerlichen Intelligenzija. Und so war es auch die friedfertige englische und amerikanische Mittelschicht, welche die Stabilität der liberalen Demokratie in Großbritannien und den Vereinigten Staaten wahrte.

Wie schon angedeutet, steht Frankreich nun am Scheideweg zwischen zwei Optionen.

Zukunft 1: Die Konfrontation

Wenn Frankreich weiter den Weg der Konfrontation mit dem Islam geht, muss es schlicht darauf gefasst sein, dass die Nation auf einen kleineren Teil zusammenschrumpft und Risse bekommt. Innerhalb der jungen Generationen stellen die Franzosen, die als «Muslime» klassifiziert werden, rund 10 Prozent der Bevölkerung. Das von den Radikallaizisten beschworene Überfremdungsszenario bleibt schon deshalb aus, weil die meisten dieser «Muslime» den Islam in Wahrheit kaum praktizieren und häufig Ehen mit Partnern eingegangen sind, die selbst keinen Migrationshintergrund haben. Dagegen sind inzwischen überall und auf allen Ebenen der französischen Gesellschaft Muslime vertreten, die über ihre Nachkommenschaft fest mit der zentralen Kultur der Nation verschweißt sind. Eine Verschärfung der Angriffe auf den Islam führt deshalb auf keinen Fall zu dessen gesellschaftlichem Rückzug, sondern vielmehr zu einer Entfremdung der vollständig assimilierten Muslime. Sie wird die schützenden religiösen Überzeugungen der friedliebenden Muslime in den Vorstädten oder den französischen Provinzen stärken. Angesichts einer zum Dauerzustand verfestigten Arbeitslosigkeit, des verdüsterten Horizonts in einem Europa, das ums Goldene Kalb des Euro tanzt, und fehlender nachvollziehbarer Zukunftsperspektiven wird der radikale Islam fast sicher stärkeren Zulauf finden. Vermehrt werden wohl auch junge Menschen mit europäischen Wurzeln zum Islam übertreten, vor allem in den Regionen, in denen die individualistische Kernfamilie den anthropologischen Hintergrund bildet, nämlich im großen Pariser Becken – in der Normandie, der Picardie, der Champagne, in der Touraine und im Burgund: Hier sind die Generationen am wenigsten solidarisch und die Jungen weitgehend auf sich selbst gestellt.

Wenn es einem Teil der Jugend an «Sinn», an «religiösem Halt» fehlt, werden alle weiteren Angriffe auf den Islam als Sündenbock nur dazu führen, dass er zu einem befreienden Ideal hochstilisiert wird. Was den Älteren als schreckliche Bedrohung erscheint, wird von den Jüngeren als glanzvolle Verheißung wahrgenommen. Gymnasiasten zur neuen Religion des Säkularismus bekehren zu wollen, studierende Arbeitslose im Sozialdienst zu militarisieren, junge Menschen ins Gefängnis zu stecken und ihnen nach der Entlassung nachzustellen, all dies verschärft am Ende nur die Lage, wenn der Islam in den Augen einer desorientierten Jugend tatsächlich zum Licht am Ende des Tunnels wird.

Eine solche Konfrontation kann sich Frankreich schlichtweg nicht leisten. Dass es die Vertreibung der Protestanten und den Krieg in der Vendée überlebt hat, ist nur seiner damaligen Stellung als führende demografische Macht Europas zu verdanken. Dagegen liegt klar auf der Hand, dass das heutige Frankreich seine Position als Mittelmacht aufs Spiel setzt, wenn es 10 Prozent seiner jungen Bevölkerung zu Bürgern zweiter Klasse stempelt und die Begabtesten von ihnen ins angloamerikanische Ausland treibt.

Außerdem macht Rassismus, sobald er sich der Geister bemächtigt, bei keiner bestimmten Kategorie halt. Schon hat die Konfrontation mit dem Islam dem Antisemitismus eine beginnende Renaissance beschert. Dessen Ausbreitung in einer wirtschaftlich stagnierenden Gesellschaft, in der Religion zur Obsession geworden ist, bleibt sicher nicht auf Paris und die großen Städte beschränkt. Um auch die Mittelschicht zu erfassen, müssen die Ressentiments nur einen alten katholischen Antisemitismus reaktivieren und ihn in ihrer Zombie-Version wiederverwerten. Dann werden noch schneller und in noch größerer Zahl als die Muslime auch Juden das Land verlassen. Ich bezweifle, dass eine solche Nation für Bürger asiatischer Herkunft attraktiv bleibt. Bestimmte Franzosen mit chinesischen Wurzeln werden dann ebenfalls ihre Auswanderung, wahrscheinlich in die Vereinigten Staaten, vorbereiten.

Ist den Ideologen, die Härte empfehlen, um zur Homogenität zu gelangen, eigentlich bewusst, dass Frankreich nur wegen seiner Vielfalt eine echte europäische Macht bleibt? In Frankreich leben mehr Bürger mit muslimischen, afrikanischen, jüdischen oder chinesischen Wurzeln als in jedem anderen europäischen Land. Ihnen verdankt Paris seinen Status als Weltstadt.

Auch bin ich überzeugt, dass ein sich herausbildendes islamophobes Frankreich, dem seine dynamischsten Minderheiten den Rücken gekehrt haben, am Ende sogar manche seiner Provinzen zermürbt. Die Bretagne und das Elsass habe ich erwähnt. Aber wie würde sich die – ebenfalls zombie-katholische – Großregion Rhône-Alpes verhalten, in der im Osten die wirtschaftlichen und politischen Auswirkungen des europäischen Gravitationsfeldes schon jetzt deutlich zu spüren sind?

Eine Besonderheit der kriselnden westlichen Welt ist eine Art kollektiver Narzissmus, der fraglos von der übertriebenen Eigenliebe seiner Individuen herrührt, die den Zeitgeist mit ausmacht. Sein Gesamtsystem und seine nationalen Untersysteme wähnen sich wie seine Individuen im Zentrum von jedermanns Aufmerksamkeit, bewundert vom Universum. Dieser narzisstische Westen nimmt ein Moskau wahr, das angeblich «in der internationalen Gemeinschaft isoliert» ist, während in Wahrheit die chinesische Zentralbank den Rubel rettet, die Türkei Russland anbietet, als Transitland für die South-Stream-Pipeline einzuspringen, deren Verlauf durch Bulgarien Europa gestoppt hat, und der Iran und Indien massenhaft russisches Militärmaterial kaufen. Die NATO hat sich schon ausreichend blamiert.

Aber das Frankreich François Hollandes schwebt inzwischen in einem narzisstischen Taumel erster Güte. Am 11. Januar 2015 proklamierte unser Präsident Paris zur Welthauptstadt. Tatsächlich schlug unserem Land nach den Anschlägen auf die Redaktion von *Charlie Hebdo* und den jüdischen Supermarkt eine gewaltige Welle der Sympathie entgegen. Dieser Augenblick ist vorüber. Als nach der Wiedereröffnung der Redaktion am 14. Januar die erste Ausgabe des Blattes erschien, die erneut Mohammed aufs Korn nahm, geriet Frankreich in eine moralische Isolation, wie es sie in seiner Geschichte niemals gegeben hat. Sicher kann es auf Dänemark mit seinen Meistern in Sachen Karikatur, auf Deutschland mit seinen Theoretikern der Beschneidung und auf die Niederlande, die in ihrem Feldzug gegen den Islam das erste Opfer zu beklagen hatten, immer noch zählen. Aber auf wen sonst noch?

Die angloamerikanische Presse weigerte sich, den *Charlie* vom 14. Januar 2015 abzudrucken. Die Russen, die Japaner, die Chinesen wie auch die Inder bewerteten die französische Haltung einhellig als überflüssig beleidigend und insgesamt sogar als unanständig. Fast hätte ich die Gesamtheit der muslimischen Welt vergessen. Die Wahrheit lautet, dass sich Frankreich in seinem radikalen Säkularismus eingemauert hat, allein und tragisch provinziell dasteht wie eine winzige ethnische Gemeinschaft, die – zum allgemeinen Desinteresse oder zur allgemeinen Missbilligung – einsam ihr Idol beweihräuchert. Im Zeitalter der Globalisierung sollte man es unterlassen, die kulturellen Symbole der anderen zum Spaß zu beleidigen.

Abwanderung von religiösen Minderheiten ausländischer Herkunft, Abfall von Provinzen, moralische Isolation in einer globalisierten Welt: Ja, als Perspektive ist das Ende Frankreichs durchaus vorstellbar. Nicht wegen des Islam, sondern wegen der Islamophoben.

Zukunft 2: Die Rückkehr der Republik:
Das Einvernehmen mit dem Islam

Dieses Szenario ergäbe natürlich nur vor dem Hintergrund einer wiedergefundenen nationalen Freiheit Sinn. Ohne Ausstieg aus dem Euro ist keine Wirtschaftspolitik möglich, welche die Arbeitslosigkeit senkt und die Lage der wirtschaftlich Schwächsten verbessert, der Jungen in der Gesellschaft mit muslimischen Wurzeln oder ohne. Europäismus und Islamophobie hängen inzwischen zusammen. Entsprechend ist die Eindämmung der Islamophobie und des Antisemitismus undenkbar ohne Ausstieg aus der europäistischen Misere.

Um jedem Missverständnis vorzubeugen: Bevor über ein Einvernehmen mit dem Islam nachgedacht werden kann, muss an den Kern des republikanischen Paktes erinnert werden. Dieser legt fest, was in der Republik nicht verhandelbar ist:

1) Das Recht auf Blasphemie.
   a) Dieses Recht ist unantastbar. Die Ordnungskräfte müssen für die Sicherheit der Religionslästerer garantieren. Innenminister, die an dieser Aufgabe scheitern, müssen sich vor der Nation verantworten.
   b) Französische Bürger – muslimisch oder nicht –, die der Auffassung sind, dass Blasphemie gegen die Religion einer dominierten Gruppe sinnlos und feige ist, müssen ihre Meinung äußern dürfen, ohne sich dem Vorwurf auszusetzen, sie rechtfertigten Terrorismus oder seien keine richtigen Franzosen. Der Staat muss ihre freie Meinungsäußerung schützen.
2) Die Assimilation als notwendige Perspektive.
   a) Unabhängig von der jeweiligen Abstammung sind die

Franzosen dazu bestimmt, als freie und gleiche Individuen zusammenzuleben, was beinhaltet, dass die Gruppen irgendwann in Zukunft miteinander verschmelzen werden, indem sie untereinander immer mehr Mischehen eingehen.

b) Die Vermischung der einzelnen Bevölkerungsgruppen untereinander setzt voraus, dass religiöse Unterschiede verschwinden und – zugegebenermaßen – religiöse Skepsis und Freidenkertum vorherrschen werden.

c) Die Gleichheit der Stellung von Mann und Frau ist eine Voraussetzung für die Mischehe. Sie muss im republikanischen Geltungsbereich ein Glaubensartikel sein. Nur bei übereinstimmenden Sichtweisen dazu, wie ein Ehepaar zusammenleben soll, kann eine Eheschließung zwischen Individuen mit unterschiedlichem kulturellem Hintergrund gelingen. Folglich ist das Verbot, an schulischen Einrichtungen das islamische Kopftuch zu tragen, als Symbol für die Gleichstellung der Frau ebenso zu begrüßen wie die französische Forderung nach Exogamie. Dieser positive Schritt ist noch immer eine Notwendigkeit.

Damit bleibe ich Verfechter der Assimilation, beharre aber auch auf der Ansicht, dass der laizistische Diskurs ignorant und böswillig ist, wenn er die nachrangige Stellung der Frauen mit der islamischen Theologie in Verbindung bringt und behauptet, die im Koran enthaltenen Rechtsvorschriften stünden mit dem französischen Zivilrecht ernsthaft im Widerspruch. *Der Islam räumt dem örtlichen Brauchtum stets den Vorrang vor den Vorschriften des Korantextes ein. Nirgendwo in der muslimischen Welt werden die im Koran enthaltenen Erbregeln umgesetzt.* Der berüchtigte «halbe Teil» für Töchter wird von den Bauern der arabischen Welt abgelehnt. Im östlichsten Verbreitungsgebiet des Islam werden – in aller Freiheit gegenüber Mohammeds Botschaft – sogar die Mädchen vor den Jungen bevorzugt. Tatsächlich stellt in Indonesien, dem bevölkerungsreichsten muslimischen Staat, der Islam die Frauen ins Zentrum der Familie, die vorwiegend matrilokal organisiert ist. Gerade unter den Ethnien, die ihren Glauben noch am intensivsten praktizieren, wie den Minangkabau, gilt im Erbrecht klar das matrilineare Prinzip. Männer haben zuweilen sogar einen schweren Stand. Ein Islam der Gleichstellung zwischen den Geschlechtern existiert bereits und wird von 250 Millionen Indonesiern praktiziert.

Assimilation darf freilich nicht heißen, Prinzipien dogmatisch und kontraproduktiv umzusetzen. In diesem Traum müssen die Realitäten der Welt, der Rhythmus des Lebens und die jeweiligen aktuellen sozialen und wirtschaftlichen Schwierigkeiten im Blick bleiben. Die Ideologie vom universellen Menschen darf weder den Bürger der aufnehmenden Gesellschaft noch den Zuwanderer davon abhalten, dem anderen mit Menschlichkeit zu begegnen. Es braucht die Fähigkeit, Dingen Zeit zu geben, ein Leben mit den Unvollkommenheiten des Wandels zu akzeptieren und mit Nachsicht auf die Schwächen des Anderen zu blicken. Das Wohlwollen ist nicht nur für sich eine positive Haltung, es ist langfristig auch wirksamer als die Konfrontation, die stets Hass erzeugt und polarisiert.

Schon weit vorangeschritten, hat sich die Assimilation der Kinder muslimischer Einwanderer inzwischen wieder verlangsamt, weil ihr wirtschaftliche Schwierigkeiten im Wege stehen und sich die französische Gesellschaft inzwischen unsicher geworden ist, welche Ziele sie verfolgt. Die Atomisierung und die Leere, die mit der Krise der entwickelten Welt einhergehen – oder besser: sie charakterisieren, setzen überall Mechanismen des Selbstschutzes und des Rückzugs in Parallelgesellschaften in Gang. Diese Entwicklungen sind im Frankreich des Zombie-Katholizismus und teilweise unter der jüdischen Bevölkerung wohl stärker ausgeprägt als bei den Gruppen mit muslimischen Wurzeln, die von den Familienstrukturen aus betrachtet in Auflösung begriffen sind. Vor diesem Hintergrund muss Frankreich seinen muslimischen Mitbürgern das Recht zugestehen, ihre Religion frei auszuüben und sich dazu zu bekennen, wenn sie Mohammed-Karikaturen als anstößig empfinden. Aber dies ist nur ein winziger Teil des Problems. Der Islam muss umfassend als Teil der Nation so akzeptiert und legitimiert werden wie einst die Kirche. Dem Bau von Moscheen dürfen keine Hindernisse mehr in den Weg gelegt werden. Hier sind sogar Rückstände aufzuholen.

Diese Vision ist keine Utopie. *Es ist die Forderung nach einer Rückkehr zur wahren Vergangenheit der Republik. Wir müssen dem Islam das zugestehen, was in der Zeit des siegreichen Laizismus dem Katholizismus zugebilligt wurde.* Angesichts der bescheidenen Größenordnung und der Zersplitterung der Bevölkerung muslimischen Ursprungs in den Vororten verbietet es sich, den Vergleich mit den Provinzen der katholischen Peripherie allzu eng zu ziehen. Die Muslime machen, getrennt nach Altersgruppen erhoben, zwischen 5 und 10 Prozent der Bevölkerung aus. Als vereinzelte Gruppen mit unterschiedlicher nationaler Herkunft und Glaubenspraxis werden sie niemals das Gewicht der einstmals katholischen Provinzen erreichen, die ein Drittel des französischen Staatsgebiets ausmachen, zu ihrer Zeit deutlich homogener waren und in denen eine Führungs- und eine Mittelschicht beträchtlichen Einfluss ausübten. Als Kraft kann der Islam ein Gewicht erlangen, das zwischen einem Drittel und einem Zwanzigstel dessen beträgt, was in der Republik einst die Kirche darstellte.

Realistischer- und notwendigerweise gilt es am Ende, ganz und gar sowie freudig anzuerkennen, dass es in der französischen Kultur, in unserem nationalen Wesen, inzwischen auch eine muslimische Provinz gibt. Zudem gilt es, einen neuen Krieg der Art zu verhindern, der einst gegen die Vendée geführt wurde und nur zur Festigung des Katholizismus beitrug. Nachdem dieser schließlich akzeptiert worden war, löste er sich nach dem Zweiten Weltkrieg spontan auf. Der Islam als unsere neue Provinz glaubt an die Gleichheit – im Gegensatz zur Kirche, die auf einem hierarchischen Prinzip gründete, das in allen Punkten das Gegenteil des republikanischen Ideals war. Eine positive Integration des Islam würde die republikanische Kultur folglich eher stärken als ihren Zusammenbruch herbeiführen.

Wir müssen eher auf die Zeit als auf die Ideologie setzen, wenn es darum geht, Spannungen abzubauen und menschliche Beziehungen zu befrieden. So entstehen mehr religiöser Relativismus, mehr Mischehen und mehr Franzosen, die sich schwer damit tun, ihren Glauben und ihre religiösen Ursprünge ohne weiteres zu definieren.

Zwar ist ungewiss, ob die Assimilation der betreffenden Bevölkerungsgruppen erneut ein hohes Tempo erreicht angesichts der – im polanyischen Wortsinn verstandenen – Leere, die im hochentwickelten Kapitalismus aufklafft. Aber ein Einvernehmen kann hier gelingen, während Konfrontation zwangsläufig scheitern muss. *Das Einvernehmen mit dem Islam zu suchen ist selbst bei geringsten Erfolgsaussichten akzeptabel, weil die Konfrontation mit ihm zu 100 Prozent scheitert.*

Die absehbare Verschärfung

Konfrontation oder Akzeptanz: Auch wenn beide Optionen existieren, müssen wir einräumen, dass die heutige französische Gesellschaft den Weg der Konfrontation eingeschlagen hat. Charlies egoistische Glückseligkeit, die Wahlergebnisse des Front National und der Antisemitismus in den Problemvierteln wecken Zweifel, ob eine Trendwende noch möglich ist.

Was Frankreich braucht, ist – bildlich gesprochen – ein neues Föderationsfest, wie es am 17. Juli 1790 zum ersten Jahrestag der Erstürmung der Bastille stattfand. In ihm müssen sich alle Bestandteile der Nation wiederfinden. Doch fehlt gegenwärtig jede organisierte politische Kraft, die empfänglich dafür wäre, Frankreich von seiner europäischen Verkrustung zu befreien, um *Nation* mit *Großzügigkeit* zusammenzuführen und die unteren Schichten der angestammten Bevölkerung mit den zugewanderten muslimischen Franzosen auszusöhnen. Die Kraft, die von der Zone der egalitären Kernfamilie ausgeht, könnte im Namen einer egalitären Lehre die von Armut bedrohte gebildete Jugend, die in die Vorstädte verbannten unteren Schichten

und die Franzosen mit maghrebinischen Wurzeln zusammen-
bringen. Gemeinsam könnten sie die Dominanz des historischen MAZ-Blocks brechen, in denen Führungskräfte, Alte und
Zombie-Katholiken in der Akzeptanz der Ungleichheit zusam-
menhalten, um ihre Privilegien zu verteidigen. Dass sich eine
solche Bewegung bildet, ist allerdings selbst mittelfristig höchst
unwahrscheinlich.

Der Niedergang eines politischen Systems, in dem die Linke
auf inegalitärem und die Rechte auf egalitärem Terrain dominiert, wird sich fortsetzen und sich für einige Jahre sogar noch
in verschärfter Form äußern. Da die Überalterung des Wahl-
volks weiter voranschreitet, zeichnet sich ein System ab, das
vielleicht noch stärkere Verkrustungen zeigt, als es schon jetzt
der Fall ist. Wie kann man hoffen, dass Bürger, deren Durchschnittsalter 2015 in der Nähe von 50 Jahren liegt und das sich
jedes Jahr um 0,2 bis 0,3 Jahre erhöht, eine «Gewissenskrise» er-
eilt?[47]

Grafik 7 (S. 230) gibt eine Vorstellung vom Tempo dieser
Überalterung, die so niemand vorhersah. Ein Sechzigjähriger
konnte im Jahr 1950 auf 15 weitere, aber 2015 schon auf 22 weitere Lebensjahre hoffen. Bei den Frauen dieser Altersgruppe lag
die Erwartung zu den genannten Zeitpunkten schon bei 18 bzw.
27 Jahren. François Héran, der ehemalige Direktor des nationalen Instituts für Demografie (INED), machte in einem genialen
Vergleich deutlich, dass sich der massive Zuwachs an Alten wie
eine unvorhergesehene und unkontrollierte Zuwanderung analysieren ließe.[48]

Charlie wird weiter altern und selbstgerechter werden. Immer mehr umgetrieben werden wird er von wehmütigen Gedanken an seine Kindheit im Herzen eines weißen Frankreichs,
in dem es noch keine Halal-Metzgereien, aber an den Schulen
freitags Fisch gab. Damals hatten Kirche und Revolution noch
koexistiert.

Tatsächlich wird sich die Lage noch verschärfen. Wird es
dann ein Arrangement geben?

Die Geheimwaffe der republikanischen Erneuerung

Die französische Kernkultur, die im Zentrum des Pariser Beckens und an der Mittelmeerküste überwiegt, tut sich schwer damit, den Wert der Gleichheit zum Besten zu mobilisieren. Sie hat im Kampf ihre Geheimwaffe noch nicht eingesetzt.

In einem großartigen Artikel über die Vielfalt der Sozialwissenschaften verglich der Norweger Johan Galtung vor über dreißig Jahren die verschiedenen intellektuellen Stile im angelsächsischen, germanischen, französischen und japanischen Raum (*Saxonic, Teutonic, Gallic* und *Nipponic* nach seiner Terminologie): Der saxonische oder amerikanische Intellektuelle gehe empirisch vor, entwerfe zahlreiche kleinere Pyramiden und trage es mit Fassung, wenn sich einer seiner kleinen Konstrukte als undurchführbar erweise. Der nipponische Intellektuelle sei ein Mann (oder eine Frau), ausgestattet mit einem wendigen Rad, das es ihm (oder ihr) ermögliche, sich auf kein allzu klar definiertes Modell festzulegen, weil er (oder sie) vor allem darauf bedacht sei, die Komplexität der Welt im Blick zu behalten. Der teutonische Intellektuelle sei Baumeister einer eindrucksvollen Pyramide, neige aber zum psychischen Zusammenbruch, sobald sich die Irrigkeit seiner Konstruktion zeige. Und der gallische Intellektuelle errichte wie der teutonische eine gewaltige Theorie, die aber wie eine Hängematte fröhlich zwischen zwei Polen hänge. Sein unter Spannung stehendes System, so Galtung, werde nie so ganz ernst genommen von seinem Urheber, der es stets eilig habe, mit einem guten Frühstück um eine Grundsatzdiskussion herumzukommen. So meint Galtung: «Ich denke, dass der teutonische Intellektuelle wirklich glaubt, was er sagt, was bei seinem gallischen Pendant niemals der Fall ist … Der gallische Intellektuelle neigt eher dazu, sein Modell als eine Metapher zu betrachten, die ein wenig Licht in die Realität bringt, aber *nicht allzu ernst genommen werden darf.*»[49] (Hervorhebung durch den Autor.)

Diese Äußerung könnte man als skandinavische Reprise des

abgenutzten Themas der französischen Leichtigkeit abtun. Aber wo es um Rassismus geht, wird die Frage, ob Ernst im Spiel ist, zu einem gewichtigen soziologischen Faktor. Erst der Ernst macht Rassismus richtig gefährlich. Er treibt in den USA Hunderte weißer Familien dazu umzuziehen, wenn sich in ihrer Straße eine oder zwei schwarze Familien niederlassen. Er trieb im Ersten Weltkrieg Deutsche dazu an, sich zu vergewissern, ob die Juden ihren Militärdienst ableisteten. Und er bescherte Deutschland die unsägliche «Debatte» um die Beschneidung von Kindern, die mit einem Gesetz endete, die es muslimischen und jüdischen Eltern erlaubt, den Eingriff an ihren Kindern vornehmen zu lassen. Franzosen sind unfähig zu dieser Art von Ernst, der den Menschen abverlangt, die von der Ideologie gezogenen Linien und Grenzen auch wirklich zu respektieren. Die Haltung, die das zentrale Frankreich seiner gesamten Peripherie zu deren Glück aufzwang und die Charlie ebenso verinnerlichte wie die Wähler des FN oder die Jugendlichen in den Vorstädten, wird am deutlichsten spürbar in den Beziehungen zwischen den Geschlechtern. In der Anthropologie des Alltags geht es darum, den universellen Menschen aus der Ideologie in die konkrete Frau zu überführen, den abstrakten Anderen in der andersartigen Frau wiederzufinden, bei deren konkreter Verkörperung Ablehnung deutlich schwerer fällt als im Abstrakten, insbesondere wenn sie hübsch ist. Vor die Wahl zwischen einer schönen Exotin und einer Schreckschraube nationaler Abstammung gestellt, entscheidet der französische Universalist nicht nach der Herkunft – ebenso wenig wie im umgekehrten Fall die Universalistin.[50] Dass in den Beziehungen zwischen den Geschlechtern ideologischer Ernst fehlt, ist eine Grundlage, auf die man bauen kann. Mit ihr könnte Frankreich sich selbst treu bleiben, aber gewiss nicht, indem es eine Ideologie der Blasphemie kultiviert, die angeblich staatsbürgerliche Bildung verbreitet, den Laizismus als vorrangiges Gut verteidigt oder großsprecherisch mit anderen Lappalien aufwartet. Das alles wird Frankreich vielleicht einmal hinter sich lassen, weil es sich Gott sei Dank niemals ganz in den Ernst hineinsteigert.

Ich hatte lange Zeit absolutes Vertrauen in die Fähigkeit meines Landes, Einwanderer jedweder Herkunft – Juden, Asiaten, Muslime und Schwarzafrikaner – zu assimilieren. Wie ich gestehen muss, kommen mir seit einiger Zeit Zweifel. Vielleicht ist Paris trotz allem eines Tages ein Weltwunder, die Stadt, in der die Vertreter aller Völker der Welt vereint sind, ein neues Jerusalem, in dem die Phänotypen, die durch die weltweite Ausbreitung des *Homo sapiens* seit 100 000 Jahren voneinander getrennt waren, wieder miteinander verschmolzen, vermischt und zu einer Menschheit zusammengeführt sind, die von allen rassistischen Ressentiments befreit ist. Aber auch wenn Frankreich am Ende wieder es selbst werden kann, verläuft der Weg dorthin deutlich chaotischer, als ich es mir vor zwanzig Jahren vorgestellt habe. Schon jetzt lässt sich sicher sagen, dass meine Generation dieses gelobte Land nicht mehr erblicken wird.

KARTEN, GRAFIKEN UND TABELLEN

Regionen und Départements in Frankreich

I. 1a: Die religiöse Praxis 1960

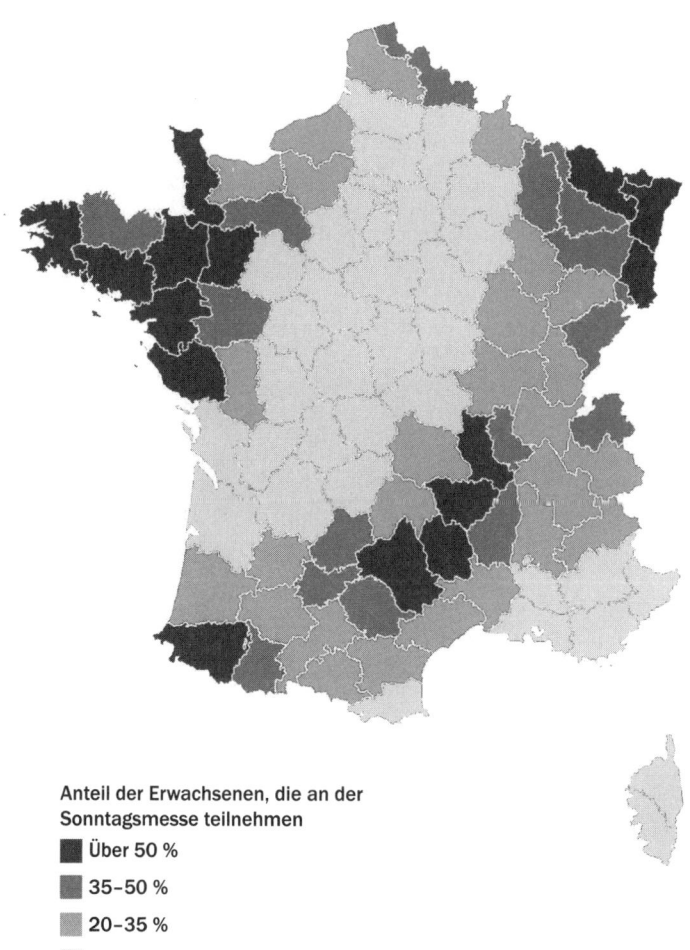

Anteil der Erwachsenen, die an der
Sonntagsmesse teilnehmen

- ■ Über 50 %
- ■ 35–50 %
- ■ 20–35 %
- ☐ Unter 20 %

I. 1b: Der Eid auf die Verfassung 1791

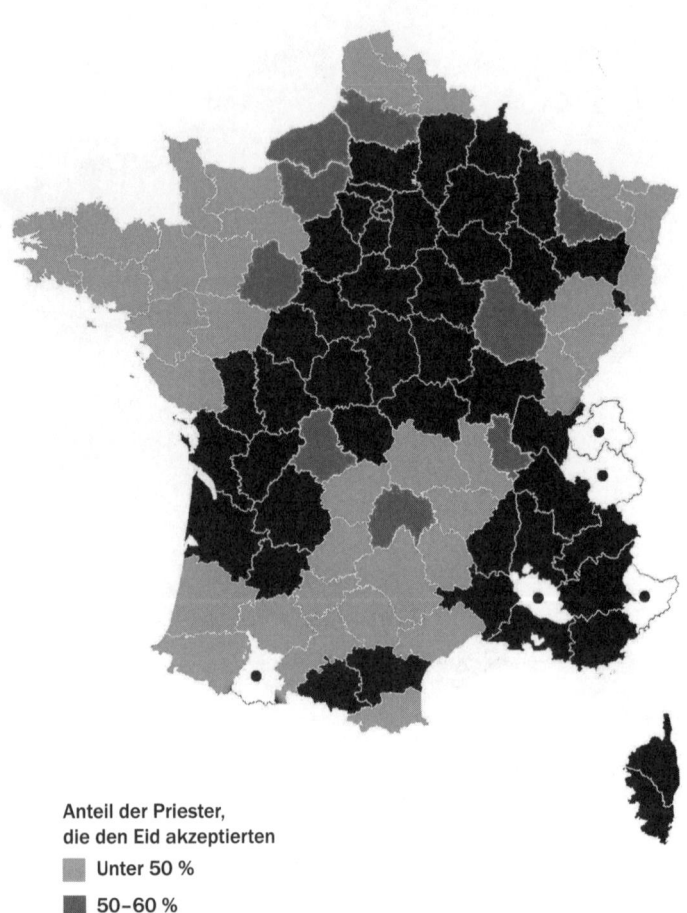

**Anteil der Priester,
die den Eid akzeptierten**

- Unter 50 %
- 50–60 %
- Über 60 %
- Keine Daten

I. 1c: Die religiöse Praxis 2009

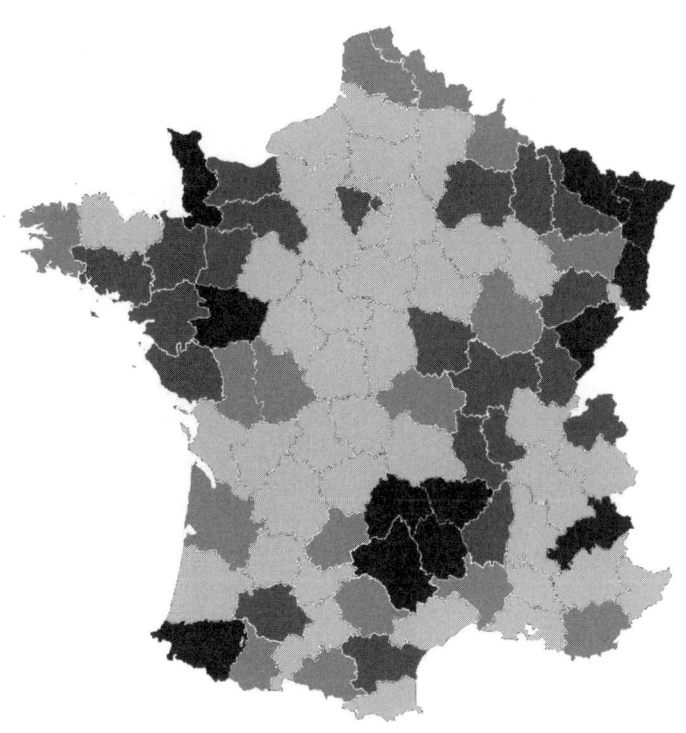

Praktizierende Katholiken:
Selbstauskunft der Befragten
für das Institut IFOP

■ 19–26 %

■ 16–19 %

■ 14–16 %

□ 8–14 %

I. 2: Gleichheit in den Familienstrukturen

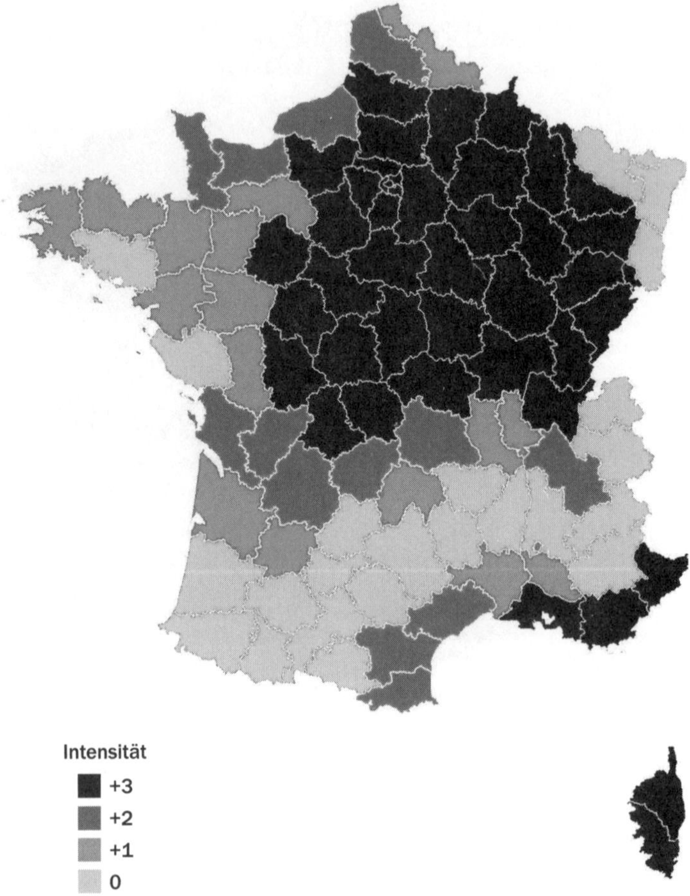

Intensität

+3
+2
+1
0

I. 3: Gleichheit im Gesamtergebnis

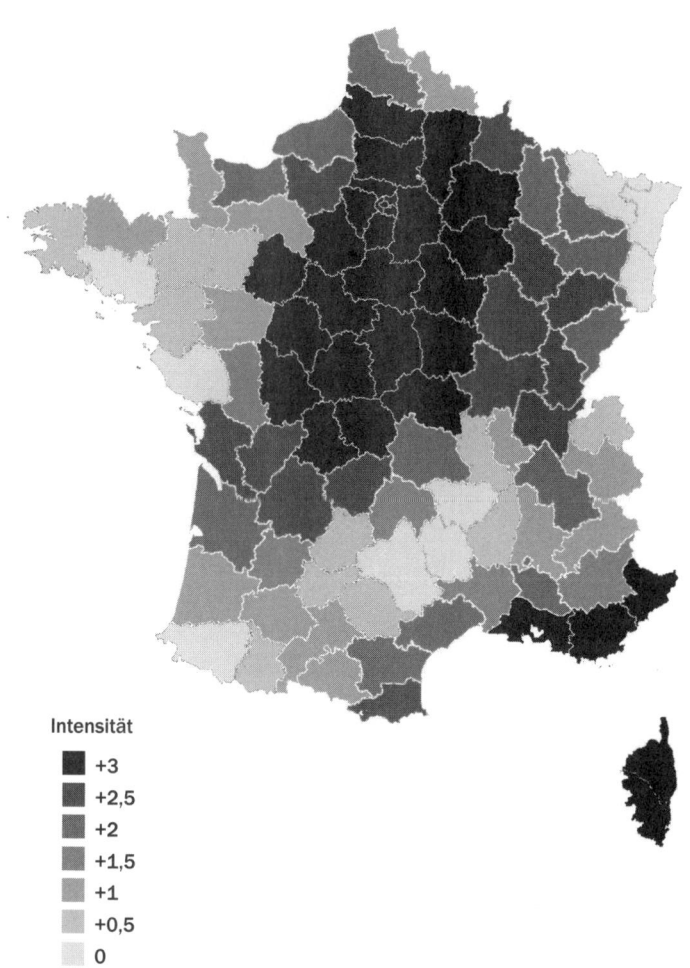

Intensität

- +3
- +2,5
- +2
- +1,5
- +1
- +0,5
- 0

I. 4: Referendum zum Maastricht-Vertrag 1992

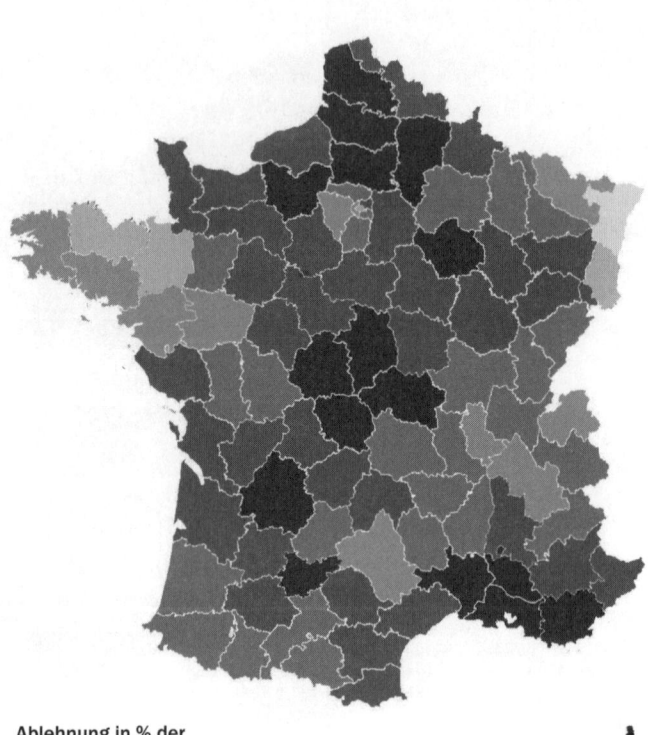

Ablehnung in % der
abgegebenen Stimmen

- 55–60 %
- 50–55 %
- 45–50 %
- 40–45 %
- 35–40 %
- 30–35 %

I. 5: Referendum zum EU-Verfassungsvertrag 2005

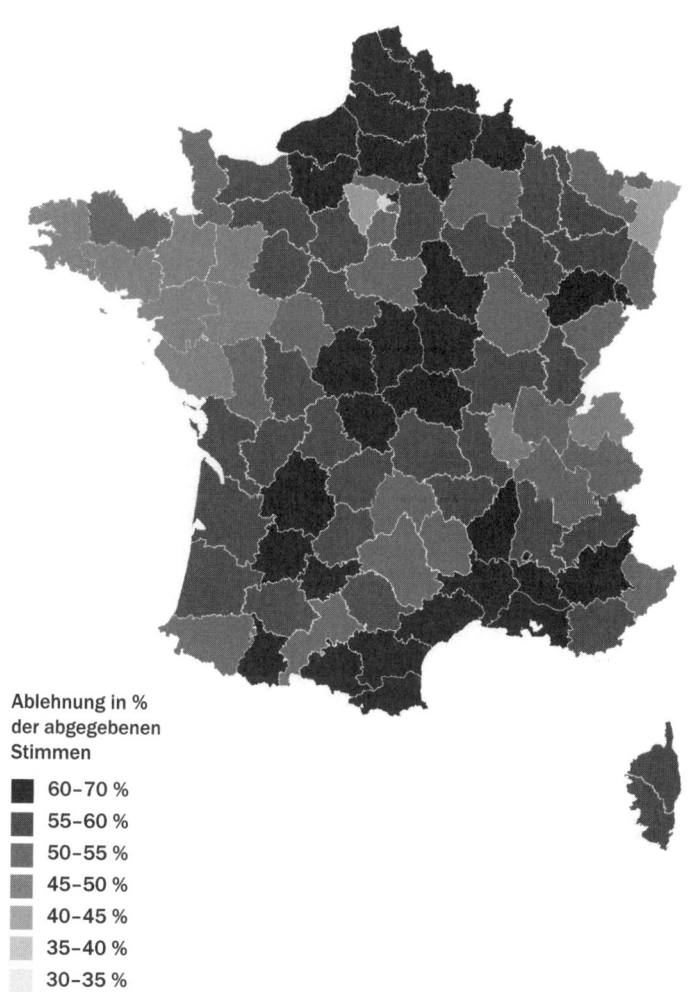

Ablehnung in %
der abgegebenen
Stimmen

- 60–70 %
- 55–60 %
- 50–55 %
- 45–50 %
- 40–45 %
- 35–40 %
- 30–35 %

I. 6: Stärke der Kommunistischen Partei Frankreichs 1973

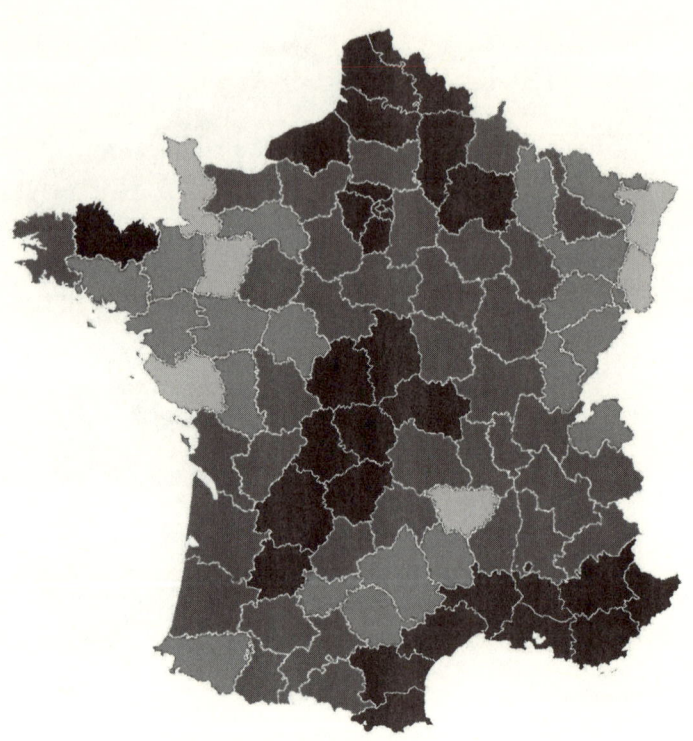

Anteil an den abgegebenen Stimmen

■ 23,5–35 %
■ 16–23,5 %
■ 9–16 %
□ 6–9 %

II. 1: Mobilisierung bei Demonstrationen

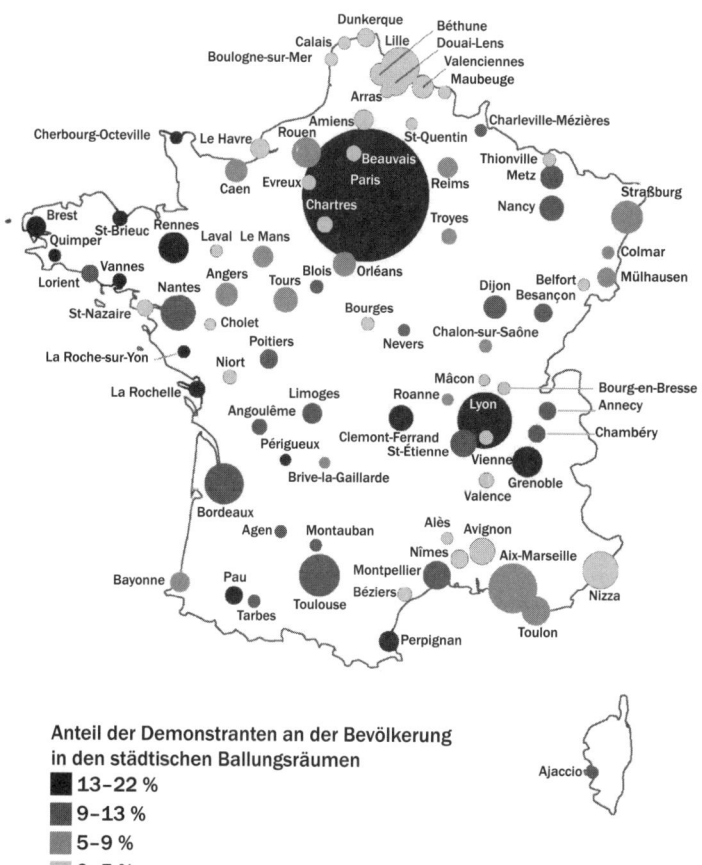

Anteil der Demonstranten an der Bevölkerung
in den städtischen Ballungsräumen

- ■ 13–22 %
- ■ 9–13 %
- ■ 5–9 %
- □ 0–5 %

Städtische Ballungsräume (fett: Städte mit katholischer Prägung)	Einwohner (2011)	Demons- tranten in tausend	Bevölke- rungsanteil in %
Cherbourg	116 878	25	21,4
Brest	314 239	65	20,7
Rennes	679 866	125	18,4
Saint-Brieuc	170 779	30	17,6
Grenoble	675 122	110	16,3
Paris	12 292 895	2000	16,3
Quimper	124 930	20	16,0
La Roche-sur-Yon	116 856	18	15,4
Clermont-Ferrand	467 178	70	15,0
Périgueux	101 773	15	14,7
La Rochelle	205 822	30	14,6
Pau	240 898	35	14,5
Lyon	2 188 759	300	13,7
Vannes	149 312	20	13,4
Perpignan	305 546	40	13,1
Tarbes	116 056	15	12,9
Bordeaux	1 140 668	140	12,3
Toulouse	1 250 251	150	12,0
Blois	126 814	15	11,8
Saint-Étienne	508 548	60	11,8
Agen	111 011	13	11,7
Metz	389 529	45	11,6
Nancy	434 565	50	11,5
Charleville-Mézières	106 440	12	11,3
Angoulême	179 540	20	11,1
Montpellier	561 326	60	10,7
Poitiers	254 051	27	10,6
Limoges	282 876	30	10,6
Montauban	104 534	11	10,5
Besançon	245 178	25	10,2
Ajaccio	100 621	10	9,9
Nevers	102 447	10	9,8
Lorient	214 066	20	9,3
Dijon	375 841	35	9,3

Städtische Ballungsräume (fett: Städte mit katholischer Prägung)	Einwohner (2011)	Demonstranten in tausend	Bevölkerungsanteil in %
Chambéry	216 528	20	9,2
Annecy	219 470	20	9,1
Nantes	884 275	80	9,0
Mülhausen	282 714	25	8,8
Roanne	107 392	9	8,4
Reims	315 480	25	7,9
Colmar	127 598	10	7,8
Chalon-sur-Saône	133 298	10	7,5
Angers	400 428	30	7,5
Caen	401 208	30	7,5
Tours	480 378	35	7,3
Bayonne	283 571	20	7,1
Brive-la-Gaillarde	101 915	7	6,9
Aix-Marseille	1 720 941	115	6,7
Toulon	606 987	40	6,6
Troyes	190 179	12	6,3
Straßburg	764 013	45	5,9
Le Mans	343 175	20	5,8
Rouen	655 013	35	5,3
Orléans	421 047	22	5,2
Saint-Nazaire	211 675	10	4,7
Laval	121 017	5	4,1
Valence	175 195	7	4,0
Niort	152 148	6	3,9
Arras	128 989	5	3,9
Lille	1 159 547	40	3,4
Bourges	139 368	4	2,9
Cholet	104 742	3	2,9
Nizza	1 003 947	28	2,8
Calais	126 308	3	2,4
Dunkerque	257 887	6	2,3
Le Havre	291 579	5	1,7
Amiens	293 646	5	1,7
Valenciennes	367 998	3	0,8

Städtische Ballungsräume (fett: Städte mit katholischer Prägung)	Einwohner (2011)	Demonstranten in tausend	Bevölkerungsanteil in %
Béthune	367 924	3	0,7
Mâcon	100 172	1	1,0
Évreux	110 661	1	0,9
Saint-Quentin	111 549	1	0,9
Vienne	111 606	1	0,9
Alès	112 741	1	0,9
Belfort	113 507	1	0,9
Bourg-en-Bresse	121 386	1	0,8
Beauvais	124 603	1	0,8
Maubeuge	129 872	1	0,8
Boulogne-sur-Mer	132 661	1	0,8
Thionville	134 736	1	0,7
Chartres	146 142	1	0,7
Béziers	162 430	1	0,6
Nîmes	256 205	1	0,4
Avignon	515 123	1	0,2
Douai-Lens	542 946	0	0,0

II. 2: Anteil der Arbeiter an der Erwerbsbevölkerung

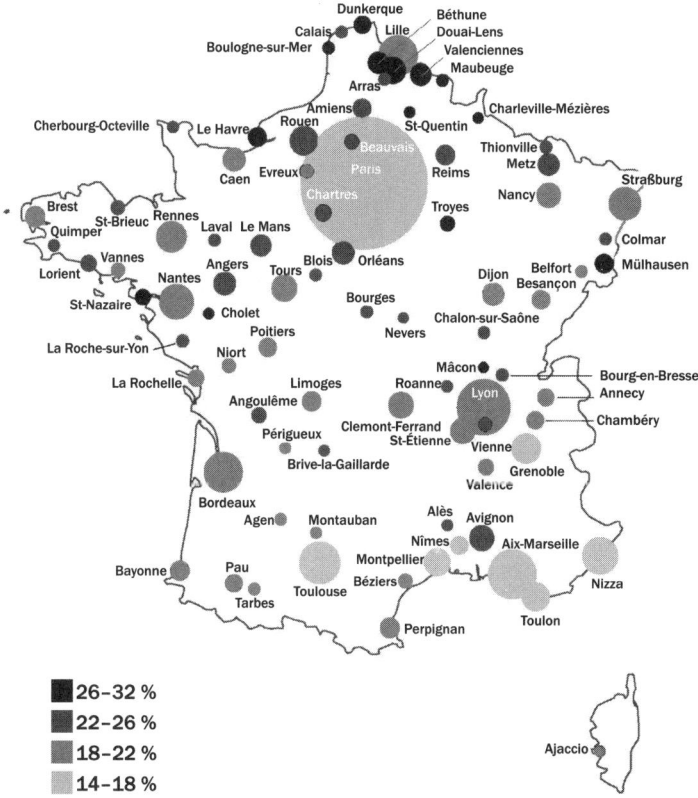

26–32 %
22–26 %
18–22 %
14–18 %

II. 3: Die gehobene Mittelschicht

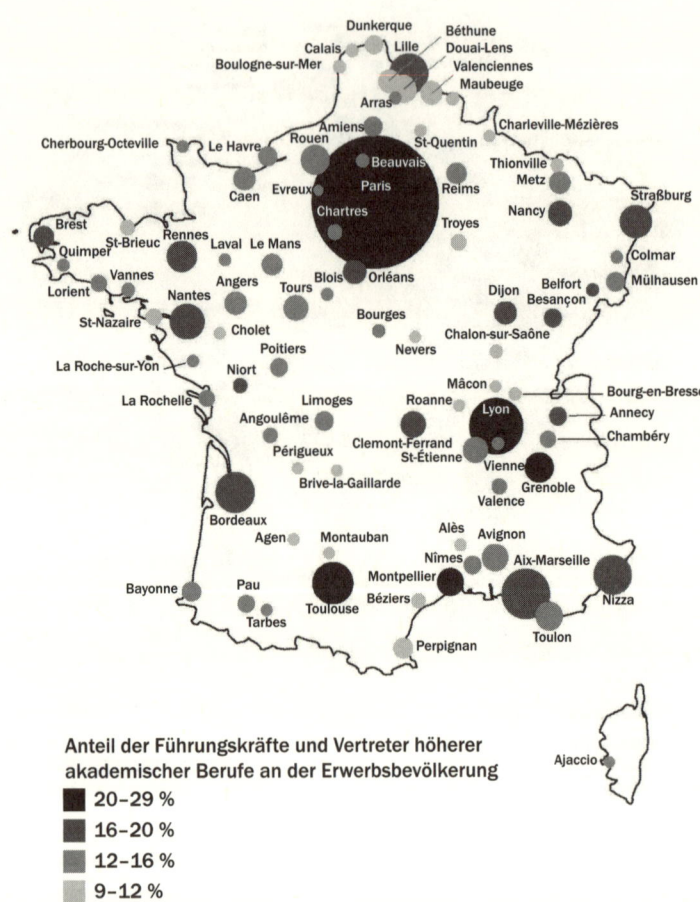

Anteil der Führungskräfte und Vertreter höherer
akademischer Berufe an der Erwerbsbevölkerung

■ 20–29 %

■ 16–20 %

■ 12–16 %

■ 9–12 %

II. 4: Der Zombie-Katholizismus in den Städten

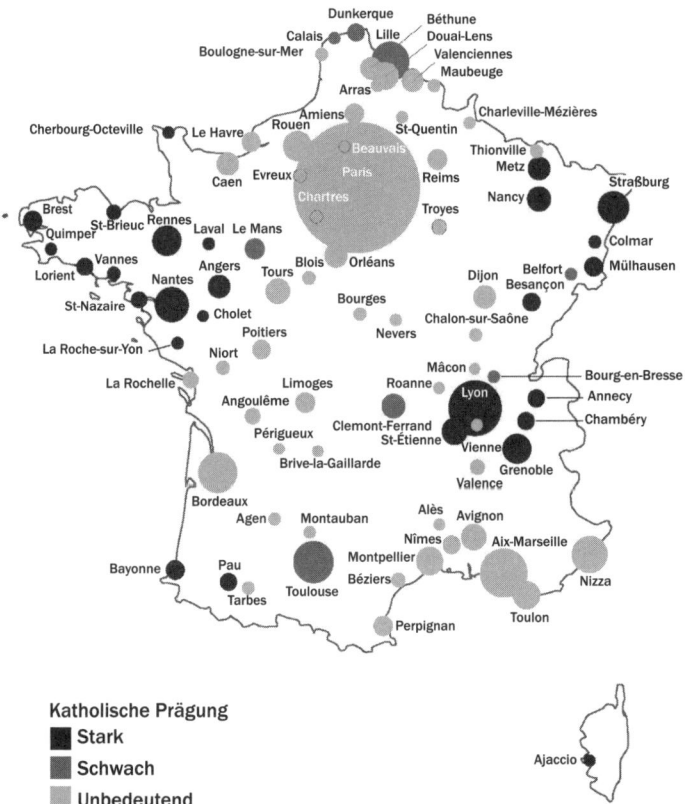

Katholische Prägung

■ Stark
■ Schwach
■ Unbedeutend

Grafik 1: Mobilisierungsquote bei Demonstrationen

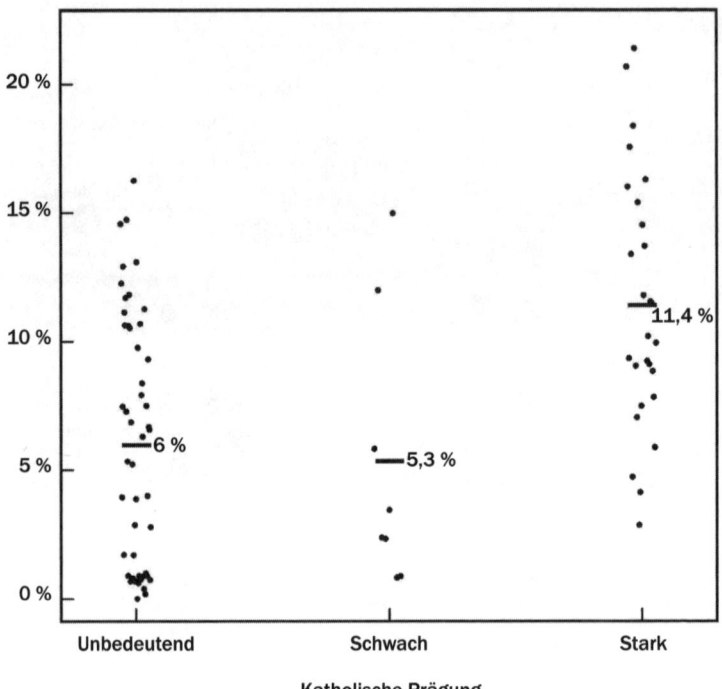

Grafik 2: Zahl der Häftlinge (jeweils am 1. Januar)

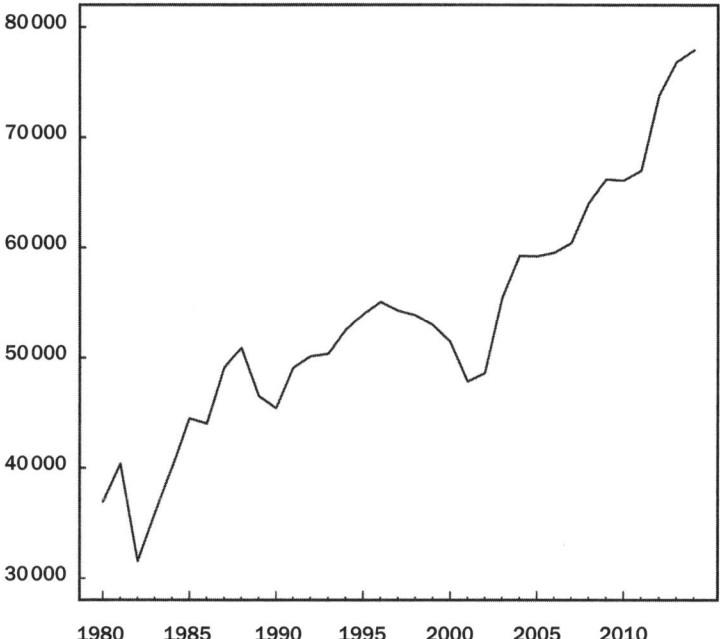

III. 1: Schulische Probleme

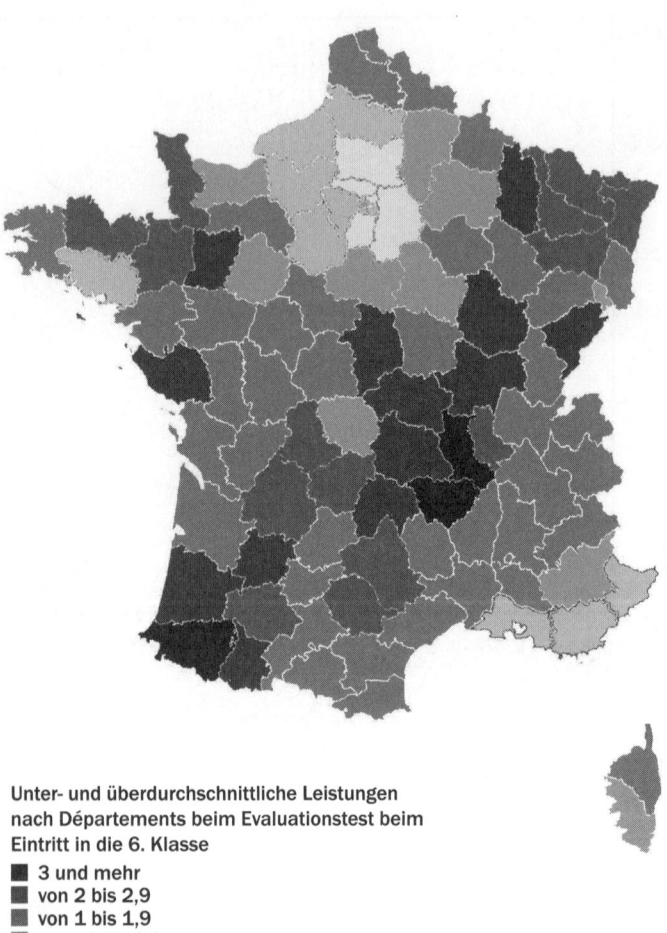

Unter- und überdurchschnittliche Leistungen
nach Départements beim Evaluationstest beim
Eintritt in die 6. Klasse

■ 3 und mehr
■ von 2 bis 2,9
■ von 1 bis 1,9
■ von −1 bis 0,9
■ von −1,1 bis −2
■ von −2,1 bis −4
□ weniger als −4

(Die Einschätzungen erfolgten unter
Berücksichtigung der Sozialstruktur)

III. 2: Arbeitslosigkeit

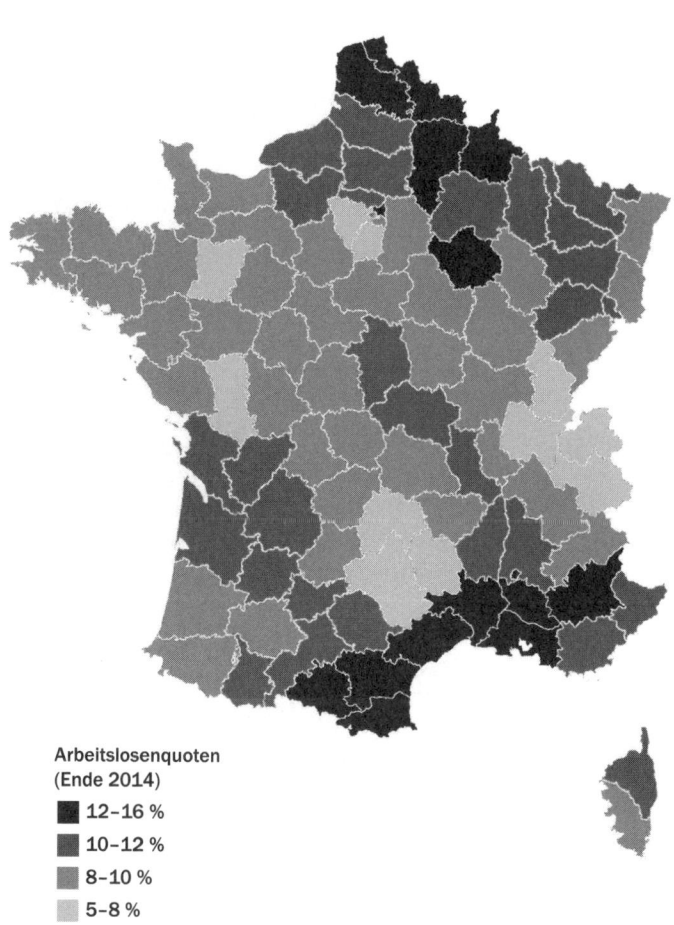

Arbeitslosenquoten
(Ende 2014)

- 12–16 %
- 10–12 %
- 8–10 %
- 5–8 %

IV. 1: Der Front National und die Gleichheit 1993

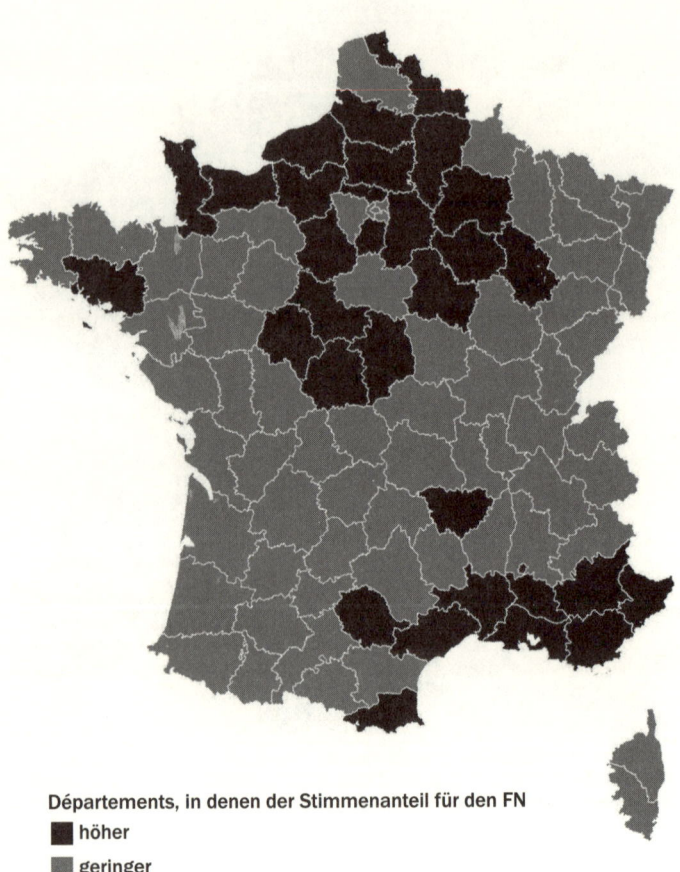

Départements, in denen der Stimmenanteil für den FN

■ höher

■ geringer

ist, als der Anteil der Bevölkerung mit nordafrikanischem Migrationshintergrund erwarten lässt.

Grafik 3: Stimmen für Le Pen im 1. Wahlgang 2012

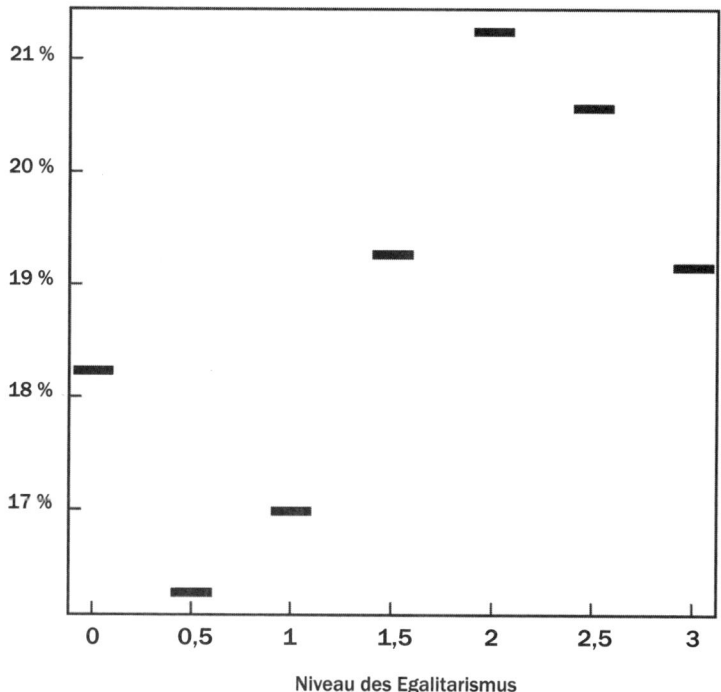

Niveau des Egalitarismus

Grafik 4: Stimmen für Sarkozy im 1. Wahlgang 2012

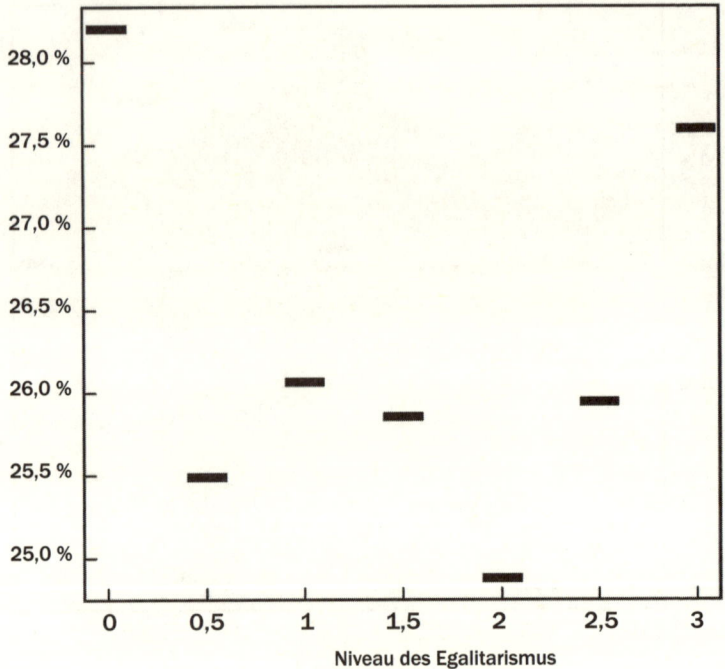

IV. 2: Stimmen für Le Pen 2012

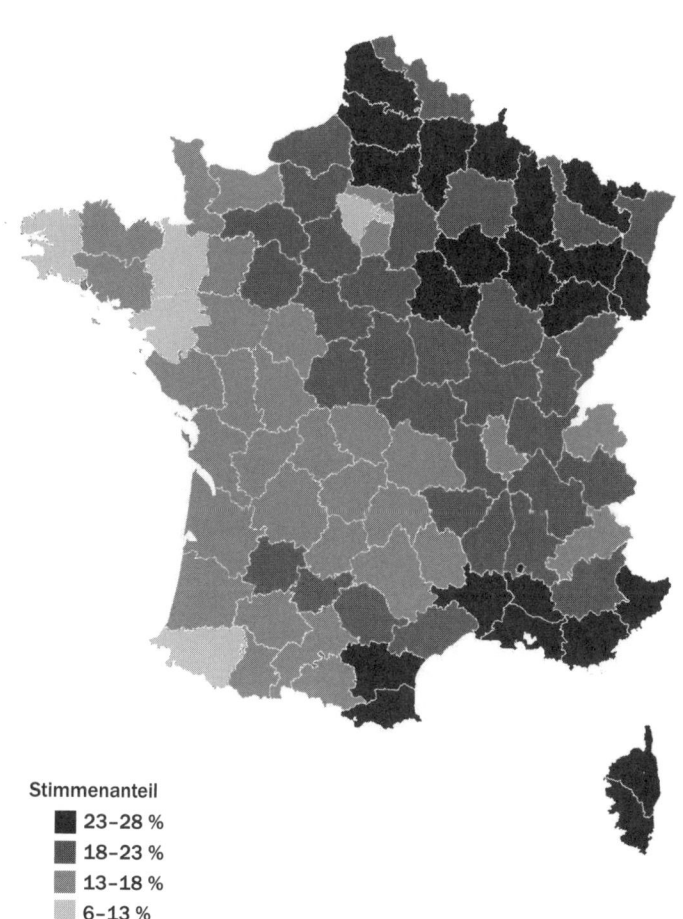

Stimmenanteil

- 23–28 %
- 18–23 %
- 13–18 %
- 6–13 %

IV. 3: Stimmen für Sarkozy 2012

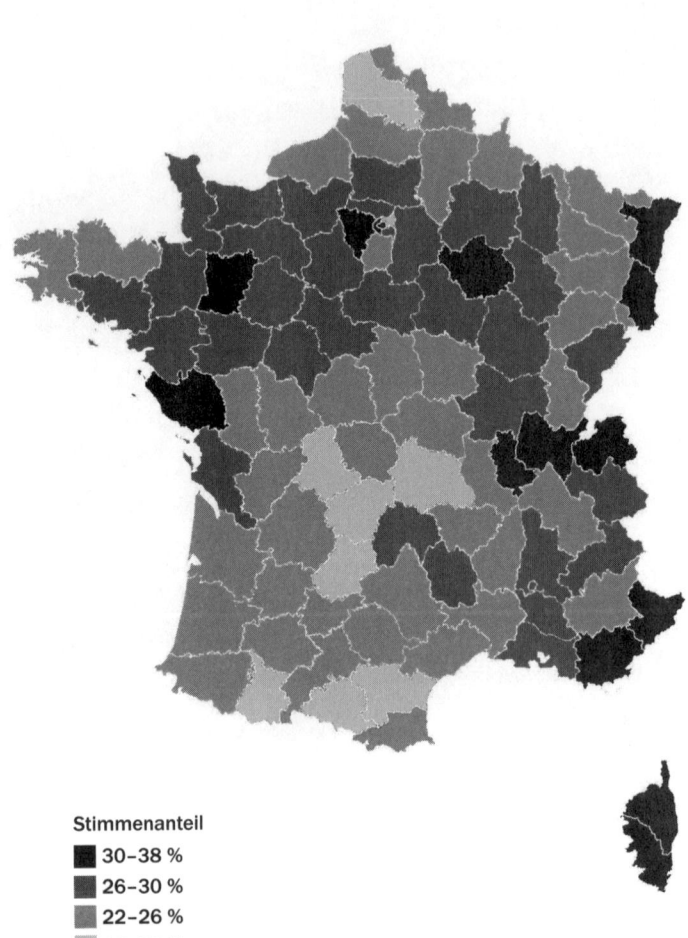

Stimmenanteil
- ■ 30–38 %
- ■ 26–30 %
- ■ 22–26 %
- □ 18–22 %

Grafik 5: Stimmen für Hollande im 2. Wahlgang 2012

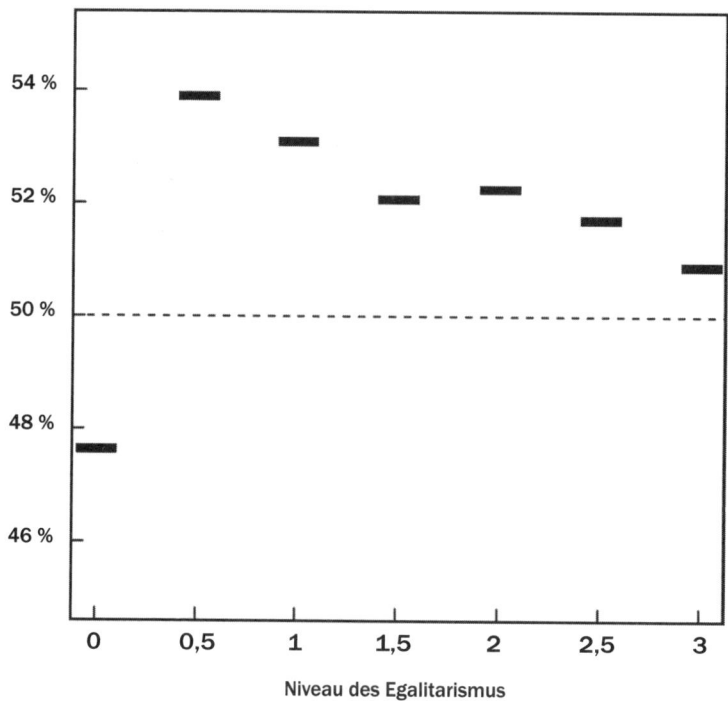

Niveau des Egalitarismus

IV. 4: Stimmen für Hollande im 2. Wahlgang 2012

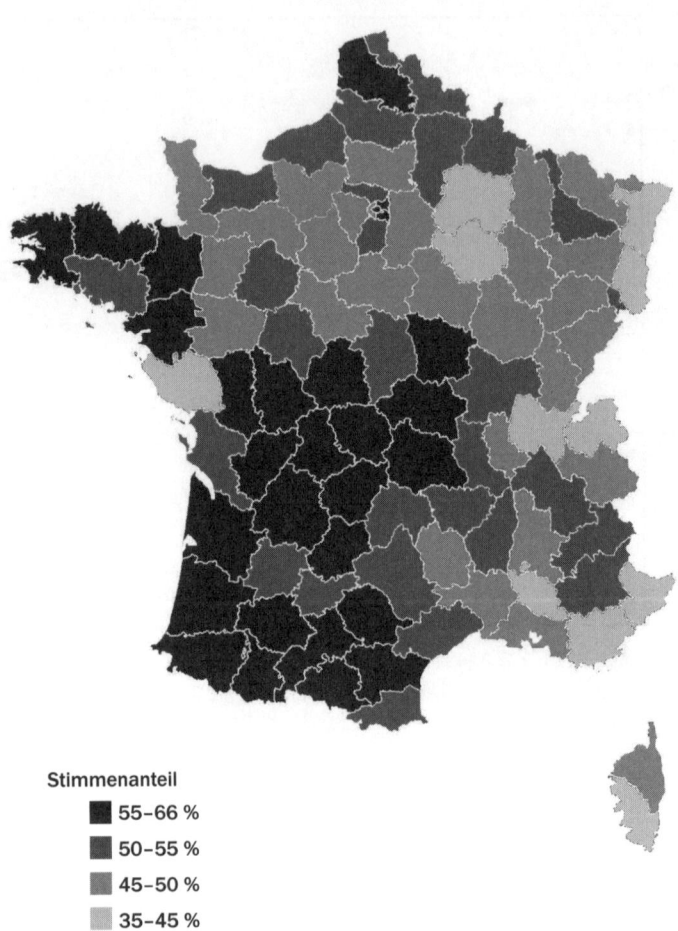

Stimmenanteil
■ 55–66 %
■ 50–55 %
■ 45–50 %
■ 35–45 %

IV. 5: Stimmen für Mélenchon 2012

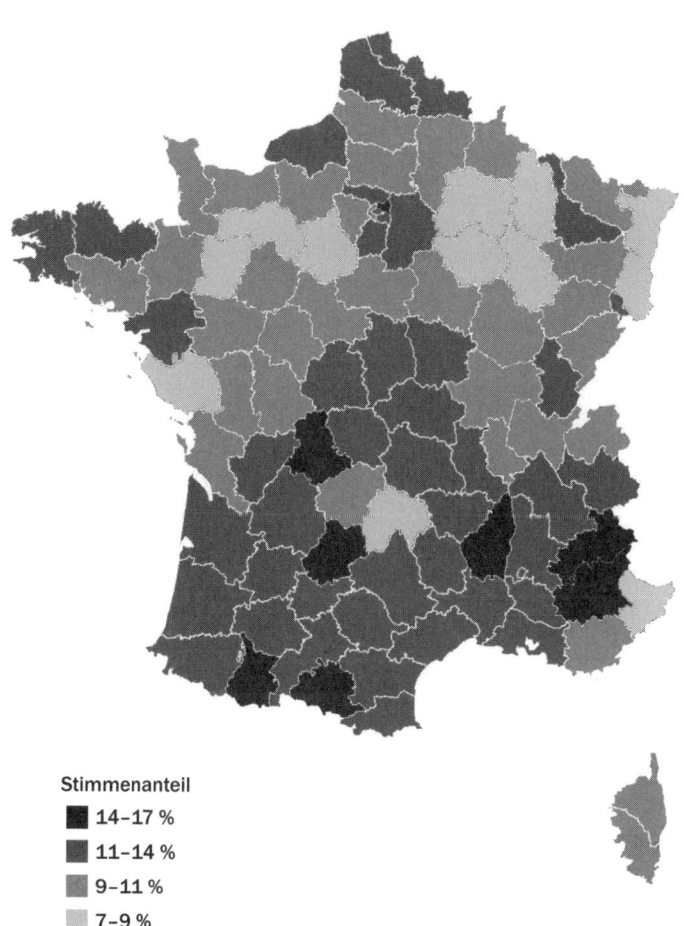

Stimmenanteil
- 14–17 %
- 11–14 %
- 9–11 %
- 7–9 %

Grafik 6: Stimmen für Mélenchon im 1. Wahlgang 2012

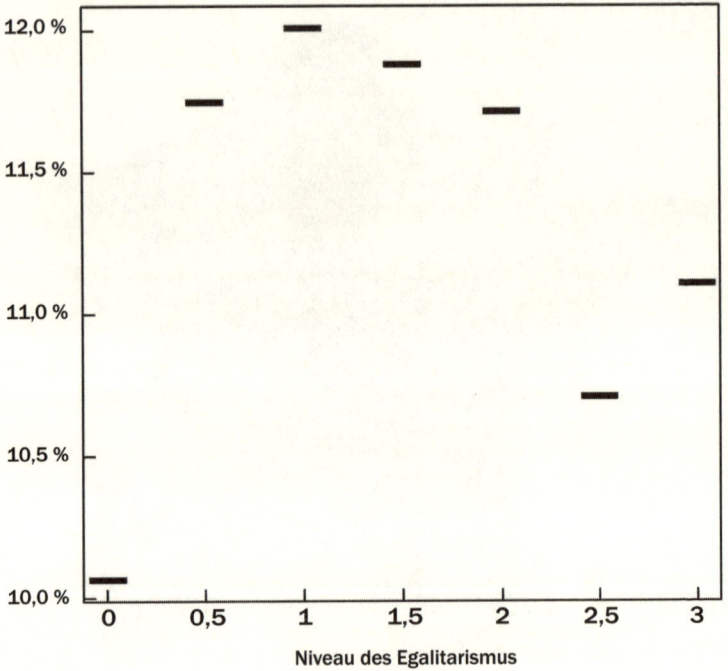

Niveau des Egalitarismus

V. 1: Maghrebinischer Migrationshintergrund

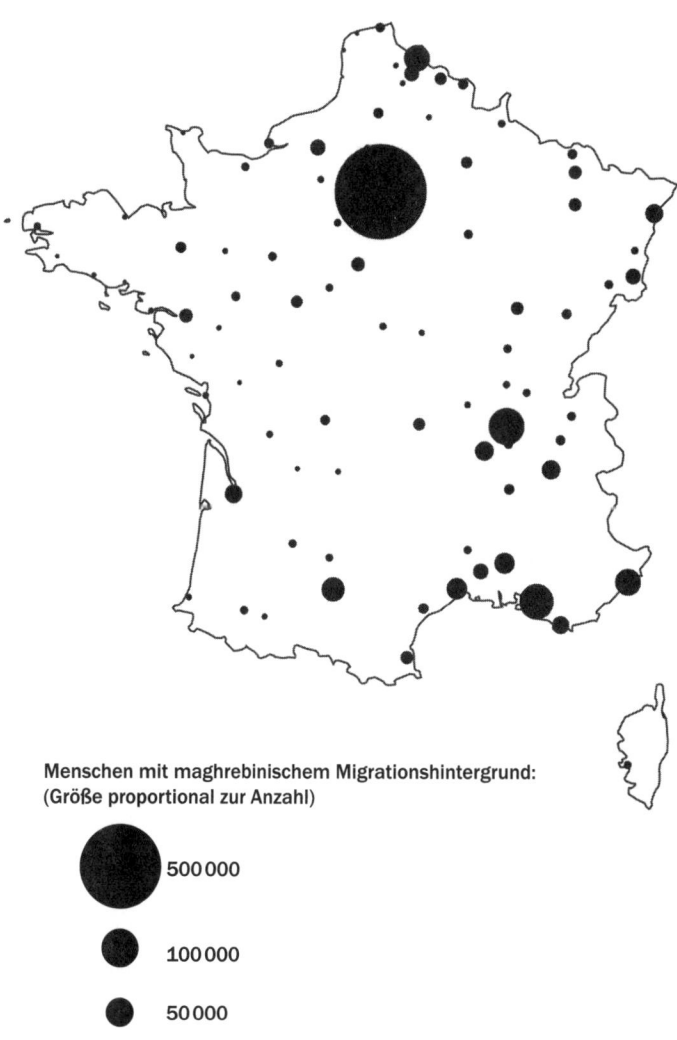

Menschen mit maghrebinischem Migrationshintergrund:
(Größe proportional zur Anzahl)

500 000

100 000

50 000

5000

V. 2: Schwarzafrikanischer Migrationshintergrund

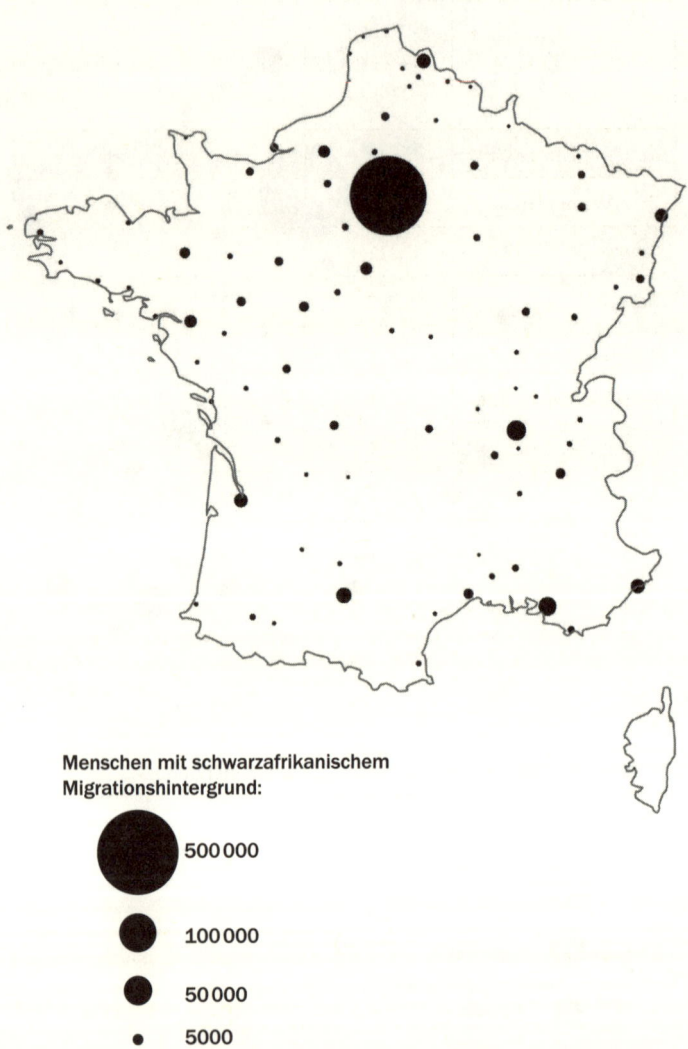

Menschen mit schwarzafrikanischem
Migrationshintergrund:

500 000

100 000

50 000

5000

Die Entwicklung im Abstimmungsverhalten der Muslime im 1. Wahlgang 2002, 2007 und 2012*

	Präsident-schaftswahl 2002	Präsident-schaftswahl 2007	Präsident-schaftswahl 2012
Extreme Linke KPF	19	10	21
PS + Verbündete	49	58	57
Grüne	11	3	2
Bayrou	2	15	6
Rechte	17	8	7
Verschiedene Rechte	1	2	2
Extreme Rechte	1	1	4
Andere	–	3	1

* IFOP, Focus, Nr. 88, 2013

Grafik 7: Lebenserwartung mit 60 Jahren

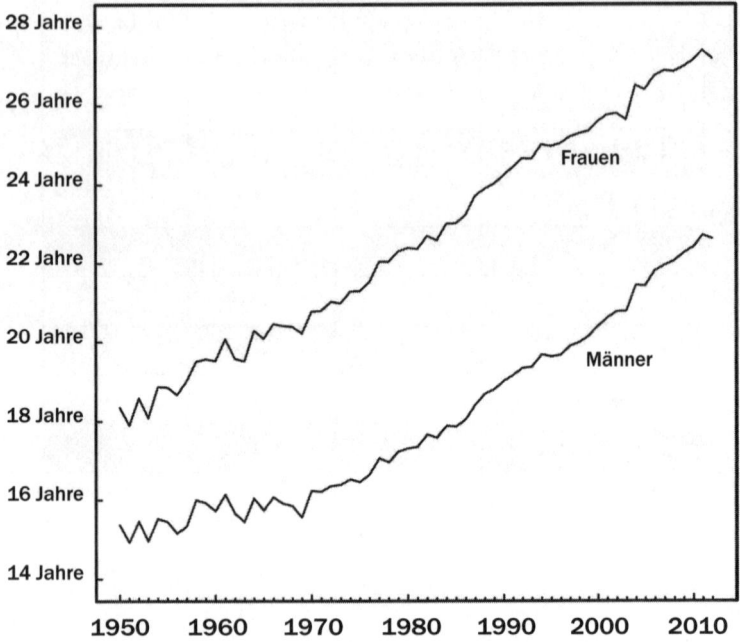

ABKÜRZUNGSVERZEICHNIS

CFDT   Confédération française démocratique du travail (Französischer
        Demokratischer Gewerkschaftsbund)
CFTC   Confédération française des travailleurs chrétiens (Französischer
        Bund christlicher Arbeiter)
CGT   Confédération générale du travail (Allgemeiner Gewerkschafts-
        bund)
ENA   École Nationale d'Administration (Nationale Hochschule für Ver-
        waltung)
FN   Front National (Nationale Front)
IFOP   Institut français d'opinion publique (Französisches Meinungs-
        und Marktforschungsinstitut)
INED   Institut national d'études démographiques (Nationales Institut
        für Demographie)
INSEE   Institut national de la statistique et des études économiques (Amt-
        liches Statistikinstitut für Wirtschaftsforschung)
OECD   Organisation for Economic Co-operation and Development (Or-
        ganisation für wirtschaftliche Zusammenarbeit und Entwicklung)
PS   Parti Socialiste (Sozialistische Partei)
RPR   Rassemblement pour la République (Sammlungsbewegung für
        die Republik)
SFIO   Section française de l'internationale ouvrière (Französische Sek-
        tion der Arbeiterinternationale)
UMP   Union pour un mouvement populaire (Union für eine Volksbe-
        wegung)

ANMERKUNGEN

1 Die Zeichnung und eine Deutung siehe Claire Courbet, «Blasphème et sexe en une: l'esprit *Charlie Hebdo* est toujours là!», ins Netz gestellt am 14. Januar 2015 unter http://www.lefigaro.fr/culture/2015/01/14/03004–20150114ARTFIG00432-blaspheme-et-sexe-en-une-l-esprit-charlie-hebdo-est-toujours-la.php. Die Semiologen und Medienexperten Dominique Wolton und Jean-Didier Urbain lieferten in *Le Figaro* eine Analyse zu diesem Titelblatt von *Charlie Hebdo*.

2 Max Weber, *Wissenschaft als Beruf.* 1919, Neuaufl. Stuttgart, Philipp Reclam jun., 2002, S. 505.

3 Jérôme Fourquet und Hervé Le Bras, «La religion dévoilée. Nouvelle géographie du catholicisme», Fondation Jean-Jaurès, April 2014, S. 88.

4 Außer Acht lasse ich bei diesem Vergleich mögliche Veränderungen innerhalb der jeweiligen Generation, in der die Religiosität mit höherem Alter zunehmen könnte: Ich bezweifle allerdings, dass sich die noch vorhandene Religiosität in der heutigen jungen Generation später verstärken wird.

5 Auszug aus Hervé Le Bras und Emmanuel Todd, *L'Invention de la France,* Gallimard, Neuaufl. Paris 2012, S. 444 f.

6 Timothy Tackett, *La Révolution, l'Église, la France,* Paris, Cerf, 1986.

7 Das letzte Ergebnis dieser Forschungen siehe François André Isambert und Alain Terrenoire, *L'Atlas de la pratique religieuse des catholiques en France,* Paris, Presses de la Fondation des sciences politiques, 1980.

8 Der formelle Egalitarismus im Elsass war in der Praxis wie im gesamten Rheinland außer Kraft gesetzt.

9 Hervé Le Bras und Emmanuel Todd, *Le Mystère français,* Paris, Seuil/La République des Idées, 2013.

10 Es sei daran erinnert, dass ein linearer Korrelationskoeffizient, der anhand von 85 Datenpunkten berechnet wurde, nach den gängigen Hypothesen bei einer Schwelle von 1 Prozent dann signifikant ist, wenn sein Absolutwert über 0,28 liegt.

11 Eine multiple lineare Regression bestätigt, dass die Quote der Führungskräfte keine signifikante Rolle spielt, wenn man sich den Anteil an Arbeitern und den Grad der katholischen Prägung anschaut.

12 Eine Varianzanalyse (ANOVA) mit einem Faktor zeigt diesen Effekt (p-Wert = $3{,}7 \times 10^{-5}$).

13 Das Bestimmtheitsmaß (R^2, Teil der Varianz, der durch das Modell erklärt wird) beträgt 0,39.

14 Direction de l'administration pénitentiaire, *Séries statistiques des personnes placées sous main de justice, 1980–2014.*

15 Christophe Ramaux, *L'État social,* Paris, Mille et une nuits, 2012.

16 Ganz anders sieht dies mit Blick auf die Mittelschicht in der angloamerikanischen Welt aus.

17 Thomas Piketty, *Le Capital au XXIe siècle,* Paris, Seuil, 2013. (Dt.: *Das Kapital im 21. Jahrhundert,* aus dem Franz. von Ilse Utz und Stefan Lorenzer, München, C.H.Beck, 2014.)

18 IFOP, Focus Nr. 121, «Marche républicaine pour Charlie, des disparités de mobilisation lourdes de sens».

19 Sylvain Broccolichi, Choukri Ben Ayed, Catherine Mathey-Pierre und Danièle Trancart, «Fragmentations territoriales et inégalités scolaires: des relations complexes entre la distribution spatiale, les conditions de scolarisation et la réussite des élèves», in: *Éducation & Formations* 74 (April 2007).

20 Joseph Schumpeter, *Kapitalismus, Sozialismus und Demokratie,* 8. unveränd. Aufl., Tübingen u. a. A. Francke, 2005.

21 Karl Polanyi, *The Great Transformation. Politische und ökonomische Ursprünge von Gesellschaften und Wirtschaftssystemen,* Wien, Europaverlag 1977, S. 100.

22 Hervé Le Bras und Emmanuel Todd, *L'Invention de la France,* a. a. O., S. 269.

23 Eine neuere statistische und ökonometrische Verifizierung dieser These siehe David Le Bris, «Family Characteristics and Economic Development», Kedge Business School, 2015.

24 Christopher Lasch, *The culture of narcissism: American live in an age of diminishing expectations,* 4 print., New York 1979. (Dt.: *Das Zeitalter des Narzissmus,* aus dem Amerik. von Gerhard Burmundt, Hamburg, Hoffmann und Campe, 1995.)

25 Emmanuel Todd, *Le Destin des immigrés,* Paris, Seuil, 1994, S. 308–312. (Dt.: *Das Schicksal der Immigranten. Deutschland – USA – Frankreich – Großbritannien,* aus dem Franz. von Rainer Dachselt, Petra Willim und Julia Ziegler, Hildesheim, Claasen, 1998.)

26 Sophie Wahnich, *L'Impossible Citoyen. L'étranger dans le discours de la Révolution française,* Paris, Albin Michel, 1997.

27 Emmanuel Todd, *Le destin des immigrés,* a. a. O., S. 331–334.

28 Hervé Le Bras und Emmanuel Todd, *Le Mystère français,* a. a. O., S. 270.

29 Daniel Schneidermann, «Jouyet, Barma, figures de l'ombre en pleine lumière», *Libération,* 16. November 2014.

30 François Ruffin in *Fakir,* 20. Februar 2015.

31 Stefan Zweig, *Die Welt von gestern. Erinnerung eines Europäers,* Erstausgabe Stockholm 1944. Siehe unter http://gutenberg.spiegel.de/buch/die-welt-von-gestern-6858/18

32 Die Daten wurden mir freundlicherweise von Jérôme Fourquet mitgeteilt.

33 Christophe Guilluy, *La France périphérique. Comment on a sacrifié les milieux populaires,* Paris, Flammarion, 2014.

34 *Immigrés et descendants d'immigrés en France,* INSEE, 2012, S. 167.

35 *Trajectoires et Origines,* INED und INSEE, Paris 2011, S. 56.

36 Ebenda, S. 127.

37 Hervé Le Bras und Emmanuel Todd, *Le Mystère français,* a. a. O., S. 222–226.

38 Neuaufl. Whitefish, Montana, Kessinger Publishing, 2010. Übersetzt würde der Titel lauten: «Mose, Jesus und Mohammed oder Die drei großen semitischen Religionen».

39 *Immigrés et descendants d'immigrés en France,* a. a. O., S. 131.

40 Jérôme Fourquet, Nicolas Lebourg und Sylvain Manternach, *Perpignan, une ville avant le Front national,* Paris, Fondation Jean-Jaurès, 2014.

41 Emmanuel Todd, *L'illusion économique. Essai sur la stagnation des sociétés développées,* Paris, Gallimard, Neuaufl. «Folio», 1999, S. X–XII. (Dt.: *Die neoliberale Illusion. Über die Stagnation der entwickelten Gesellschaften,* aus dem Franz. von Birgit Althaler, Zürich, Rotpunktverlag, 1999.)

42 Youssef Courbage und Emmanuel Todd, *Le Rendez-vous des civilizations,* Paris, Seuil/La République des Idées, 2007. (Dt.: *Die unaufhaltsame Revolution. Wie die Werte der Moderne die islamische Welt verändern,* aus dem Franz. von Enrico Heinemann, München, Piper, 2008.

43 Eine Untersuchung zum ursprünglichen jüdischen Familiensystem siehe Emmanuel Todd, *L'Origine des systèmes familiaux,* Paris, Gallimard-Seuil, 2011, S. 541–546.

44 Mit Blick auf die Gemeinschaft ist sie allerdings unübersehbar endogam …

45 J. B. S. Haldane, *The Inequality of Man,* London, Penguin, 1932, S. 47 f.

46 Valéry Giscard d'Estaing, *Europa: La dernière chance de l'Europe,* préface de Helmut Schmidt, Paris, XO éditions, 2014.

47 Zur strukturierenden Dimension des Alters im sozialen Leben siehe Hakim El Karoui, *La Lutte des âges. Comment les retraités ont pris le pouvoir,* Paris, Flammarion, 2013.

48 François Héran, *Le Temps des immigrés,* Paris, Seuil/La République des Idées, 2007, S. 87–89.

49 Johan Galtung, «Structure, Culture and Intellectual Style: An Essay Comparing Saxonic, Teutonic, Gallic and Nipponic Approaches», in: *Social Science Information* 20(6) (Dezember 1981), S. 817–856.

50 Hinter dieser vorrangig männlichen Perspektive steckt kein latenter Sexismus: Der Differentialismus äußert sich insbesondere darin, dass sich die Männer aus der dominanten Gruppe weigern, Frauen aus der dominierten zu heiraten. So gibt es in den Vereinigten Staaten vier bis fünf Mal weniger Mischehen mit schwarzen Frauen als mit schwarzen Männern.

AUS DEM VERLAGSPROGRAMM

Politik und Gesellschaft

Thomas Piketty
Das Kapital im 21. Jahrhundert
Aus dem Französischen von Ilse Utz und Stefan Lorenzer
7. Auflage. 2015. 816 Seiten mit 97 Grafiken und 18 Tabellen
Gebunden

Ursula Spuler-Stegemann
Die 101 wichtigsten Fragen: Islam
3., aktualisierte Auflage. 2014. 149 Seiten. Broschiert
C.H.Beck Paperback Band 7005

Gabriele Krone-Schmalz
Russland verstehen
Der Kampf um die Ukraine und die Arroganz des Westens
12. Auflage. 2015. 176 Seiten mit 2 Karten. Klappenbroschur
Beck Paperback Band 6195

Michael Lüders
Wer den Wind sät
Was westliche Politik im Orient anrichtet
12. Auflage. 2015. 175 Seiten mit 1 Karte. Klappenbroschur
Beck Paperback Band 6185

Andreas Rödder
21.0
Eine kurze Geschichte der Gegenwart
2. Auflage. 2015. 494 Seiten mit 1 Abbildung, 8 Grafiken und 1 Karte
Gebunden

Timothy Snyder
Black Earth
Der Holocaust und warum er sich wiederholen kann
Aus dem Amerikanischen von Andreas Wirthensohn
2015. 488 Seiten mit 24 Karten
Gebunden

Politik und Gesellschaft

Navid Kermani
Wer ist Wir?
Deutschland und seine Muslime
Mit der Kölner Rede zum Anschlag auf *Charlie Hebdo*
2. Auflage. 2015. 189 Seiten. Broschiert
Beck Paperback Band 6223

Navid Kermani
Ausnahmezustand
Reisen in eine beunruhigte Welt
2. Auflage. 2015. 301 Seiten mit 11 Karten. Klappenbroschur
Beck Paperback Band 6150

Friedrich Wilhelm Graf
Götter global
Wie die Welt zum Supermarkt der Religionen wird
2014. 286 Seiten. Klappenbroschur
Beck Paperback Band 6126

Friedrich Wilhelm Graf / Heinrich Meier (Hrsg.)
Politik und Religion
Zur Diagnose der Gegenwart
2013. 324 Seiten. Klappenbroschur
Beck'sche Reihe Band 6105

Karl-Heinz Meier-Braun
Die 101 wichtigsten Fragen: Einwanderung und Asyl
2015. 159 Seiten. Broschiert
Beck Paperback Band 7044

Heinrich August Winkler
Zerreißproben
Deutschland, Europa und der Westen
Interventionen 1990–2015
2015. 230 Seiten. Klappenbroschur
Beck Paperback Band 6221